网络与新媒体传播核心教材系列

丛书主编　尹明华　刘海贵

新媒体评论教程

张涛甫　著

复旦大學 出版社

丛书序

尹明华　刘海贵

互联网对新闻传播业的影响之深、之大、之广,我们有目共睹。不仅业界深感忧虑,学界亦坐立不安。互联网的迅猛发展甚至引发了国家层面的系列行动,如互联网＋战略、工业 4.0 计划等,旨在在新的环境中谋求长治久安之道。

就新闻传播教育来说,2011 年教育部开始启动新的专业建设,如网络与新媒体专业、数字出版等,短短五六年,前者已经超过百家。

然而,招生容易,培养不易。从全国范围看,新的专业面临着三难:课程不成体系、教材严重滞后和师资非常匮乏。以复旦大学新闻学院为例,近几年来,通过充实教师队伍、兴建新媒体新实验室、资助新的研究项目等手段,尽管情况有所改善,但面对快速变化的网络和新媒体实践,仍然有些力不从心。

如何破解互联网所带来的冲击? 面对这一时代命题,作为教育战线工作者,我们认为,以教材优化驱动课程升级,以课程升级带动教学改革,应该是一条良策。基于这一设想,我们推出了"网络与新媒体传播核心教材系列"丛书。

经过审慎细致的思考和评估,这套教材的编写遵循如下四个原则。

第一,系统性。表现在两个方面:一方面,整个系列既包括理论和方法教材,也包括业务操作教材,兼顾业界新变化;另一方面,每种教材尽量提供完整的知识体系,摒弃碎片化、非结构化的知识罗列。

第二,开放性。纸质教材的一大不足就是封闭化的知识结构,难以应对快速发展的网络与新媒体实践。为此,在设计教材目录之时,将新的现象、新的变化以议题的方式列入其中,行文则留有余地,同时配以资料链接,以方便延伸阅读。

第三,实践性。网络世界瞬息万变,本系列尽量以稳定和成熟的观点为主,同时撷取鲜活、典型的案例,以贴近网络与新媒体一线。

第四,丰富性。从纸质教材到课堂教学,是完全不同的任务。为方便教师授课,每本教材配套有教材课件、案例材料和延伸材料。

万事开头难,编著一套而且是首套面向全国的网络与新媒体教材丛书,任务艰巨,挑战很大。但是,作为全国历史最悠久的新闻学院之一,我们又有一种使命感,总要有人牵头来做这件事情,为身处巨变之中的新闻传播教育提供一种可能。这种责任感承续自我们的前辈。

早在1985年,复旦大学新闻学系(新闻学院前身)就在系主任徐震教授的带领下,以教研组的名义编写出版了一套新闻教材,对于重建新闻传播教学体系影响深远,其中的一些品种在经历了数次修订后,已经成为畅销不衰的经典教材。

参加编写这套"网络与新媒体传播核心教材系列"的人员,来自复旦大学新闻学院的10位教授、3位副教授等,秉承同样的传统和理念,他们尽己所能为新时期的新闻传播教育贡献智慧。我们不敢奢望存世经典,只期待抛砖引玉,让更多的专家、学者参与其中,为处于不确定中的新闻业探索未来提供更明晰的思考。

目　录

第一章

新媒体　新语态

第一节　新媒体"核爆"效应

　　话语的主体是社会中的人,借助话语,人与人之间的交往才能实现。但交往的实现离不开媒介,可以说,所有交往行为的实现都离不开媒介的支撑。话语端赖于媒介,媒介穿梭于不同交往主体之间,促成互联互通,达致信息和思想的沟通。媒介将信息、资讯导入社会,使个体之间的交往成为可能。这其间,有理解,也有误解。人类交往正是在这种生生不息的过程中绵延向前,社会得以在交往中存续演化,维系族群或共同体的存在与发展。

　　何为媒介?用弗雷德里克·巴尔比耶、卡特琳娜·贝尔托·拉维尼尔的话来说,一切交流、传递系统皆为媒介。媒介从社会中来,到社会中去。在人类走过的漫长历史中,媒介如影随形,成就历史的记录和书写,尤其是在人类可记载历史里,可无不彰显媒介的重要性。离开媒介,人类的行踪就无从追索,先人的面目和思想将会隐没在历史的黑洞中。在人类媒介史上,媒介技术经过多次切换,表现形式也发生多轮嬗变,从声音语言、文字语言以及印刷符号,再到电报、电话、广播、电视、电影以及当下的互联网等,媒介技术和形态的每次转换升级,都不是对此前媒介功能结构的全面覆盖,只能部分替代或拓展了人类的表达功能,每一次媒介形式的转换皆是人类摆脱时空束缚的一次突破。媒介使一个社会可以全部或部分地履行远距离交流信息和知识、实现对话以及通过这种方式再现社会的文化与经济活动这三大基本功能①。

与人类此前的数次媒介技术变革相比,互联网技术引发的革命能级是无与伦比的、天量级的,文字发明、古登堡印刷术乃至广播、电视对于人类社会的影响,都无法与互联网比肩。计算机信息技术发展成为能够处理更大范围公众可触及的文本与数据信息的新型系统,并再次对自古登堡印刷革命时期延续下来的人类与文字之间的那种专属关系提出了质疑②。互联网技术实现了所有人对所有人的传播,使人与人的社会交往摆脱了时间和空间的规约,釜底抽薪地改变了此前一切固态的东西。一切牢固的东西都似乎烟消云散了,流动性赋予了社会、人以及媒介以空前的活性,从而消除社会、经济、政治进程中的所有中介形式,成为重构社会的再生力量和结构支点。

互联网对于中国的影响是千年未有的。在互联网没有普及之前,中国的政治权力结构与传播权力结构是基本一致的,即政治权力控制了传播权力,政治权力与传播权力有同构性。政治权力将传播资源吸纳在政治权力结构框架中,将其固化在一个相对封闭的系统里而未被社会所共享;精英控制了话语和符号资源,也控制了媒介的渠道,从而使得传播是在政治权力结构的空间里内循环的。直到20世纪80年代,这种封闭系统渐渐被开放的社会打开,也被充满张力的媒体从内部突围,打开了媒体开向社会的门窗,进而使得媒体与社会之间的互动成为可能。但是,这种开放还是以精英为主导的,即便内容生产和话语表达兼容了社会性,社会力量可以有限度地进入媒体城堡。后来,互联网带来了强大的"核爆"效应,打破了政治权力结构与传播权力结构之间的微妙平衡。新媒体赋权使得此前那些远在传播权力之外的"沉默的大多数"获得了"围观"和言说的机会和权利,打破了精英对传播权力的垄断。原先受制于媒介的可及性和能见度,在很多公共场域,"沉默的大多数"很难有在场感。互联网使这一切成为可能。随着媒介技术的不断进化,"沉默的大多数"现场的能见度和言说能力也会递增。

---

① [法]弗雷德里克·巴尔比耶、卡特琳娜·贝尔托·拉维尼尔:《从狄德罗到因特网:法国传媒史》,施婉丽等译,上海人民出版社2009年版,第1—2页。
② 同上书,第8页。

互联网一旦被打开,舆论在社会网络中病毒式扩散,造成"流动性过剩"问题。"流动性过剩"本是一个经济学概念,指一段时间内市场上投放的货币量过多,造成投资/经济过热,市场泡沫过多,经济风险度增高。经济学的"流动性过剩"概念也是从宏观层面考察市场上的货币流动性问题。笔者借用这个概念来描述当下中国舆论场域的"非理性繁荣"。所谓舆论"流动性过剩"主要是指:在一定社会语境下,舆论表达过度活跃,溢出了社会的可承受正常限度,致使舆论表达过热。舆论上的鸦雀无声是不正常的,但舆论的过热也是非常态的。当下中国的舆论场众声喧哗、乱云飞渡,舆论表达冲动前所未有。无论从广度、强度,还是频度、社会影响度来观察,中国当下的舆论表达都存在过热现象,舆论的"流动性过剩"问题甚为突出。

从舆论的广度来看,中国当下的舆论场空间大大突破,舆论事件的影响空间不再是局域性的,而是广域性的。一个内地边远地区的舆论风波,可能演变成一个举国"围观"的舆论事件。比如,一张"华南虎"照片,竟被炒成一个举世皆知的公共事件。如今,以新媒体为代表的社会化媒体则成了中国舆论议程的首席定义者。互联网不仅为舆论表达提供了无限广阔的空间,还改变了舆论空间的结构,重新定义了舆论表达的话语法则。

从舆论的强度来看,当下舆论表达所释放的舆论能量极大,舆论中的非理性趋向突出,舆论暴力成分增多。一些敏感话题的燃点极低,一旦引爆就可能产生剧烈的舆论反应。比如,PX项目如今成了"人民公敌"。政府只要准备上马PX项目,公众就会本能地反对,不论政府强调该项目如何安全,对地方经济或公众民生如何有利,公众统统不信。这致使PX项目已经成为公众心中一个无法解开的"心结"。

从舆论的频度来看,各类舆论事件此起彼伏,密集发作。舆论事件之间的时间差很短,同类事件重复发生的几率甚高。如此密集的舆论反应,经由互联网的强力推送,会放大舆论的效果。当今中国社会存在两种突出现象。一是"断头新闻"频发。一个舆论事件还没有来得及充分展示,就被下一个舆论事件抢了风头。在多个舆论事件密集发生的情况下,舆论事件的生命周期就变得很短,经常出现舆论事件的"追尾"现象。二是同类舆论事件的反复发生。比如,拆迁自焚事件、食品安全事件、环境污染事件、公共安全事件等,几乎没有消停过,反复出现。

从舆论的社会影响度来看,当下中国的社会舆论与社会行动之间的互动十分频繁,舆论对社会的影响甚为显著,突出地表现在突发性事件与社会舆论之间的互动上。对于公民社会才刚刚起步的当下中国而言,互联网对社会力量的救济表现得甚为明显。"国家与公民社会之间的经常性张力会持续引发政治对立。现存政治结构与自上而下或自下而上的社会运动之间的联动关系正在形成,就像电子民主与借助互联网力量的底层动员的发展,在使得公民参与的传统形式充满活力。"①互联网的大面积介入,释放出巨大的外部效应,增强了社会的结构性力量,改变了国家/社会的力量对比,也提升了社会对国家的博弈能力。

第二节　新　语　态

语态是指话语的表达方式和表现方式,话语的表达、呈现都离不开媒介的承载。反之,媒介也会成就或限制话语方式。比如,《诗三百》《论语》等语态,固然与作者的思想、情思和表达习惯之类有关,但它们是特定媒介形态下的产物。很难想象,在互联网时代还能再生出《诗三百》《论语》乃至唐诗、宋词此类古典的话语形态。在互联网四通八达、无孔不入的当下社会,人们很难体验到"烽火连三月,家书抵万金"的焦灼和惊喜。在媒体资源极度匮乏的社会里,有限的资源总是被精英们掌控。精英掌控传播权力,其话语方式也必然是精英主义的。在文字成为主流媒介语言的时代,就会出现文与言的分道扬镳。在精英圈子里,话语方式的表情达意功能不仅仅是实用主义的,同时也是象征性的,即喻示精英们的身份和话语权力。相比之下,精英之外的民间话语方式就不必顾及繁文缛节,装模作样,语态往往浑朴、生动、活泼。历史上有多个时期,当官方语言和精英语言过于形式主义、形式远大于内容的时候,就会发生向民间学习语文的冲动和运动。官话"贫血",

---

① 〔英〕安德鲁·查德威克:《互联网政治学:国家、公民与新传播技术》,任孟山译,华夏出版社 2010 年版,第 3 页。

需要民间语言反哺。这种话语轮回的剧情,古今中外的历史都曾上演过。

互联网引爆了新一轮的话语革命,使得原先各说各话的精英话语与民间话语又一次在互联网上相遇了。与此前历次都由精英掌握话语选择和表达主导权的话语运动不同的是,互联网带来民间话语的野蛮生长。在互联网世界,民间话语的勃兴表现为原先处于话语金字塔底层的话语反转,蛰蚴于公共视野,"倒灌"精英话语。互联网的革命性在于,它能创造出一种新的民间话语,创造出新的表达语态。这种新语态搅动了整个话语场域,致使精英主场的话语场域不得不兼容民间话语。比如,新华社报道的沙特王储被废的新闻(图1-1)。

图1-1　新华社新闻截图

2017年6月21日下午,一条新华社消息刷爆微信朋友圈,迅速获得了"10万+"的点击量。9字新闻标题,38个字正文内容,言简意赅,干净利落,体现了新华社快讯写作的职业水平(排除其中的个别用词不当这一瑕疵,"废除"应为"废黜")。这则快讯若发表在传统媒体上,不可能引发那么大的网络风波。但其发布于网上,立刻引起网友的围观和吐槽。各种"神回复"竞相表演,民间话语嬉笑怒骂,精彩纷呈。更精彩的是新华社"小编"们

"段子手"级的"神回复",实现了与网友之间的"有戏"互动,这种多回合的较量,冰释了人们对国家通讯社的刻板印象(图1-2)。

扬科维奇　　　　　　　　👍 8.9万
就这九个字还用了三个编辑。
8小时前

┃作者回复　　　　　　　　👍 98712
王朝负责刚刚,关开亮负责被废,陈子夏负责沙特王储。有意见???
8小时前
传媒实验室

小小眼睛　　　　　　　　👍 3.0万
卧槽看你们那回复,一脸天下第一的样子,你们怎么不上天???
7小时前

┃作者回复　　　　　　　　👍 52783
我们的确上过天,我们的特约记者景海鹏、陈冬在天宫二号上发过稿件,电头就是"新华社天宫二号电"。而作为"把地球管起来"的中国国家通讯社,我们也是世界五大通讯社之一。想了解更多,欢迎继续关注我们
传媒实验室

KJX□　　　　　　　　👍 4736
哇,仙女小编你要红了!😊😊😊😊😊
7小时前

┃作者回复　　　　　　　　👍 8361
我一直很红,我们新华社的人都有红色气质。知道什么是红色气质吗?如果还不了解,欢迎网上搜索新华社去年拍摄的微电影《红色气质》,你会回来给我鼓鼓掌举高高的。
7小时前
传媒实验室

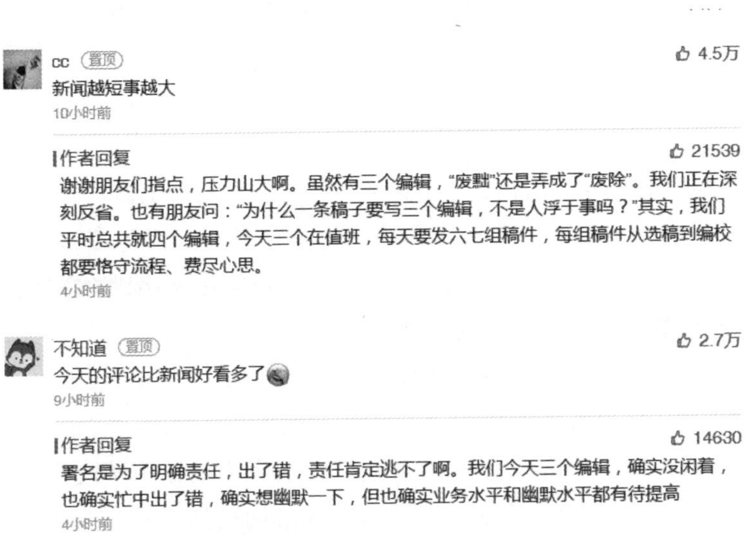

. . . .

cc （置顶） 👍 4.5万
新闻越短事越大
10小时前

▌作者回复 👍 21539
谢谢朋友们指点，压力山大啊。虽然有三个编辑，"废黜"还是弄成了"废除"。我们正在深刻反省。也有朋友问："为什么一条稿子要写三个编辑，不是人浮于事吗？"其实，我们平时总共就四个编辑，今天三个在值班，每天要发六七组稿件，每组稿件从选稿到编校都要恪守流程、费尽心思。
4小时前

不知道 （置顶） 👍 2.7万
今天的评论比新闻好看多了😄
9小时前

▌作者回复 👍 14630
署名是为了明确责任，出了错，责任肯定逃不了啊。我们今天三个编辑，确实没闲着，也确实忙中出了错，确实想幽默一下，但也确实业务水平和幽默水平都有待提高
4小时前

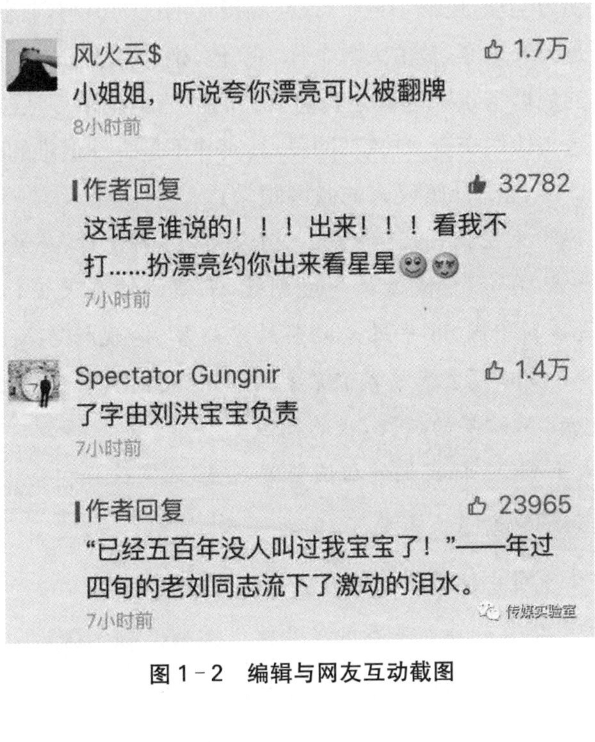

风火云$ 👍 1.7万
小姐姐，听说夸你漂亮可以被翻牌
8小时前

▌作者回复 👍 32782
这话是谁说的！！！出来！！！看我不打……扮漂亮约你出来看星星🙄😎
7小时前

Spectator Gungnir 👍 1.4万
了字由刘洪宝宝负责
7小时前

▌作者回复 👍 23965
"已经五百年没人叫过我宝宝了！"——年过四旬的老刘同志流下了激动的泪水。
7小时前

传媒实验室

图1-2 编辑与网友互动截图

　　这则国际新闻的新闻性主要体现在话语创新上：网民围观的不是新闻内容所指的沙特王朝继承人"废黜"问题，而是新华社小编王朝、关开亮、陈子夏们的"神回复"。网民本想拿新华社的几个"小编"开涮，嘲笑他们几个人分摊几十字新闻的功劳，没想到新华社"小编"们都是"段子手"，面对网友们的冷嘲热讽，"小编"们化尖刻于无形，兵来将挡，水来土掩，一个个机智风趣的"神回复"冰释了"小编"们和网友们之间的敌意和误解，双方的互动变成了一场精彩纷呈、充满智慧的对手戏。这场新华社"小编"的意外表现，出其不意地改变了人们对新华社的刻板印象。人们原以为，新华社是那种可敬但不可爱的官方新闻机构，其"新华体"话风当是字正腔圆、不苟言笑的；新媒体这次让网民看到了"新华体"的另一面。

　　新华社"小编"们这次意外的"客场"作战，有力地证明网民的误解和怨怼并不可怕，可怕的是没有胆识和能力去化解网民的误解和怨怼。对新华社"小编"的互动意识、自信、才华，网民没有吝啬溢美之词。经过多回合的唇枪舌剑，变被动为主动，化解了危机，最终赢得了网民的谅解，收获了喝彩。事实上，网民不是天外来客，是由无数个你、我、他（她）集结而成的，将心比心，推己及人，网民的烦恼与欢乐也就是我们自己的烦恼与欢乐。从这个角度去理解网民，平等地与他们交流，"搞定"网民，其实并不是一件很难的事情。

　　再如 2017 年国庆升旗仪式的微博跟帖：

　　【今日最燃！天安门国庆升旗仪式！】今天，10 月 1 日，是新中国的 68 岁生日！清晨 6 点 10 分，伴随着第一缕朝霞，五星红旗在天安门广场冉冉升起。国旗诉说着新中国 68 年风云激荡的光辉岁月，现场万人齐唱国歌，歌声伴随着白鸽久久回荡：祝福我们亲爱的祖国，走向繁荣盛强！

　　Krrystalcc：从心里的敬畏，我的祖国

　　金木水火土 QQ：祝我们的祖国繁荣昌盛，国富民强！！！

　　杨康 ECUST：看着我看哭了，国之兴盛，我辈之福 😖

　　_我是你小宇哥：每当国歌一响起，激动得热泪盈眶

　　魔鬼用户：毕业后再也没参加过升旗仪式 😭😭😭

　　月牙儿 Gyyue：有一年国庆去天安门看升旗差点没把我挤死 😲

　　唯一永恒的爱：这个场景应该带女儿去看，明年国庆看阅兵。

李大侠唉：有人说要是蓝天就好了,你现在去看看是不是蓝天,6 点 10 分你想要烈阳高照吗

80 后笨熊解说：厉害了我的国

大浪淘沙之棋王：我爱你中国 5 愿祖国永远繁荣昌盛

广西新闻频道：祝我们的祖国繁荣昌盛,国富民强!

窝猫追剧：刚好今天我生日,举国同庆　很荣幸和祖国是同一天

Eric 老杨：在不可描述的天气现象里,国旗缓缓升起

Real 小板凳儿：今天的 ♥ 我都给我的祖国

徐然的七七：听着国歌,看着你们整齐划一的步伐,我为自己作为一个中国人而感到无比的骄傲。厉害了,我的祖国

DuDu 杜素丽：看哭了

来两瓶 82 年的脉动：此时此刻的我是骄傲的

以上跟帖中,网民文字不多,但表达形式丰富,表意符号与文字交互使用,形成独特的意见景观和围观场面。新媒体的跟帖功能刺激了民间话语的表达冲动,网友即兴评论易如反掌,打破了评论的专业壁垒。

第三节　新意见阶层

互联网解构了精英化垄断的传播格局,"庶民的胜利"在互联网世界意外地成为现实,借助于进入门槛的降低,他们要打破新闻生产者和消费者的力量对比[①]。在网络舆论场上,受众不再是信息和意见的单向接受者,而是参与信息共享和意见接力。随着技术的升级和普及,门槛在降低,空间在延展,使数以千万的网民得以涌入网络空间,新意见阶层进场,繁荣了意见市场,尤其激活了民间舆论,民间舆论场迅速崛起。

----

① 胡泳：《众声喧哗：网络时代的个人表达与公共讨论》,广西师范大学出版社 2008 年版,第 271 页。

新意见阶层是知名报人、新闻评论家周瑞金提出的。所谓新意见阶层，指的是互联网语境下的网民。互联网成就了原先受制于物理和地理空间的社会人，使其能在虚拟空间集结、交往，甚至成为莫逆之交。与现实社会中的阶层分布不同的是，网民在虚拟空间不再受制于空间甚至社会刚性条件的约束，可在网络空间重新排列组合，哪怕天涯海角、远隔万水千山也可在网上"天涯若比邻"。反之，有些人即便近在咫尺，也可能是"熟悉的陌生人"。这些新意见阶层在网络空间也会被重新组合，集结成一个个网络社群，群际之间有交集，也有区隔。在群内，不同主体之间交往有共识，也可能有分歧。内群与外群之间，有互联融通，也有偏见。

网民大批量进场，势必出现多声部的话语表达景观。在很多时候，这种多声部的话语景观表现为众声喧哗，但有时候也会出现同频共振。表面上看，网民可以按自己的意愿和旨趣自由选择和表达，但事实上不大可能，自由选择并不意味着每个人的意见可以机会均等得到表达；相反，不同意见的影响不是均值的，少数人的意见或观点容易受到关注甚至追捧，甚至会出现"极化"现象。

所谓"极化"，按凯斯·桑斯坦的理解是：群体成员一开始即有某种偏向，在商议之后，人们朝偏向的方向继续移动，最终形成极端的观点[①]。由于攻击性的行为总是会胜出，这就造成话语的两个重要特征：一是通过议程的把握，少数人的意见被认为是多数人的意见；二是在这个话语体系中，很多人可以说话但又可以不负责任，所以说理的人要比那些只会谩骂的人吃亏。在大部分情况下，"丛林法则"可以通行无阻。在网上，主题先行或态度优先已成为常态。有很多议题，起步时的态度就决定了结论的落点，很难做到守正持中、理性客观；很多时候，立场鲜明似乎比逻辑正确和证据的硬度更重要。

第四节　公共性与专业性

时评是公共的言说，为公众立说；基于一己之私或门户之见的言说，即

---

① ［美］凯斯·桑斯坦：《网络共和国：网络社会中的民主问题》，黄维明译，上海人民出版社2003年版，第47页。

便有市场,哪怕写得很漂亮,也是偏私之论,甚至是"带毒"的意见营销。公共性对于新闻事业,包括评论职业甚为关键。与其他主张专业地位的职业相比,公共服务伦理对于新闻事业也许特别重要,因为新闻事业缺乏深奥的知识,新闻工作者对自主性和权威性的主张在很大程度上依赖于他们服务公共利益的主张[①]。有资深评论人在谈及评论撰稿人的责任时,提出以下要求:

(1) 评论要为读者大众服务;

(2) 为读者、社区和国家提供一个论坛——一个自由交换意见的论坛;

(3) 做社会的守望者;

(4) 为你的读者提供信息并引导他们去促成变革。

美国社论撰稿人大会通过的《基本准则声明》中赫然写道:"社论写作远不是生财之道。它是一个投身于公众利益和公共服务的职业。"美国报纸主编协会在其准则声明中强调:"采集和传播新闻及评论的主要目的在于通过向人民提供信息并使他们得以就当下议题作出判断来为公众利益服务。"《华盛顿邮报》前执行主编本·布拉德里在起草该报章程时这样写道:"《华盛顿邮报》同国家利益和公众利益紧密相关。我们相信,可以通过尽可能广泛的信息传播来为这些利益服务,而一位联邦官员宣称的国家利益并不理所当然就等同于国家利益,一位地方官员声称的公共利益也不理所当然就等同于社区利益。"评论写作不仅提供信息,还要引导读者——提建议、给忠告、搞倡导、作劝诱。这是评论写作与新闻写作的区别所在[②]。公共责任是新闻评论的首要责任,这是新闻业安身立命的根基。偏离了公共责任,新闻传媒业哪怕做得再出色,对于国家和社会来说,皆是不能宽宥的失责。

互联网时代,本就脆弱的公共伦理防线遭遇前所未有的冲击。有研究者认为,长期以来,互联网被设想可以形成由虚拟公民甚至虚拟朋友组建的虚拟社区。可是网络讨论的环境很难在参与者身上建立起责任感。不论是论坛、聊天室,还是个人博客上的评论,都充斥着对自己的言行不负责任的

---

① [美]丹尼尔·C.哈林、[意]保罗·曼奇尼:《比较媒介体制:媒介与政治的三种模式》,陈娟等译,中国人民大学出版社 2012 年版,第 36 页。

② [美]康拉德·芬克:《冲击力:新闻评论写作教程》,柳珊等译,新华出版社 2002 年版,第4—6 页。

例子。米歇尔·威尔逊认为,虚拟社区是"令人激动的新社区形式,能够把个人从具体化身份的社会约束中和具体化地理空间的限制下解放出来,通过去除具体化的等级结构实现平等,在互动的参与者中促成一种彼此相联(或相互友爱)的感受"①。摆脱了具身化的社会身份约束以及具体化的地理空间限制,人对自由的本能冲动让那些在虚拟空间获得暂时解放的网民饱尝"脱嵌"的快意,原子化的自由冲动集结成群氓式的快意行动,势必造成集体不负责。

对于一个群体,不论他们活动于现实空间,还是虚拟社区,失序的后果可能会招致群体的瓦解。诚如库利所言:"一般的关于自由的观点是消极的。这种观点认为自由是没有限制的。从目前流行的看到事物的个人主义的观点出发,社会秩序不仅被看作是背离个人自然发展的,而且是这种发展的障碍。脱离了社会秩序就没有人的存在,人只能通过社会秩序来发展自己的个性,并随着社会的发展而发展。自由是获得正确发展的机会。正确发展就是朝着符合我们理性的理想生活发展。一个儿童带着具有模糊倾向的天性来到世界,他的各种倾向有待发展,而他的发展则依赖于社会条件。"②

评论写作是公共写作,立言的根基在于公共利益和公众福祉。评论写作价值立场和言说的逻辑,都应坚守公共性立场。比如,《人民日报》发表评论批《王者荣耀》游戏,就是站在公共利益的立场上,批评互联网企业不能为一己之私置未成年人的人生于不顾。这一评论毫无疑问会触犯既得利益者,但《人民日报》评论员坚守公共立场,及时发声,对"王者""毒药"大声说"不"。

人民网一评《王者荣耀》:是娱乐大众还是"陷害"人生

一款游戏成为全民性、现象级,足见其魅力;又被称为"毒药""农药",可见其后果。最近,当《王者荣耀》在一波波圈粉,又一波波被质疑时,该如何解"游戏之毒"令人深思。

作为游戏,《王者荣耀》是成功的,而面向社会,它却不断在释放负能量。

---

① 胡泳:《众声喧哗:网络时代的个人表达与公共讨论》,广西师范大学出版社 2008 年版,第223 页。

② [美]查尔斯·霍顿·库利:《人类本性与社会秩序》,包凡一等译,华夏出版社 2015 年版,第 303 页。

从数据看,累计注册用户超 2 亿,日活跃用户 8 000 余万,每 7 个中国人就有
1 人在玩,其中"00 后"用户占比超过 20%。在如此"可观"的用户基础上,
悲剧不断上演:13 岁学生因玩游戏被父亲教训后跳楼,11 岁女孩为买装备
盗刷 10 余万元,17 岁少年狂玩 40 小时后诱发脑梗险些丧命……游戏,到底
是娱乐了大众,还是"陷害"了人生,恐怕在赚钱与伤人并生时,更值得警惕。

多数游戏是无罪的,依托市场营利也无可厚非,但不设限并产生了极端
后果,就不能听之任之。这种负面影响如果以各种方式施加于未成年的孩
子身上,就该尽早遏制。以《王者荣耀》为例,对孩子的不良影响无外乎两个
方面:一是游戏内容架空和虚构历史,扭曲价值观和历史观;二是过度沉溺
让孩子在精神与身体上被过度消耗。因此,既要在一定程度上满足用户的
游戏需求,又要对孩子进行积极引导,研发并推出一款游戏只是起点,各个
主体尽责有为则没有终点。

怎么做,不仅是态度,更要见成效。面对各种声音,游戏出品方近日推
出了健康游戏防沉迷系统的"三板斧",如限制未成年人每天登录时长、升级
成长守护平台、强化实名认证体系等。有人说,这是中国游戏行业有史以来
最严格的防沉迷措施。在某种程度上,人们看到了防范的诚意,但"三板斧"
能否"解毒"还有待时间检验。

不止于"三板斧",如何给游戏立规矩,需要做到的还有很多。

立足平台,要市场更要责任。智能手机普及,手游市场火爆,但手机不
能沦为"黑网吧"甚至"手雷"。游戏研发者不能只重刺激性而忽视潜在危
害,不能只重体验而不计后果。如果一款游戏埋藏了"魔鬼的种子",那么一
旦推向市场,就会害人害己。作为企业,利益的吸引不能取代责任的担当,
正如一知名企业所坚持的,"不要作恶。我们坚信,作为一个为世界做好事
的公司,从长远来看,我们会得到更好的回馈——即使我们要放弃一些短期
收益。"为社会尽责、为发展尽力、为人类增添价值,"王者"才会真正"荣耀"。

立足政府,要创新更要监管。游戏毕竟是市场行为,其研发与营销也代
表了一定的创新与活力。政府要鼓励企业创新,支持企业开拓,但是监管是
永远不能松的那根弦。即便几年前就发布了《关于保护未成年人身心健康
实施网络游戏防沉迷系统的通知》,但监管的滞后性仍旧明显。是否强化游
戏审核?如何建立游戏监管规范?可否实行手机游戏分级制度?这些问题

都需要相关部门抓紧论证、出台并落实。"汝之蜜糖,彼之砒霜。"游戏究竟是魔鬼还是天使,不能让研发者一方说了算,监管主体有必要让游戏多一些"善意"。

"我比很多家长都要痛恨看到孩子沉迷手机的样子。"当一位老师"怒怼"游戏时,言语中透着无奈与悲愤,我们需要认清的是,手机和游戏没有生命力,责任意识更应战胜商业利益。须知道,游戏需要设计,孩子的未来也需要"设计",而这才是妙手文章。①

(人民网,2017 年 7 月 3 日)

《新快报》记者陈永洲于 2013 年 10 月 19 日被长沙警方以涉嫌损害商业信誉刑拘。陈永洲曾发表 10 篇报道批中联重科,中联重科回应称其"从未就报道事宜采访过中联重科的任何一个人",并就此向长沙警方报案。《新快报》在 2013 年 10 月 19 日头版发表《请放人》社论。该文针对记者陈永洲被刑拘事件发声,呼吁"请放人",引用曾国藩对联称"敝报虽小,穷骨头,还是有那么两根的"。《新快报》动用社论公器,接连发声,此举不是站在公共立场上发声的,而是为犯科记者"背书","击鼓鸣冤",混淆了视听。不是说媒体不能为自己的记者辩诬叫屈,而前提是记者的职业行为有没有违规、违法。《新快报》如此冲动,冒失发声,对媒体公信力的伤害不可谓不大。

图 1-3 《新快报》社论截图

评论写作是需要有专业知识和专业能力的。在当今互联网时代,评论写作不是零门槛写作,要有专业品质、专业知识以及专业能力。这里,以笔

---

① 参见人民网,http://opinion. people. com. cn/n1/2017/0703/c1003-29379751. html。

者的一篇评论为例,说明评论写作须有专业品质、专业知识以及专业能力。

警惕新闻客户端泡沫

张涛甫

互联网在中国攻城夺寨,势如破竹,将不可能变为可能,又将可能变现为无处不在的现实。新媒体技术的万有引力,将中国当下的财富、智慧、眼球大面积吸引到网络空间,创造了一个又一个神话。新闻客户端就是眼下正在冒着热气的神话。

媒体江湖里,大家不是在做新闻客户端,就是在做客户端的路上,于是乎就有一波又一波的新闻客户端出现:澎湃、并读、热门话题、无界、九派、封面、新闻117、看楚天、今贵州、猛犸、上游、南方+、前沿、交汇点……据统计,在国内IOS与Android平台上的新闻资讯类App超过1 300个。如今,无论是玩新媒体的,还是做传统媒体的,不琢磨、不做新闻客户端,似乎都不好意思开口谈新闻媒体了。

在互联网未像今天这般翻江倒海之前,公众注意力市场被大大小小的传统媒体瓜分豆剖,没有什么大分大合的版图巨变,虽有狼烟与硝烟,但毕竟媒体江湖大盘基本稳定。没成想,互联网风起云涌,让媒体江湖乾坤倒转:旧神话一个接一个破灭,新神话则一个个被刷新。

新媒体技术迭代更替,造就了一代又一代的新媒体。从媒介技术的角度看,传统媒体的技术周期较长,相比之下,新媒体的技术周期较短。PC端时代与移动端时代之间的时差就很短,在移动端时代,技术代沟更短。传统媒体与新媒体竞争,反应速度上远不及新媒体,以传统媒体的慢速度去追赶新媒体技术的加速度,就像马车追赶高铁。但是,传统媒体又不愿眼睁睁地坐视媒体版图被后来者恣意割据,纷纷跳进互联网大海里泅渡。于是,前赴后继地走上了新媒体转型之路。

眼下的新闻客户端泡沫,是新媒体与传统媒体合力制造出来的神话。在排名前400位的新闻资讯类App中,有传统媒体背景的资讯App占到47%。清华大学沈阳团队近期推出的《未来媒体趋势报告》中,110家官媒中60%有自己的客户端,也就是66个,其中只有三个央媒客户端的下载量达到了千万级别,近一半的客户端下载量都在十万以下。由此可见,传统媒体在辞旧迎新上比新媒体还要焦急。如此疯狂的喜新厌旧,真的有用么?

问题是,多数媒体的新媒体投资是用来交学费的,即是陪那些少数赢家玩的。就拿新闻客户端来说,大多数新闻客户端是跟风起哄的,属于典型的"三陪"(陪玩、赔本、陪吆喝)。1 300 个新闻资讯类 App,不可能全进入受众视野,只有少数超级 App 才能成为主流目标,绝大多数都是作为"分母"的。从目前移动新闻客户端的下载量上来看,腾讯新闻位居第一,今日头条已有几亿用户,排名第二,网易新闻、搜狐新闻分属第三、第四。这些大户才是新闻客户端的真正赢家。传统媒体的新闻客户端,仅有少数几家从分母中浮到分子中,像澎湃算是成功的了,至于并读、热门话题、无界、九派、封面等,短期内赚得的眼球固然不少,但还谈不上是真正的赢家。与腾讯、今日头条、网易、搜狐等新闻客户端比较起来,这些传统媒体的转基因产品,还不具有"整数"意义。

传统媒体与新媒体竞争,就像家禽与野生动物竞争。家禽被圈养习惯了,野生能力退化了,野外捕食能力跟野生动物没法比。虽然说,做新闻客户端,传统媒体在内容上有既得优势,但技术和市场劣势是两大短板。更何况,在原创版权得不到结结实实保护的情况下,传统媒体的原创内容优势很快成为野生动物的口中之物。因此,传统媒体不可盲目出手。与其盲目出征、铩羽而归,不如慢下来、退回来,好好理一理自己的新媒体战略。若没有精准的用户洞察,不明晓新媒体的代谢规律,一味地盲目试错,只会把可怜的残山剩水赔光的。不计成本、不计后果的搏命,哪怕能获得短期的成功,也可能行之不远。

眼下的新闻客户端泡沫一定会破灭的。涨潮的时候,大家都在戏水狂欢。只有到了落潮时,才能看清,谁没有穿衣在裸游。[①]

(上观网,2015 年 11 月 19 日)

这篇评论是笔者长期观察中国传媒业转型的产物。在新媒体的强劲冲击之下,传统媒体被新媒体这一头破门而入的"大象"逼到了墙角。于是乎,传统媒体一窝蜂地转型,绝地求生,纷纷把新闻客户端作为媒体融合转型的标配。殊不知,这种枉顾残酷现实的客户端大跃进,多是赔本的买卖。上述见解,既有专业的眼光和知识,借此洞察、分析当时貌似蒸蒸日上的泡沫,同

---

① 参见上观网,http://www.jfdaily.com/news/detai/? id=7692。

时也要有公共表达的技巧和能力,将专业化的知识和叙述表达得不那么晦涩、难解。评论写作的专业性不是用专业修辞和陌生化的理论把读者堵在门外,恰恰相反,需要作者有化专业为公共、化深奥为平实的能力。即是说,评论写作的专业性与公共性彼此兼容,相得益彰。

第五节　时评写作的常与变

时评是时文,是时代巨手中的"泥塑"。"文章合为时而著,歌诗合为事而作",白居易此言道尽时与文的辩证法。

互联网崛起,打破了少数人对传播的渠道垄断和内容垄断,普罗大众获得了俯拾皆是的发声机会,意见市场的容量和结构发生惊人巨变。在这一背景下,评论市场的变化天翻地覆,一时间,公众意见非理性繁荣,舆论场"流动性过剩","口水"泛滥。马修·弗雷泽、苏米特拉·杜塔在《社交网络改变世界》一书中所言:"当大众不仅不再对发言权痴迷,而且已经拥有了这一权力时,这一切就会发生。大家都知道,互联网已经让他们拥有合理选择所必需的信息。他们不必通过购买报纸杂志、看电视或听广播,就能获取产品信息,他们现在有自己选择的权力。实际上,他们也可能是新闻记者或评论家,甚至也可能是生产者。"[①]人人都有发言的机会和权利,人人可就公共话题发声。发言门槛降低以后,发声者多了,倾听者就少了。众声喧哗,意见市场的秩序嘈杂热闹。在这种语境下,时评写作作为专业化的写作是不是就没有必要了?答案应该是否定的。恰恰相反,人人发声,降低了评论进入的门槛,这就要倒逼专业评论水涨船高,提升战术水准。

时代在变化,要求评论写作须因时而变,把握变的辩证法。在新媒体时代,评论写作要作出如下应对。

第一,洞察世道与人心。卡尔·雅斯贝斯在分析新闻传媒业时曾提出这样的观点:"没有新闻界,现代世界是不可能生存的。报纸作为对于群众

---

①　[加拿大]马修·弗雷泽、[印度]苏米特拉·杜塔:《社交网络改变世界》,谈冠华等译,中国人民大学出版社 2013 年版,第 184 页。

生活状况的意识构成了我们时代的精神生活。新闻报刊虽然最初只是交流各种观点的一种简单工具,现在却在世界上占据了支配地位。它创造的生活知识具有被普遍理解的明确性。新闻记者通过改变人们在群众中形成的思想而部分地决定着事变的进程。在事变的过程中,他知道拥有影响他同胞的头脑的力量。他是创造当前状态的参与者之一。"①新闻从业者负责告知人们世界是什么样的,同时影响人们头脑对世界的感知和理解。新闻业作为连接公众和世界的中枢神经系统,它的立场、视角以及所见所识,乃至观察和分析周遭世界的思想和情感,都会或多或少地影响公众的观感和思想。新闻评论写作,不能拘泥于事实细节或真相本身,而是要表达对事实和事件的态度和思想。它不是一般经验性的描述和再现,而是强调对事实的看法和立场,告知受众如何看待新闻事件。在互联网时代,信息资讯不再匮乏,不同成色的信息拥挤在一起,干扰事实的呈现,让真相模糊起来。为此,评论人的一个重要任务就是:让真相从信息的瓦砾碎石中凸显出来,以正视听。这要求评论人拥有截断众流、力搏千钧的意见力量。

第二,掌握表达之道。专业化的新闻评论是纸媒时代的产物,后来遭遇电子媒介的冲击,评论的形态和形式随之改变,如出现了广播评论以及电视评论等评论形态,被电子媒介赋予了新的表达手段和形式。互联网这种超级媒介铺天盖地而来,网络评论应运而生。互联网评论的表达边界大大拓展了。从表达主体来看,大量草根评论员的进入改变的不仅仅是言论的分贝,关键的表达形式也随之大变。草根评论员从民间来,身上带有民间的草莽和泥土气息,其言说风格也不一样。他们说话开口见喉咙,粗粝生猛,有时甚至故意不好好说,把理说偏,语不惊人死不休。草根评论员的思想、能力参差不齐,价值观分殊也较大,表达手法和套路不尽相同。

第三,深谙网络堂奥。技术在变化,互联网表达技巧随之而变。"无社交,不新闻"渐渐成为当下传媒业的共识。同样,评论写作也进入社交化时代。社交化时代的评论写作,首先,要求作者放低身段,不能有居高临下的优越感。不论是道德优越感还是智慧优越感,都不能太露骨,否则会对受众

---

① [德]卡尔·雅斯贝斯:《时代的精神状况》,王德峰译,上海译文出版社 2005 年版,第 88—91 页。

构成冒犯。其次,要求评论者在表达技术上不能太"low",应该用受众喜闻乐见的形式表达观点和见解。比如,公众号"咪蒙"的走红与其迎合受众趣味有关。"咪蒙"公众号曲意迎合受众的"重口味",一味讨好卖乖,胳肢受众,说到底是为了"圈粉"。网络时代评论者需要"卖萌",但无原则、无节操的"卖萌"也是要警惕的。评论人以生产观点为主业,但也需要评论人懂得新媒体技术。在传统媒体时代,评论员完成评论写作交给编辑就完事了,但在社交化的今天,仅仅完成评论写作这一环是不够的,评论上线只意味着互动的开启,受众的跟帖和回馈需要及时关注、反应。

第四,守望公共责任。美国新闻自由委员会在其著名的《一个自由而负责任的新闻界》中指出,没有哪种公共服务比传播服务更重要①。评论写作从事的正是传播服务。这种公共服务甚至比律师、医生、教师还要重要,因为其影响面比这三者更广。评论作为公共性言说,须将公共利益放在首席位置。

国旗为谁而降

郭光东

东北的灾民早已在雪前住进了温暖的地窖子,九江大堤决口封堵处也于近日开始拆除重筑。洪灾过后,诸多善后事宜有条不紊地进行,但现在回想起来,有件事被忽略了:按照《国旗法》第十四条的规定,为九八特大洪灾的死难者下半旗致哀。

1990年颁布的《中华人民共和国国旗法》第十四条第二款规定:"发生特别重大伤亡的不幸事件或者严重自然灾害造成重大伤亡时,可以下半旗致哀。"今年我国发生洪水的河湖之多、时间之长、水位之高、损失之大,为历史罕见,更为《国旗法》颁布以来所仅有,当属"严重自然灾害";洪灾中,人员死亡达3 656人,当属"造成重大伤亡"。尽管《国旗法》对严重自然灾害造成重大伤亡时下半旗规定的只是"可以",不是"应当""必须"。但如果一次灾害死亡3 656人还不能适用这一法条的话,不知这一规定几时才能派上一回用场。

---

① [美]新闻自由委员会:《一个自由而负责任的新闻界》,展江等译,中国人民大学出版社2004年版,第48页。

事实上,国旗不仅是国家主权和民族尊严的象征,也是民族精神和民族凝聚力的体现。而下半旗正是一种由中央政府以全体国民的名义举行的哀悼仪式。它不但能给予死难者的亲人以莫大的精神慰藉,再次体现抗洪斗争中全民族的强大凝聚力,而且更有助于增强每个公民的国家观念和爱国情感,使人真切地感受到自己是祖国大家庭的一员,从而激发为国奋斗的热情。

遗憾的是,我国还从未有过为一般民众下半旗的先例。古代的礼制,其实质是正名分,巩固等级制度。《礼记·曲礼》曰,"礼不下庶人",一直是西周以来的一条重要原则。及至现代民主政体确立,"礼"理所应当下及"庶人",因此我国现行《国旗法》规定,除了国家重要领导人逝世应下半旗外,对国家作出杰出贡献的人、对世界和平或者人类进步事业作出杰出贡献的人逝世,以及因不幸事件、严重自然灾害造成重大伤亡时,也应或也可下半旗致哀。这项立法反映了社会进步,无疑使我国的降半旗制度走上了民主化、规范化的轨道。

但从目前实践和人们的观念看,下半旗的对象还仅限于逝世的国家重要领导人,其他几类对象尚未予以充分重视。比如,在洪灾刚过的 9 月 21日,我国依法为不幸因病逝世的杨尚昆同志下半旗致哀;而 3 656 名普通民众在洪灾中死难则几乎与此同时。

值得一提的是,就在我国洪灾前的 1998 年 6 月 3 日,德国一列高速列车出轨,酿成德国近 50 年中最惨重的铁路交通事故,100 人死亡。事故次日,德全国降半旗致哀。

两相对照,没能为 36 倍于德铁路事故死亡人数的我国洪灾死难者降半旗,我宁愿看成是有关部门的一时疏忽。倘若今后再有我们不愿其发生的重大伤亡,请切记关注《国旗法》的相关法条,以下半旗的仪式寄托全国人民的哀思,体现国家对普通公民生命的珍重。

(《中国青年报》,1998 年 12 月 2 日)

这篇《中国青年报》"冰点时评"针对在 1998 年洪灾中 3 656 名普通民众丧生的死难者而发的。文章提出,按照《国旗法》第十四条的规定,有理由为"九八特大洪灾"的死难者下半旗致哀。下半旗不但能给予死难者的亲人以莫大的精神慰藉,再次体现抗洪斗争中全民族的强大凝聚力,更有助于增强每个公民的国家观念和爱国情感,使人真切地感受到自己是祖国大家庭的一员,从而激发为国奋斗的热情。但事实上,这么重要的事情却被"疏忽"了。

第五,保持距离感。雅斯贝斯有言:记者能够实现被普遍化的现代人的理想。他自觉把他的命运与时代的命运交织在一起,能够投身于当代的张力和现实,并对这些张力和现实采取一种反思的态度①。评论写作是一份积极"入世"的工作,但评论员的"入世"不是全然埋首于经验现实,而是要求眼界和见识高出一般人,要评论员有穿越世相和表象的能力。从这个意义上说,评论员要有"出世"之努力,不仅能看到脚下的方寸土地,还能看到远方和天空。

第六,依循说服之道。评论写作就是用思想和判断去影响他人。言论表达就是说服他人的过程。在资讯高度发达、民智打开的今天,依靠信息时差和落差去说服他人似乎越来越难了。有时候,受众掌握的资讯比评论员还要多,被说服者懂的道理比说服者还要多,传受双方观念水位落差并不大。在这种情况下,评论员如何立言?这要求评论者具有更高的说服水平,深谙说服之道。评论写作作为一门经验艺术,不太在意说服的理论之道,只是按照职业经验判断,文法组织按照职业的套路推进。

第七,执守常识。新闻业不需要有什么高深的知识和理论,虽然它以社会关怀为己任,但不需要新闻从业者具备社会学家的理论和知识。新闻从业者的技艺来自社会,是有经验取向的,要求对社会变化有过人的敏感和悟性。评论员以生产、传播思想和见识行世,并不局限于专业领域,而与公共性同在。在很多时候,评论员的思想和见识甚至是常识级的。在一个常识稀缺的时代,可能就流行两种东西:一是没心没肺的傻乐,二是假正经和伪深沉。这两种东西都与人的理想心性和智慧绝缘。在浮华的红尘中,常识并不总是在场,却经常被遮蔽,这就需要评论者从公共言说出发,打捞那些沉落的常识,对公共社会启蒙。

---

① [德]卡尔·雅斯贝斯:《时代的精神状况》,王德峰译,上海译文出版社 2005 年版,第91 页。

第二章

时事评论的特征与类型

第一节 时事评论特征

一、时代性

时评是时代的产物,时评写作当关注时代变化,紧扣时代脉搏,顺应时代趋势。著名的皇甫平和任仲平评论,皆是时代造就的,没有时代这个巨大推手,时评人就失去了立论的强大根基。据周瑞金先生回忆,从1991年2月15日到4月12日,《解放日报》在头版重要位置连续发表了四篇署名"皇甫平"的文章:《做改革开放的"带头羊"》《改革开放要有新思路》《扩大开放的意识要更强些》《改革开放需要大批德才兼备的干部》。四篇文章主题一以贯之,内容相互呼应,文风鲜明犀利,冲击力极大,及时、深入阐发了邓小平同志最新的改革开放思想。皇甫平系列评论文章发表后,在党内外、国内外反响强烈。文章受到许多读者的欢迎,说这是"吹来一股清新的改革开放春风"。每逢文章发表,都会有不少读者打电话到报社询问文章作者是谁,纷纷表示读了这些文章很有启发,有助于进一步解放思想,认清形势,打开思路,坚定信心。其中,《改革开放要有新思路》鲜明提出"在改革深化、开放扩大的新形势下,我们要防止陷入某种'新的思想僵滞'"。这种"新的思想僵滞"具体表现为:把发展社会主义市场同资本主义等同起来,把利用外资同自力更生对立起来,把深化改革同治理整顿对立起来,等等。《扩大开放的意识要更强些》旗帜鲜明地提出了"姓社姓资"问题。此文激起"左"派的反扑,他们纷纷撰文"批判",大加挞伐,《当代思潮》《真理的追求》《高校理论战线》等杂志连篇累牍发表批判文章。甚至连《人民日报》《光明日报》和《求是》后来也刊发批判皇甫平评论的文章①。皇甫平系列评论之所以激起巨大舆论风波,正因其站在时代的制高点上发声,在中国的历史十字路口为改革鼓与呼。

《人民是执政党的力量之源》是笔者在十八大闭幕当天为《东方早报》撰写的特约评论员文章,该文刊发时改名为《全心全意为人民服务》。十八大之后,习近平领导的新一代党中央登上中国政治舞台,中国进入新的"政治时间"。文章的新闻背景是新任中共中央总书记习近平 2012 年 11 月 15 日在十八届中央政治局常委与中外记者见面时发表首次讲话。这一首秀,引起了中外舆论界的强烈关注,中外观察家都要从中解读微言大义和政治信息。习近平的讲话简洁有力、意义丰满,掷地有声地回应了中国社会乃至国际社会的热切期待。在长达 1 500 字的讲话中,"人民"就高达 19 次之多。笔者由此推断,"人民"会在新一代执政党领导者执政理念中占有特殊的分量。后来的政治实践证明,以人民为中心的执政理念成为十八大之后执政党的核心理念。

全心全意为人民服务

张涛甫

举世瞩目的中共十八大圆满落幕,新一届党的领导核心接过权力的接力棒。中国再次实现政权平稳交接。新任中共中央总书记习近平 15 日在十八届中央政治局常委与中外记者见面时的说话,简洁有力,意义丰满,掷地有声地回应了中国社会乃至国际社会的热切期待。在他的讲话中有一个出现频率极高的关键词,就是"人民"。在这个长达 1 500 字的讲话中,"人民"就高达 19 次之多。由此可见,"人民"在新一代执政党领导者执政理念中的特殊分量,由此也可判断"人民"在未来中国政治中非同寻常之含义。

在中国共产党的执政表达中,人民始终都是极为重要的主词。执政党对自己与人民的解读,从来都是将人民作为主格,执政党是宾格。63 年的

---

① 周瑞金:《我与皇甫平——写在〈解放日报〉创刊 60 周年之际》,《新闻记者》2009 年第 9 期。

执政历程就是执政党贯彻她对人民承诺、践行其对人民责任的历史。对人民的责任，是执政党永远不能轻慢的重大责任。这种责任，过去是，现在是，将来还是执政党必须承受之重。正如习近平在讲话中所言："这个重大的责任，就是对党的责任。"他还承诺：我们一定要始终与人民心心相印、与人民同甘共苦、与人民团结奋斗，夙夜在公，勤勉工作，努力向历史、向人民交一份合格的答卷。人民是执政党力量的源泉，执政党之于人民，就如安泰之于大地一般，只有双脚紧紧与大地贴在一起，安泰才有无穷的力量。中国共产党只有时刻与人民心心相印、同甘共苦，才能带领人民创造历史，书写历史，成就千秋伟业，笑看万年江山。

人民创造了历史，历史也同时赋予"人民"以生动的含义。经由30多年的改革开放，"人民"的含义变得越来越有包容性。"人民"从来没有像今天这样丰富、多元、生动。这就要求执政党具有高远、敏锐的眼光，深刻洞察"人民"含义的丰富性，并将"人民"的诉求尽收眼底，把人民的牵挂紧贴在胸口，让政治的阳光洒向每一片花叶。要求执政党将庄严的承诺落实到人民的日常生活中，通过"善政"实现人民对美好生活的期待。此外，还要求执政党有正视发展中出现问题的忧患意识和勇气，谨防这些问题释放出来的负能量，弱化党和人民的血亲关系。习近平指出，"新形势下，我们党面临着许多严峻挑战，党内存在着许多亟待解决的问题。尤其是一些党员干部中发生的贪污腐败、脱离群众、形式主义、官僚主义等问题，必须下大气力解决。全党必须警醒起来"。民之所期，即是党之所忧。只有准确理解、把握人民的期待和诉求，才能找到治国理政的正确方位。

中国的发展离不开执政党的有力领导。但是，未来之路不可能一帆风顺。未来十年正是中国改革的关键时期。改革正在闯大关。这就需要我们的执政党具有强大的驾驭复杂局面的能力。变化了的中国和世界，以及不断升级的人民期待，赋予执政党以新的历史使命，也向执政党提出了新的时代要求。随着中国改革的深入以及深度介入世界体系，影响中国政治的因素越来越多元，也愈来愈复杂。机遇和挑战的辩证法会以更加深潜的逻辑埋伏在未来之路上。洞察时代规律，把握发展机遇，规避路上风险，这些都会考验执政党的胆识与智慧。要求执政党具有更加强大的执政能力，带领全国人民从容应对各种挑战，把建设中国特色的社会主义事业推向新的历史航程。

（《东方早报》，2012年11月16日，原文题目《人民是执政党的力量之源》）

二、思想性

时事评论始于新闻，止于思想。时评是对新闻事件的解读，借此影响公众的态度和判断。这就要求评论要以意见见长，靠思想影响社会舆论。时评的思想输出，与单纯的思想"裸泳"不同，它需要借新闻事件之船出海，如何从新闻事件出发，衍生出有力的思想，这是评论人必备的能力。

以下是笔者在电影《一九四二》上映后写出的一篇评论。这部电影让人们看到了另一个冯小刚，借助这部反商业化的电影，冯小刚掀开了一段尘封于历史的沉重记忆。评论认为，每一个上演《一九四二》的剧场，都是一个生动的国民教育课堂。在这里，观众们在体验一个迟到的时空穿越。眼前虽不是历史的现场，但银幕上的一个个生命，触动了人们心中那根敏感的神经。电影《一九四二》的出场，对于时下习惯于娱乐和舌尖上贪欢的我们，也是一次精神电击。笔者写这篇文章的用意不在于完成一篇普通的观影文字，而是借船出海，表达公共记忆的"失忆"问题。这个问题在娱乐至死的消费社会中，显得尤为要紧。

唤醒公共记忆的《一九四二》

张涛甫

电影《一九四二》已在各大院线公映。该片让我们看到另一个更深、更厚的冯小刚：在他幽默喜剧的背后，还有厚厚的悲悯底子撑着。正因有这个底子在，使得他在失控的商业主义喧嚣中保持几分难得的清醒。

《一九四二》打捞出一段历史记忆。1942年夏到1943年春，河南发生旱灾，之后又遇蝗灾，天灾加上人祸，导致全省300万人死亡。这是何等悲情的生命之重！然而，如此惨烈的悲剧，长期以来在我们的公共记忆中消失了。我们不禁要问，如果历史叙述不考虑生命的重量，不在乎对生命的尊重，这样的历史叙述算什么呢？

幸好有刘震云和冯小刚。他们意外地客串了公共苦难记忆打捞者的角色。冯小刚接受采访时说："在二战时期我们中国河南饿死了三百万人，这么大一个事没人知道，全世界的人不知道，中国人也不知道，我如果不是看震云这个小说拍这电影我也不知道……当刘震云去采访这些经历过这场灾难的人，大家也都说记不清了。"

我们不能怪罪幸存者的麻木和健忘。作为一个个身历其境的具体生命过客，他们只能用他们个人朴素的方式记忆。在多重苦难围追堵截的命运困局中，他们有理由像阿Q那样活着，麻木、健忘。但是，中国社会公共记忆的叙述者和传播者，对几百万生民的生命消失，无论如何是不能忘记、省略的。公共记忆关乎一个族群共同体的集体认知和情感，它能告诉我们现在所处的方位，同时还能昭示我们未来行走的方向。

坦白地说，在自己不多也不少的历史阅读中，我对这段70年前的历史苦难是无知的。我们的历史教科书中，鲜有这方面的记录。这场三分天灾、七分人祸的人间苦难在我们的公共记忆中长久消失，这不能不说是一个巨大的缺憾。我们不禁要追问，究竟还有多少公共记忆搁浅在历史的河流中？当然，我们也知道，历史教科书的叙述从来都不可能将过往事实一网打尽。历史叙述从来都是选择性的记忆：记住那些该记住的，忘记那些该忘记的。但是，历史的真正生命在于它对生命的敬畏和铭记。300万个生命的消失无论如何都是不能忘记的。

而且，从历史叙述的合法性考量，这天量级的生命陨落恰是对国民党当局腐败、残忍的有力控诉。多好的历史证据呀！可惜，我们的历史教科书叙述错过了。作为局外人，我们如此理解历史，可能失之简单；换个角度看，这种"遗珠"之憾可能不是技术性疏忽造成的，也许还有更复杂的因由。

公共记忆不能全部依靠一种叙述，哪怕这是一种甚为权威的叙述。公共记忆还得有其他力量的声援。近年来，口述史的勃兴，大大拓展了历史叙述的空间，丰富了历史的细节，让历史变得更加丰满起来。作为小说家的刘震云及作为电影导演的冯小刚，用他们自己的方式参与了公共记忆的打捞工作。刘震云的《温故一九四二》用小说的形式尝试一个历史故事的打捞工作。在小说中，他无意将消失的历史事实和盘托出，而是让一个个消失的生命鲜活地出场。

这是小说家的长项，而恰恰是历史学家的短板。他的这番努力可谓一箭双雕：既为历史补课，也为文学加分。不过，刘震云的小说并没有带来巨大的公共关注,其影响主要是在文学界,这不能怪刘震云,只能怪被边缘化的文学,以及将文学边缘化的读者。

小说《温故一九四二》转世投胎成为电影《一九四二》,旋即成为一个轰动性的文化事件。后者的公共性远远超出了原先的小说。这是电影的力量所致,也是冯小刚的能量使然。在这部电影里,冯小刚表现出惊人的节制和敬业。他告别了此前的戏谑和煽情,极其老实本色地玩起了笨功夫,将自己风格化的东西统统收了起来,只让故事和人物自己出场。这种纪实主义的路数,取得了震撼性的效果。借助冯小刚、刘震云以及张国立、徐帆、陈道明、李雪健、张涵予的精彩表现,一段不该忘记的公共记忆复活了,站立在2012 的冬天里。

每一个上演《一九四二》的剧场,都是一个生动的国民教育课堂。在这里,观众们在体验一个迟到的时空穿越。眼前虽不是历史的现场,但一个个银幕上的生命,触动了人们心中那根敏感的神经。迟到的记忆,虽不无遗憾,但还算幸运,毕竟没有错过。从现实的意义看,电影《一九四二》选择在这个时候出场,对于时下习惯于娱乐和舌尖上贪欢的我们,也是一次精神电击。在无情的历史面前,我们都是幸存者。不远的苦难似乎在警示我们:忘记过去就等于背叛。

(《东方早报》,2012 年 12 月 3 日)

三、公共性

时评是公共思想产品,它是面向公众的言说,从公共生活中来,到公共空间中去。在人们的公共生活中,公共交往离不开资讯和意见,大家在观点市场上交换意见,分享、交流乃至辩论。时评针对公共社会议题发声,这是与新闻媒体的公共服务宗旨相契合的。在公共空间中流通的观点和意见,我们不能确保每一个观点、意见皆正确,更不能奢望意见市场真理长存,遍地"流金"。实际上,在意见上,有良币,也有劣币,甚至在某些时候会出现劣币的逆袭——驱逐良币。真理终归能胜出,但不是时时在线。真理的分娩,需要有孕育周期,也有阵痛。

时评人不是真理的垄断者和裁判者,只能说,他们对良知、真理的追求更执着，相信真知、真理的价值，更珍惜在公共生活中的金规良俗。在公共生活中，可以有观点的对冲和辩论，但必须在公共讨论的规则内平等交流。在互联网公共空间里，"极化"现象甚为突出，甚至可以说，互联网造就了一大批不好好说话的人。越是激烈、偏激的观点，越是容易引起网络看客的围观，"口水"泛滥，"口炮"猖獗，严重污染了公共言论的环境。时评写作者当以清澈的理性进行有利、有据、有节的说理，不能夹带偏见和私货拉仇恨，更不能使用话语暴力。

公共辩论须注意语言卫生

张涛甫

7月23日，方舟子、崔永元互诉名誉侵权案在北京海淀区法院开审。方舟子诉崔永元多条微博言论侵犯其名誉权，要求对方道歉，并赔偿精神损害抚慰金等共计32万余元。同时，崔永元反诉方舟子恶意挑起事端，污蔑攻击，也提出赔偿精神损害抚慰金及其他损失共计67万元。这场口水战从去年9月开始，由转基因问题引爆，本应围绕公众关注的转基因食品的安全性问题展开，对公众而言也是一场科普教育；但随着争论的升级，话题渐渐走偏，方、崔这两位名人恶言相向，粗口频出。而且，双方粉丝也卷入方、崔口水战，在微博战场上交火，激起一波又一波的舆论风浪。

我们曾朴素地认为，真理越辩越明。但如今的真理已变得模糊不明，因为"真理"还没来得及展开讨论，就被搅浑了。方、崔关于转基因的争论，起头还是正剧，后来就走偏为闹剧了。当初，文科男小崔对转基因食品的兴趣，不是因为他多年理科学得不好，要借"理科男"方舟子出口恶气，而是出于央视名嘴一贯的公共关怀，转基因问题大面积进入中国的餐桌，民以食为天，此事乃大，已远不是一个科学问题，而是一个重大公共问题。小崔跨界关心转基因问题，在理科男方舟子看来，有越位之嫌。理科男方舟子的傲慢里显然有对文科男小崔的偏见，双方唇枪舌剑，夹风带雨，进而偏离理性的轨道，以至于把一场原本看好的辩论带到沟里去了。

辩论的前提，就是讲事实、摆道理。辩论双方把各自的理由讲清楚。理科男方舟子虽有一定的科学储备垫底，但不能以此为傲，一开始就说崔永元"根本不懂"，没有"资格质疑"。方舟子轻慢的辩论态度，激起了崔永元的死磕，他甚至不惜以离开成就其盛名的央视为代价，为解开转基因真相"自带干粮"到美国,志在将转基因问题刨根究底。即便辩论双方存在知识、认知以及辩论能力上的差距,但彼此的地位是平等的。辩论的伦理首先是尊重对方发言的权利。换句话说,即便你的对手不懂转基因知识,也不能在语言上刺激他,甚至侮辱其人格。方、崔的辩论,不断爆出粗口,双方不再遵守辩论伦理,彼此快意于嘴上搏杀,以至于剧终时分,大家似乎看不到胜负输赢了。如今的剧情已升级为方、崔二人对簿公堂,颇具戏剧性,但偏离了辩论的正题。最终发现,他们咬来咬去,两个人都弄得浑身泥、一嘴毛。

　　名人的辩论尤当注意语言卫生。名人掐架,围观者甚众,影响面更大。尔等凡胎俗子,看到平时仰望的名人,也可以如此出语惊人,竞相比拼语言暴力,心想就不怪我等在言语上下行了。大家都往公共平台上扔垃圾,也就很难让语言环境洁净起来。保护公共讨论环境,人人有责。公众人物,尤应尽责。

(《南方都市报》,2014 年 7 月 25 日)

四、新闻性

　　离开新闻话题,时评就成了无源之水、无本之木。时评要有新闻由头。没有新闻由头,时评就成了意见的"裸奔"。时评的新闻性是其重要特征。很多评论一旦抽离其新闻背景,单看其观点和思想,也就不是什么高论了。时评不能脱离新闻背景和社会语境孑然独行,不能遗世独立,它必须与新闻结伴而行。时评价值就在于它能影响公众对新闻事件的判断,不能指望新闻的消费者个个都成为思想家、哲学家,评论的读者多是新闻事件的旁观者,他们需要有人帮助其去观察、理解新闻事件。时评人就扮演这种角色,即帮助人们去观察、分析事件。时评人需要有一双慧眼,洞幽烛微,见微知著,见他人之未见,发他人之未发。

　　以下这篇评论是笔者为第 16 个记者节而作的。笔者有感于以新闻为职业的记者们对记者节"无感",而那些尚未进入职业岗位的传媒学子却满怀激情,满屏的理想表白。于是,笔者蹭这个新闻热点,表达对记者节的思考。

把记者视为记者，天天皆是记者节

张涛甫

第16个记者节悄悄地来，也悄悄地走，不带走一片理想主义云彩。这个记者节，在记者圈里，鲜有打了鸡血的理想主义表白，与平时的日子似乎没什么两样。这种把节日当作"日子"过的态度，是一种职业常态，还是一种职业疲态？

但是，今年的记者节有一个意外的惊艳：那些尚未进入记者正轨的传媒学子们，在这个本不是他们节日的日子里，以准记者的身份表达了他们对新闻职业的想象，这是青春版的记者节感言："记者要为苍生说人话，为世界播报今日之中国""记者就是对新闻24小时待命""无冕之王""永远保持对这个世界的好奇心""人类的良知与正义的捍卫者""激情，担当，一辈子做功课，一辈子在路上""倾听社会的声音""独立，勇敢！""第一时间出现在新闻现场，心系每一片街区的欢乐与悲伤，用爱记录社会的温暖，传达人们的心声""Nothing But the Truth""求真""敢为天下先""千万、千万、千万不要睁着眼睛说瞎话""期望一个更宽松的报道环境"。

上述引语还不是新闻"小鲜肉"记者节感言的全部，这里之所以不厌其烦摘录，一个重要的内因是：着实为这些新闻"小鲜肉"们的真情告白感动。与一地鸡毛的骨感现实比较起来，这些青涩、丰满的理想主义表达充溢着清风拂面的真纯。

在社会系统中，记者不是可以缺席的职业。假如没有记者，世界也许就没有新闻。在新媒体时代，人人似乎皆可以成为记者。上述假设是不是有点武断、任性了？虽说，新媒体赋权，可让每个人成为新闻的见证者和记录者，但这种公民身份的记录和传播毕竟与职业记者不同。在我看来，越是人人可以成为记者的时代，越是需要专业水准的记者。在资讯泛滥的传播语境里，对信息深加工的要求更高，也更迫切了。而且，记者职业不仅仅是一个信息技工，更重要的是在技术的背后，有更高的职业伦理和社会责任。

节日是一种议程设置。这种议程设置赋予一年中的某一天以特殊的意义。记者节是记者的节日。在11月8日，整个社会为记者这个职业举办庆典，为"无冕之王"加冕。每逢节日，我们的第一反应是：放假。与其他职业不同的是，记者过节是不能全员放假的。哪怕千般万般的理由，记者都不能放弃职业现场,不能从在场状态中撤出。哪里有新闻,就应该有记者;何时有新闻,就应该有记者。记者节,不是记者从新闻现场撤离的理由。

记者这个职业要自律,也要有他律,更需要社会的呵护和砥砺。这一点比什么都重要。一旦拥有这样的环境,天天都是记者节。

(《南方都市报》,2015 年 11 月 9 日,文章发表时有删节)

五、时效性

时评是快消品,因此难以摆脱这样的宿命——保鲜期太短。这与新闻的时效性有关。时评一般是快评,不求天长地久,强调速战速决,立竿见影,一剑封喉。时评写作需要克服时效的规限,在有限的时间内,作出快速反应。

以下这篇评论是笔者在 2017 年"五一"国际劳动节写的,同样也有感于当下社会对劳动节的无感。

时刻铭记对劳动者的敬意

张涛甫

时至五一,这个向所有劳动者致敬的节日,常被定格在"假日"这个标签上,这在相当程度上冲淡了其深邃的本意。

不知从何时开始,人们对劳动的理解开始变得浅了、淡了,对劳动者的敬意和理解打折。劳动就像空气一样充盈于我们生活之中。久居其中,我们对劳动的理解和感受就像对于空气一样:无感。而对于谁得到"全国五一劳动奖章",似乎也没人关注了。

然而,今年五一期间,一位 80 后快递小哥宋学文获得"全国五一劳动奖章"在网络上却火了一把,让很多人又注意到这个对劳动者的精神褒奖。这是全国电商企业快递配送员第一次获得此项殊荣,其意义非同寻常。但同时,我们不得不承认,是因为"快递小哥"这个极具网络传播性的标签,才让"全国五一劳动奖章"又回归人们的视线。

劳动节对于每一位劳动者来说,其意义绝不在这两天可以休息,而是在对劳动的尊重与珍惜。劳动需要致敬和加冕,不论是以社会的名义,还是以国家的名义。自 1989 年始,我国设立了"全国五一劳动奖章"这一国家性荣誉,这是以国家的名义向那些在我国诸条战线上作出卓越贡献的劳动者致敬。

但一段时间以来,这一至高荣誉不再引起社会的广泛关注,五一劳动奖章或奖状的光环,不再那么悦目。究其原因,主要在于社会急遽转型过程中,劳动的价值在流失,劳动者结构在分化,社会对劳动的尊重也不在应有的位置上。在不少人的心目中,劳动的含金量在打折。相比之下,对劳动之外的非分之想则在膨胀。相当一部分人千方百计地试图绕过劳动,直奔主题,不劳而获,获得物质收益成了第一目标。

其实,对劳动的理解不需要有高深的理论装备,也不需要耀眼的身份光环。从这个意义上说,快递小哥宋学文、育儿嫂范雨素两位草根劳动者对于劳动的诠释和理解,也许更能命中劳动的靶心,因而更有代表性。

前一阵子被舆论爆炒的范雨素,并未因其业余爱好得到社会的意外关注,而忘却她的本职工作。她对劳动的理解是朴素的,也是清醒的,把眼皮底下的工作打理好,才会有扎实的人生,不要心心念念地纠结着诗和远方。这种质朴、贴地的劳动观,在浮躁、急功近利的当下中国显得弥足珍贵。

宋学文的背后,站着200万的"快递小哥"群体。作为物流行业的一线劳动者,宋学文获得中国劳动者最高荣誉,其意义已远远超出其个人视野,他代表一个正在崛起的行业和正在壮大的电商经济。试想,一个200万之众的行业,其劳动的规模和成色对于国家和社会的影响是如何深广?

全国五一劳动奖章对宋学文们的关注和接纳,体现了国家意志对新生事物的包容性,彰显了以人民为中心的劳动理念,用宽广的视野观照发展的劳动者族谱。将精神褒奖与人们最切身的生活结合,只有这样,才能让五一劳动奖章这一国家荣誉成为公众焦点。

(《环球时报》,2017 年 5 月 2 日)

六、说服性

时评用观点和思想说服目标受众。如何将目标受众带入说服的逻辑中,这是时评作者需要着力解决的问题。有一个朴素的说理逻辑,就是入情入理,让被说服者感觉评论员所要表达的观点和意见在情理之中。评论员提出一个观点或判断,理据何在? 需要靠一套说辞去说服受众。这套说辞如何选择、组织、演绎? 这涉及说服的技巧。

说服者必须了解受众先前的知识和已有态度。我们对信息的认知反应取决于我们已经知道的、记住的、相信的或者感觉到的信息主题。马丁·路德·金作为一个沟通大师的魅力部分在于他对受众的了解。他对宗教信徒们说他们熟悉的宗教语言;对美国中产阶级则用美国精神和"对自由的热爱"来感染他们,并引用黑人和白人所共同敬仰的英雄和领袖的名言和事迹[①]。

与此同时,掌握理据的质量以及理据组织的技巧也很关键。信息质量——信息中论据的有效性、强度和吸引力——是极其重要的。论据需要经受住与受众已有知识的严格比较的审查,需要把其倡导的立场与受众已有的态度联系起来。一般来说,那些看起来有道理的、重要的、对所涉及问题有新见解的论据是强有力的。那些满足了这些"质量"标准的论据信息要比那些不合情理或不合逻辑的信息更有说服力。好论据越多越好,因为每一个新论据都能激发赞同的认知反应,而这些认知反应进一步促进了受众对信息的赞同[②]。

说服的过程是一个复杂的心理认知过程,其中有很多习焉不察的秘密和机理,这就要求评论者具备超出常人的知人论世的悟性和能力。

七、介质性

介质性是指承载评论的介质。这介质包括文字、声音、图像、视频等。在单一媒介时代,评论由单一介质来承载,及至电子媒介时代,评论不再靠单一媒介予以表达,比如电视评论,就有声音、视频、文字多介质的综合运用。如央视知名新闻评论栏目《新闻1＋1》,就充分调度电视媒介的视觉叙事优势,采用新闻＋评论的方式,借助电视语言再现新闻现场,将叙事纳入评论逻辑,而不是电视评论员单方面地评头论足。

---

① ［美］菲利普·津巴多、迈克尔·利佩:《态度改变与社会影响》,邓羽等译,人民邮电出版社2007年版,第135页。

② 同上。

至互联网时代,评论的多介质使用更加频繁。微信公众号火爆,很多时评借公众号出海;短视频风口来临时,一些观点也以短视频形式出笼。由此可见,在新媒体时代,评论不再依附于文字了。新媒介技术给观点表达以新的空间,诸如罗振宇的"罗辑思维"、胡锡进的"胡侃"、曹林的"吐槽青年"以及公众号"咪蒙"之类的新评论形态,皆为传统媒体人跨界的典型案例。

八、互动性

新媒体评论有一个重要特征就是在乎受众的存在感和观感。评论人不能完全以自我为中心,自说自话。在这方面,那些成功的新媒体"网红"的感受最为深切:若要在漫无边际的资讯瀚海中出人头地,引起围观效应,必须时时刻刻在乎受众的感受。公众号"咪蒙"是这方面的赢家,其创建者在接受专访时透露,其公众号成功的秘诀之一就是"互动感"。而她之前写专栏的时候则更自我一些。现在回头看,她之前出书、写作一直都在"我我我我",从"我"出发,更像是在做一个电台,告诉别人我的想法。而做公众号就像是跟朋友聊天,会更多地说"你",跟"你"互动。有互动感,而不是自说自话的,交流很重要①。

一些互联网大号绞尽脑汁,竭力刷存在感,甚至不惜动用"标题党"、毒鸡汤、隐私故事等手段"圈粉",可谓不择手段。2017 年 6 月 7 日,北京市网信办依法约谈微博、今日头条、腾讯、百度等网站,责令网站切实履行主体责任,加强用户账号管理等问题。随后,各网站依据相关法律法规、网站内容管理规定及用户协议,于 6 月 7 日下午关闭了"咪蒙""风行工作室官微""全明星探""中国第一狗仔卓伟""名侦探赵五儿"等一批违规账号。时隔 28 天,咪蒙公众号悄然恢复更新,首篇文章关注韩国明星"双宋结婚"话题。其公众号在留言中表示,文章发出后 10 分钟即有上万点赞,3 000 条留言。噤声后的咪蒙粉丝非但没有流向他处,竟出现井喷之势。

当下,很多评论在公众号中出发、转发,公众号成了评论起飞、传播的新

---

① 《专访咪蒙:9 个月吸粉 300 万的公众号是咋养成的》,2016 年 6 月 23 日,亿邦动力网,http://www.ebrun.com/20160623/180719.shtml,最后浏览日期:2020 年 5 月 15 日。

平台,也为传者和受众双方的互动提供了即时、便捷的平台。评论效果如何,受众观感如何,均可在跟帖、反馈中立见。这就要求评论者眼里有受众,时时刻刻在乎受众的感受。当然,评论写作也不能曲意迎合受众,应该有底线、有原则。著名评论员李泓冰认为,融媒体时代,官媒、政务微博及微信公众号可以"卖萌",但仅有"卖萌"是不够的。目前要警惕重萌点而轻观点,警惕在表面形式的花哨热闹中,忽略了对独家信息、独家观点的追求,掩盖了在重大题材中的失语、失声、失重。评论的价值在于引领社会价值,要有独特的视角,表达可以轻松,对社会热点的关注不能放松。

第二节　时评类型与形式

时评可以按照不同标准分为不同类型,按照传播介质来分,可分为文字评论、漫画评论、广播评论、电视评论、网络评论等;若按照体裁来分,可分为社论、评论员文章、专栏、短论、微博评论、公众号评论等。每种类型的评论皆有其特定的生产和传播的规程、形式和技巧。

一、文字评论

文字评论是比较常见的新闻评论,主要依靠文字来表达观点、组织材料、演绎逻辑。文字评论门槛较低,普及面也很广,且历史悠久,表达技巧积累也甚丰厚。但是由于时评作为对于时事的即兴评论,容不得长时间精雕细琢,有截稿时间规限,强调急中生智。文字评论写长、写短皆不易。长篇大论,考验作者在规定时间的爆发力和用力技巧,既需要作者的写作工具箱有充沛的装备,也需要作者有足够的驾驭能力和布局谋篇技巧,就像写长篇小说,对素材和情节结构的要求更高。比如,《人民日报》长篇评论"任仲平"评论,长达5 000字以上,有的甚至近万言,如此超大体量的文字评论,是中国文字评论篇幅最长的评论物种。当然,其生产周期也很长,且是集体智慧的结晶。例如,《筑起我们的长城》改了9稿,结构多次调整,段落再三修改,文字反复斟酌,题目是倒数第二稿才改定的;获得中国新闻奖的《走好全国一盘棋》,写了近两年,初稿 4 万多字,改了 14 稿;而《长征,迎着民族复兴的曙光》改了 11 稿。

在互联网时代,版面不再成为稀缺资源,渠道垄断也被打破,草根写手成群结队,公民写作遍地开花,文字评论呈现百舸争流之势,不同风格的文字评论也争奇斗艳。互联网对于评论写作者来说,既是一种解放,也是一种放纵。所谓解放,是指评论者不再受制于传统评论的陈规旧习和严苛纪律,"我手写我口",但网络空间毕竟不能沦为"野生动物园",个人自由的最大化不一定能带来共同体自由品质的提升。

二、广播评论

广播评论属于小众的评论物种,因为广播媒介越来越成为"窄播"媒介。广播评论凭借其声音付诸受众听觉,追求"先声夺人"。广播评论忌讳故弄玄虚,抽象地讲大道理,只有顺耳,才能顺心顺意。因此,明白晓畅、通俗易懂是广播评论的"刚需"。

广播评论的表现形式可以调度多种声音资源来演绎观点。比如,第二十六届中国新闻奖广播评论广播消息二等奖作品《简政放权下级部门如何接得住》就有强烈的问题意识,评论抓住政府在简政放权改革过程中遇到的实际问题,对一系列问题多方采集声音和观点,具有启发性。当然,广播评论的基础还是离不开文字,精彩的广播评论转成文字也应该是精彩的文字评论。有的广播评论在"发声"之前,文字"底稿"也是很出彩的。比如,这篇央广评论的文字稿,就是一篇精致的文字评论。只不过,文字写作时充分体现了广播介质的属性和调性。

脱贫攻坚摆不得半点"花架子"

山西省委书记王儒林最近到沿黄河八个贫困县调研,一路发现不少怪现象。在静乐县鹅城镇城庄村,两户贫困的孤寡老人,一位 74 岁,一位 75 岁,走路都不稳当,昏暗的窑洞里,却摆设着崭新的跑步机等健身器材,一问,是相关部门扶贫送来的;在保德县窑洼乡李家焉村,村里搬迁已经成了"空壳村",只剩下一户留守,但上级花钱书写的防洪标语赫然在目,年年不落(là),还配备了高音喇叭,自己广播给自己听;在石楼县的一所小学,三百学生减少到五十,却新盖起了一幢教学楼,大量教室闲置。凡此种种,在贫困群众眼里,是中看不中用的"花架子"。

习近平总书记反复告诫,脱贫攻坚要"看真贫,扶真贫,真扶贫,少搞盆景,多搞惠及广大贫困人口的实事"。一些地方却始终停留在打打电话、发发文件,从会议到会议,热衷于纸上扶贫、会议扶贫、电话扶贫、喇叭扶贫;个别地方"有粉搽到脸蛋上",专挑领导看得见的地方扶贫,把资金投到少数几个人身上,"垒大户""造盆景";有的地方不愿意深入到农村贫困家庭,不了解贫困群众最想解决什么困难,拍脑袋、想当然,好钢没有用在刀刃上,不顾当地条件和群众需要,上了一些项目和设施,闲置不用,成了摆设。

说到底,摆出这些扶贫的花架子,根源还是对"穷乡亲"没有真感情,缺乏责任感、紧迫感和担当意识。按照2020年全面建成小康社会的目标,在未来四年多时间,全国要实现7 000多万农村贫困人口全部脱贫,592个国家级贫困县全部摘帽,一个也不落。时间十分紧迫,任务十分艰巨,是大事,而绝非易事。没有脱掉一层皮肉的决心,扑下身子沉到"穷乡亲"里的诚心,一步踏出一个脚印的恒心,很难真正兑现承诺,到时恐怕只能是数字脱贫、纸上脱贫。目前全国已经到了脱贫攻坚最为关键的时刻,各级政府、党员领导干部需要实打实地为困难群众办点实事,摆不得半点"花架子"。①

（央广网,2016年6月22日）

三、电视评论

电视评论是以电视为作为观点和资讯传播介质的评论物种。相对于文字评论,中国内地的电视评论不甚发达,央视的新闻评论部出炉的新闻评论其实不是严格的新闻评论,诸如《焦点访谈》《新闻1+1》《新闻调查》《新闻周刊》都不是纯正的新闻评论,这些栏目中评论的比例较小,新闻的比重较大。上述几个央视评论类栏目,只有《新闻1+1》的评论调性比较显豁,加之有知名评论员白岩松的品牌效应,评说的色彩较浓。其他地方台,新闻评论均不是其长项,在新媒体的挤压之下以及地方电视市场的恶性竞争中,地

---

① 参见央广网,http://china.cnr.cn/news/20/60622/t20160622_522461733.shtml。

方台不再坚守新闻立台,在这种背景下,新闻评论面临着政治和市场的双重风险,这就抑制了电视评论的正常发育。

香港凤凰卫视正是抓住了内地电视市场的空档,强势推出系列时事评论节目,而且靠明星制"圈粉",《时事开讲》《时事辩论会》《锵锵三人行》等栏目迅速走红,曹景行、阮次山、邱震海、吕思宁、吴小莉、郑浩、何亮亮、杨锦麟、马鼎盛等名嘴群星璀璨,使得凤凰卫视的电视评论呈现出鼎盛之势。凤凰卫视在时事评论上作出的探索,大大拓展了电视言论空间,表达手段和技巧也大大丰富了。

四、网络评论

狭义的网络评论,是指首发于互联网并以网络受众为目标受众的时事评论;广义的网络评论,泛指在网络媒介上生产、传播的所有意见产品,既包括原创的,也包含转载的,既包括专业评论员写作的评论,也包括业余评论人写作的评论。本文采用的是狭义网络评论概念,网络评论是指针对某种新闻事件或热点话题发声的评论作品。网络评论表达范围和表现形式充满弹性,有很大的延展空间,有活力,但规则意识不够强。

以下是笔者针对现象级公众号咪蒙所写的一篇网络评论,本文应《解放日报》旗下新媒体平台"上海观察"而写,评论对象是当下互联网领域著名公众号咪蒙,粉丝规模近千万,影响面极大。咪蒙的带毒营销,其影响越大,越应予以警觉。但由于咪蒙的价值观不是那种明火执仗与主流价值对冲的,而是暗度陈仓,发动静悄悄的价值革命,以野生价值观去解构主流价值观,迎合了大量非主流人群的追捧。

咪蒙是一种什么"毒"

张涛甫

咪蒙是马凌的公众号"艺名",这个爆款自媒体大号如今的当红热度,也许连她自己都难以置信。幸福和生意来得太突然,做梦都会笑醒,面对漫山遍野的粉丝经济,咪蒙来不及收割,有好多只好烂在市场的麦田里。有言道,遇到风口的时候,猪都会飞起来。面对潮水般的市场追捧,咪蒙自觉地站在风口浪尖上,踩着流量的节点——市场不相信眼泪,这一点,作为《职场不相信眼泪,要哭回家哭》的作者,咪蒙懂的。

面对一夜爆红的咪蒙,文化精英和精英文化似乎都有点措手不及,就像当年面对王朔的"撒泼文学",精英文学和文学精英们也都手足无措一样。那些习惯了端着说话的文化精英们,本来就不那么整齐的队形,迅速被半路上杀出来的野生力量冲得稀里哗啦。就像一只大象冲进了瓷器店,那些端着的价值观和话语盆景,遭遇外部野生力量的强力解构,变得似乎不堪一击,格调和价值观碎了一地。

咪蒙的爆款是内因与外因交媾的产物。

从内因来说,咪蒙的爆发是她长期蓄势的结果。

众所周知,咪蒙是从传统媒体转世而来,与那些纸媒精英不同的是,咪蒙的知识和才艺准备远在媒体专业主义之外,这得益于她的文学科班训练以及她难得的才艺禀赋,在严苛的新闻专业主义纪律面前,这些文学才艺反而成为咪蒙的负资产,但未曾想,在传统媒体大面积凋零的今天,这些不专业的负资产,竟然成了咪蒙的核心竞争力。而且,马凌在没有成为咪蒙之前,一直在不务正业的状态下自觉地寻求职业突围。咪蒙认为,自己的写作有三次转变,第一次是《南都》的时候,转向大众写作,不再显示自己读书多;第二次是给《独唱团》写稿,输出幽默、有深度的内容;第三次是给公众号写作。市场眷顾这位有准备的年轻人。

为什么是咪蒙成了网红?这里不排除有运气的成分在,但咪蒙身上具备了市场所垂青的东西。

在咪蒙之外,有很多机缘成就了咪蒙。如果没有多元、浮躁的社会价值现场,没有极度发达的移动互联场景,没有高度市场化的粉丝经济,没有让咪蒙价值变现的外部环境,咪蒙哪怕有天大的本事,只能圈养在传统媒体的围栏里。正因有了巨变的媒体场域,有了野蛮生长的新媒体市场,才让马凌变成了咪蒙。

咪蒙找到了她的变现方式,市场也找到了咪蒙。在对的时间遇到了对的人,才演绎了一场轰轰烈烈的"阴谋与爱情"。

咪蒙的成功归因于她的"带毒营销"。

咪蒙的毒不是剧毒。咪蒙的毒,不是明火执仗与体制对决的那种毒,也不是冲着正门打家劫舍的那种毒,而是一种轻度、隐性、弥散性的毒。咪蒙的毒性不是棱角分明的政治毒性，而是那种社会化的毒性。有人说，咪蒙的文章类似于春药。这种评价不无道理。咪蒙的文章有催情效果，但过量服用，容易伤身，让人产生堕落的快感，在下沉中失去正确的价值方位。

咪蒙的"毒"性，集中在三个方面：倾斜的"三观"、非理性、话语暴力。

咪蒙的"三观"是高度社会化的，是高度体贴当下社会心态和情绪的。

咪蒙的价值观登不了大雅之堂，就像当年的王朔上不了高雅文学殿堂一样。咪蒙的价值观属于社会化的价值观。这种价值观不是那种逻辑严整、义正词严的价值观，而是那种轮廓模糊、情理兼容且有强烈代入感的价值漂流物。咪蒙的"三观"迎合了巨变中国的世道人心，迎合了疯长在体制外的野生观念和社会情绪。这种弥漫在社会各个角落、大面积呈现于网络空间的社会观念和社会情绪，是即兴的、未成形的，但这种价值观真真切切闹腾于当下的世道人心。

咪蒙以一种明快的方式，输出这种价值观，直戳社会的痛点。

咪蒙以极端露骨的方式，大胆将这种倾斜、下沉的价值观表达出来。为迎合社会槽点，不惜以极端的方式放大社会野生价值观，这种沿着社会价值观斜坡下滑的投怀送抱，纵容了野生价值观的野蛮疯长。

咪蒙的非理性饱含磁性，将泥沙俱下的社会情绪和浅表化的社会理性吸附过来，团结在她的周围，形成海量规模的粉丝群体。非理性也是一种毒。只不过，这种毒习焉不察，混搭着公众情感，在道义上占据高位，于是获得理性豁免权。咪蒙就是利用了公众的情感正义，夹带私货地将自己的价值观掺和在公众的公共情感中，如此情感先行的非理性，会将本就脆弱的公共理性带到沟里去。

咪蒙的语言特别劲爆，有语不惊人死不休的架势。脏字与粗口齐飞，吐槽与毒舌一色，这种话语暴力，迎合了当下受众的"重口味"。从那些刷屏爆文就不难看出咪蒙的重口味：《有趣，才是一辈子的春药》《生活不只是诗和远方，还有傻逼甲方》《致贱人：我凭什么帮你》《致 low 逼：不是我太高调，而是你玻璃心》《永远爱国，永远热泪盈眶》《职场不相信眼泪，要哭回家哭》《现在为什么流行睡丑逼了?!》等，这些标题，拼命用强光灯照你，亮瞎你的眼睛。

标题党开路，紧接着泥沙俱下，喷涌而出。在表达上，咪蒙从不节制她的话语暴力,诸如"独立婊""这个时候千言万语都比不上一句'操你妈'""我们大中国好吃!我们大中国生活超!级!方!便!我们大中国有夜!生!活!"这些粗粝生猛的语言,牢牢地抓住了受众的玻璃心,这种刺激的话语,让重口味的受众感觉大快朵颐!

咪蒙之毒,是一种恶之花,妖娆妩媚;如罂粟之花,艳丽刺目。咪蒙之所以有市场,不全是咪蒙的"毒",而是社会的"病"——由于社会的价值观"走失",才导致了咪蒙的"走心"。①

(上观网,2017 年 4 月 10 日)

五、漫画评论

漫画评论是评论中的异类,多针砭时弊,以讽刺见长。在国外,政治漫画也属于此类。以下的漫画评论针对上市公司频繁改名头,漫画简洁有力,入木三分,文字画龙点睛,直击要害。

上市公司为何频改名?

---

① 参见上观网,http://www: jfdaily. com/news/detai/? id=49684。

记者统计发现,近年来上市公司为赶时髦,跟风改名,而且在二级市场获得追捧。仅今年以来,沪深两市换"马甲"的个股就超过 200 家。上市公司更名,某种程度上体现了其紧跟市场热点的战略转型,既包含了投资机会,也隐藏着投资风险。股民应仔细甄别这些公司的具体情况。这正是:

易名易妆更易主,

画眉深浅入时无?

弄潮莫忙换马甲,

市场只拜绩优股

勾犇 图,锡兵 文

(《人民日报》,2015 年 12 月 16 日)

六、社论

社论是媒体重器。面对重要新闻事件或处于关键时间节点,社论往往代表媒体机构向社会发声,体现时评的最高海拔。美国资深媒体人、获得普利策奖的编辑米歇尔·加特奈尔曾如此激情洋溢地评价报纸的社论:"社论版是报纸的心脏和灵魂。"①社论关乎一个媒体在社会中的声望、影响力和公信力。

在所有的评论类型中,社论毫无疑问处于头部位置。社论写作是媒体的重头戏,媒体往往会调度最优质的人才去写评论。社论一般会有媒体评论部主笔,但偶尔也会邀请媒体机构之外的作者写作。以下这篇是笔者应澎湃新闻评论部之约,为其撰写的社论。

新 闻 的 硬 度

张涛甫

4 月 18 日,被新闻界视为行业标杆的普利策新闻奖在美国纽约出炉,其中最重磅的公共服务奖花落美联社。美联社四名女记者在长达一年半时间里,以惊人的勇气和专业努力,报道了印尼、泰国捕鱼业使用苦役劳工为

---

① [美]康拉德·芬克:《冲击力:新闻评论写作教程》,柳珊等译,新华出版社 2002 年版,第73 页。

全世界的餐桌提供海鲜的故事。该报道促成超过两千名被囚禁工人获救，并推动东南亚渔业展开了全面改革。

这篇重磅调查性报道再次彰显了新闻的力量，同时也饱满地体现了普利策奖的精神。

新闻有软、硬之分。其中，调查性报道无疑是"硬新闻"中硬度最高的新闻品类。从事调查性报道非一般记者可胜任，而需要记者有超强的极限作业能力以及结实的专业功力。在通往新闻真相的路上，需要记者凭借过人的意志力和专业智慧，突破遮蔽真相的艰难险阻，甚至可能付出生命的代价。正因得之不易，所以才弥足珍贵。

最近十几年，互联网崛起，改写了全球媒体的游戏规则，也改变了新闻业的操作方式，颠覆了传统的新闻理念，新闻学界甚至在鼓噪机器人写作和大数据新闻。在很炫的新媒体技术和技艺面前，传统的"手足并用"乃至"肉搏"的新闻作业方式似乎落伍了。伴随传统媒体寒冬的来临，新闻业的信心在凋零，媒体的"深水作业"能力在退化。不少媒体为生存计，不得不为了眼前"苟且"，而放弃了调查性报道这种"深水作业"的努力。

但试想，如果媒体的瞭望功能缺席，如果新闻不能使遮蔽的真相出场，如果缺少媒体为公共利益站岗与护航，世界将会怎么样？

信息海洋中的受众已切肤感受到了"硬新闻"稀缺带来的饥饿感。整天接触毫无营养的新闻，长时间沉湎于娱乐化的资讯，自然会产生审丑疲劳和阅读倦怠，也更加期待解渴的新闻。美联社的这组系列报道之所以产生这么大的动静，说明"硬新闻"仍具有震撼人心的力量。

这次普利策奖的几乎全部获奖作品均来自纸媒，这对身处行业冬天的传统媒体来说，是一个巨大激励。这至少说明，在新媒体遍地狼烟的今天，传统媒体的阵地没有整体沦陷。只要传统媒体能将自身优势打磨得足够锐利，就不怕没有市场。甚至可以说，在新媒体将信息繁殖成海量规模、稀释了营养浓度的泛新闻时代，高浓度的新闻、有硬度的新闻反而会更加珍贵。而且，越是好的新闻、稀缺的作品，在互联网上会更容易传播，形成巨大的"虹吸"效应，赢得更多的围观和喝彩。

问题在于，我们的媒体记者能不能提供这样稀缺的新闻？能不能再锻造出有力度和硬度的新闻？如今，国内传统媒体精英大批量出走，从事硬新闻写作的种子选手日渐凋零,这对与真相同行、与社会正义为伍的新闻业来说,不是一件让人乐观的事情。

其实,事在人为。新闻人应对自己的事业以及自己脚下的土地怀有信心。空间还在,机会并不稀缺,压力并没有想象中那么大,关键看媒体人自己怎么做。[①]

(澎湃新闻网,2016 年 4 月 20 日)

七、评论员文章

评论员文章是新闻评论中常用的一种文体,是仅次于社论的重要评论,由本报评论员撰写或以本报评论员名义发表的评论员文章。它作为结合新闻事件或新闻报道配写的重头评论,旨在体现编辑部的立场、观点和态度,具有重要的导向和喉舌的作用。评论员文章的规格介于社论和短评之间。它与社论没有严格的界限,必要时可升格为社论。

特约评论员文章为评论员文章的一种特殊形式。这类评论往往邀请媒体之外的人士撰写,也用以加重评论作者的身份,一般不署名,必要时也可署名。此外,观察家评论为评论员文章的另一种形式,通常用于重要的时事评论。下面这篇评论是《人民日报》评论员针对中国女排再次夺得奥运会冠军撰写的评论文章。这篇评论站位高远,大气磅礴,文气酣畅淋漓,体现了"国家队"评论员的专业水准。

壮哉,女排精神!

《人民日报》评论员

"女排精神,洪荒之力!""中国女排一直是我心中的神!""如果奇迹有颜色,那么一定是中国红"……当近 10 亿中国观众聚焦里约奥运会女排决赛,当全世界华人瞩目这场意义远超体育竞赛的巅峰对决,一份久违的感动像闪电击中亿万观众,一股雄奇的力量穿越重洋,叩响每个中国人的心扉。

中国女排再夺奥运冠军,让人忆起曾经的光辉岁月。35 年前的冬日,女排姑娘首次荣获世界冠军。咚咚的"铁榔头",敲响了"团结起来,振兴中

---

① 参见搜狐网,http://www.sohu.com/a/70528712_260616。

华"的战鼓,提振了中国人的精气神。这支光荣的队伍不仅是竞技舞台上一张亮丽的国家名片,更成为无数中国人的励志榜样。"三连冠""五连冠",在那个国门刚刚打开、人民呼唤精神力量的时代,中国女排以她们无畏的拼搏精神跨上巅峰,向世界证明了"中国人能行"。在那个改革开放大幕初启、中国奋力追赶世界的时代,女排精神如同一面旗帜,让世人看到中国的集体主义、爱国精神、自强意志能达到怎样的高度,能创造怎样的奇迹。无私奉献、团结协作、艰苦创业、自强不息的女排精神,是民族精神与时代精神的完美结合,成为一个时代的集体记忆、价值标签。

时光流转,世事沧桑。30多年来,女排姑娘有过成功登顶的荣耀与辉煌,也有过跌入低谷的徘徊和迷茫。但"跌得有多深,反弹就有多强",正如主教练郎平所言:"中国的女排精神与输赢无关,不是说赢了就有女排精神,输了就没有。要看到这些队员努力的过程。"坚守为国争光的梦想,永葆求新求变的精气神,不忘初心,与时俱进,用专业素养提升实力,以开放包容博采众长,靠苦干巧干赢得竞争,这是新时代女排精神的丰富内涵所在、持久魅力所在、深刻启迪所在,也正是新长征路上的中国人不畏艰险、奋力追上时代的底气所在、力量所在。

历史是现在跟过去之间永无止境的问答交流。今天的中国,时代正打开一幅全新的场景,冲顶更需要坚强的意志、精神的伟力。面对决胜全面小康的艰巨挑战,面对困难众多的经济新常态,我们依然要发扬历久弥新的女排精神,去解决众多"发展起来以后的问题",去化解"为山九仞、功亏一篑"的风险,去应对暮气日长、锐气渐消的挑战,为民族复兴提供凝心聚气的强大精神动力。

"再难的逆境也绝不言弃","可以被打败但是绝不会被打倒","哪有什么洪荒之力,不过是在咬牙坚持",中国女排正是凭着这样的执着勇毅去拼搏去奋斗。今天,啃下全面深化改革的硬骨头,涉过经济转型升级的险滩,都需要发扬女排精神,去把困难踩在脚下,把责任扛在肩上,把梦想化作风帆。

壮哉,女排精神! 加油,中华儿女!

（《人民日报》,2016年8月22日）

八、专栏评论

专栏评论是指在媒体固定的版面、特定的专栏中发表的评论。这类评论分为两种：一种是在媒体固定版面开辟的评论专栏，诸如《解放日报》的《解放论坛》，《人民日报》的《人民论坛》《今日谈》，《文汇报》的《文汇时评》，《羊城晚报》的《街谈巷议》，《南方周末》的《自由谈》《大参考》，《新京报》的《观察家》，《南方都市报》的《个论》《众议》，《环球时报》的《国际论坛》，腾讯网的《大家》，凤凰网的《凤凰论》《高见》等；另一种是媒体为专栏作家开辟的专栏评论，比如，《南方周末》的《自由谈》栏目开辟出若干专栏版块，为专栏作家度身定制专栏，如刘瑜、熊培云、沈宏非、薛涌等都曾是《自由谈》的"当家"专栏作家。笔者也是《南方都市报》的《个论》专栏的时评作家。

诺贝尔文学奖在文学之外的意义

张涛甫

今年诺奖"起锅"爆了两大冷门：一个中国"三无"科学家屠呦呦获得诺奖医学奖。这个话题爆热一阵子之后，已从舆论的"今日头条"旋即被尾随而至的新闻热点赶超，沦为"明日黄花"。二是白俄罗斯记者阿列克谢耶维奇折桂诺奖文学奖。记者出身的阿列克谢耶维奇跨界拿了文学诺奖，出乎很多人的意料。尤其是出乎中国文学读者的意料。在中国读者的印象中，阿列克谢耶维奇默默无闻，其名声远远不及村上春树，这次幸运之星降落在阿列克谢耶维奇，让陪跑多年的"跑男"村上春树情何以堪，更让村上春树的粉丝们失望至极。人们困惑不解的是，诺奖委员会莫非"乌龙"了，竟把高大上的诺贝尔文学奖降格成普利策奖，越界去新闻界"扶贫"了？其实，回望诺贝尔文学奖历史，有记者经历的获奖者有两位数了吧。其中不乏有以纪实成就敲开诺奖大门的幸运之星，只不过，这种类型的获奖者已睽违多年，这次意外回归，让健忘的人们会发出这样的疑问：诺奖的文学项目是不是太不文学、太不专业了？但是，阿列克谢耶维奇获奖给彷徨于歧路的新闻业点亮了新的希望：原来新闻还可以这样写？！原来在我们日益狭仄的新闻视野之外，还有大有作为的广阔天地呢！

　　阿列克谢耶维奇生于乌克兰,长于白俄罗斯,新闻专业毕业的她选择用新闻的方式打量这个沉重、喧嚣的世界。新闻给了阿列克谢耶维奇一双黑色的眼睛,她用这双黑眼睛去打捞光明。与那些喜欢追逐世俗热点、扎堆于浮世喧嚣的媒体同行不同的是,阿列克谢耶维奇选择了一种与众不同的高冷路径,她关注那些被大时代遗忘、被功利主义的同行们以及被新闻时效忽视的冷话题、边缘人物,以"文献文学"的方式,结合实地采访的文献价值和运用小说技巧的故事性的表达,记录那些被时代"主旋律"遗忘的人和事,用新闻的长镜头记录一个斑驳纷扰的世界,绘就了一个正史之外的历史图景,让我们看到历史背面的沉重记忆。

　　透过《切尔诺贝利的回忆》《战争中没有女性》《最后的见证人》《锌皮娃娃兵》《二手货的时间》等作品,阿列克谢耶维奇让人们看到了俄国革命、二战集中营、苏联阿富汗战争、切尔诺贝利核爆炸以及苏联解体等一系列事件的另类叙述。阿列克谢耶维奇的这种另类表达,不是故作另类的行为艺术,而是出于她对新闻和文学的整合理解——基于人类命运关怀的真实记录。正因为阿列克谢耶维奇站在人类关怀的高度以及对"人"之命运的深广关注,她超越了对新闻表象的浮泛理解,超越新闻时效和世俗偏好的狭窄视野。"我写的是人类的感受,以及在事件中他们如何思考、如何理解、如何记忆。他们相信什么,又怀疑什么? 他们经历着怎样的错觉、希望抑或恐惧?""如果你回望包括苏联和后苏联时代的整个历史,你会看到什么? 一个巨大的坟墓和血浴,一场行刑者与被害人之间永恒的对话,一个被下了诅咒的'俄罗斯问题':什么是必须要做的,而谁又是罪魁祸首? 革命、集中营、二战、1979 年阿富汗战争、巨大帝国的崩塌、乌托邦……而现在呢,又是一个对地球上所有生物发起的挑战——切尔诺贝利。这就是我们的历史,这就是我书写的主题,这就是我的道路,我的炼狱轮回。"带着对新闻的好奇和历史的追问,阿列克谢耶维奇在他人止步的地方启程,发掘了他人专业盲区之外的新闻沃土,在这个过程中,围绕真相的追寻,新闻与文学的楚河汉界消融了,历史与现实的界限弥合了,实现了阿列克谢耶维奇意义上的完美和谐。

　　新闻常识告诉我们,新闻是一种选择性记录。这种选择性记录,可谓是新闻业的"铁律",新闻媒体再有能耐,也不可能做到有闻必录,用新闻复制出一个无限广阔的现实世界来,受到时间和空间以及媒介手段所限,新闻会经常以短视的目光、狭隘的视野去绘制所谓的世界真相。比如,以世俗重要性、戏剧性、反常性、时效性、趣味性、接近性等指标去度量新近发生的新闻。这种选择性记录会造成集体性的失声和失忆,致使许多本该被我们记录或死磕的话题遭遇集体性的冷落。幸好有阿列克谢耶维奇这样的记录者,她在新闻与文学的交叉路口,捡起被新闻大部队丢弃的宝贝,为人类历史补上不该忘记的一页。

这不禁让我突然想起列宁的名言:忘记历史就意味着背叛。

(《南方都市报》,2015 年 10 月 10 日)

九、短评

短评是新闻评论中的一种常见文体。它篇幅短小、内容单一、分析扼要,在报纸、广播、电视中都可以使用,其中报纸上的短评最为常见。短评在发表时有署名与不署名两种。署名短评以个人身份发言,形式自由,手法多样。不署名短评代表媒体编辑部发言,是编辑部评论中比较短小、灵便的一种体裁。

短评在运用时有三种形式。一是针对某一事物或问题发表的独立成篇的简短评论。二是为配合新闻报道就实论虚、就事论理的短小评论。其中,配发式短评的运用更为经常和普遍。《人民日报》的《今日谈》和《羊城晚报》的《街谈巷议》的短评最为典型。三是新媒体中的微博评论,赋予短评以新的表达空间和创新可能,新媒体赋能激活了媒体人的创造性和济世冲动。

以下是《人民日报》在 2017 年国庆日发表的短评,即兴表达,短小精悍,情理饱满,自成高格。国庆同一天,同时配发的官微评论激情满满,其间的家国情怀浓郁深切。

"我爱你中国"

白 龙

有一种表白,叫"我爱你中国"。这个国庆假期,在上海"东方明珠",在广州塔,人民日报客户端点亮"我爱你中国",吸引大批游客争相合影。在武汉、厦门、沈阳……"厉害了我的国""辉煌中国"的璀璨灯光和人们的爱国之情一起,点亮了一个个城市的夜空。

在特定的时刻,总有一些特殊的情感让人心潮澎湃。祖国的 68 岁生日,便是这样吐露心声的时刻。"我爱你碧波滚滚的南海,我爱你白雪飘飘的北国……"10 月 2 日亮相北京地铁 1 号线的"我爱你中国"专列上,当歌声响起,跟随熟悉的旋律一起合唱的,有目光晶莹的孩子,也有双鬓斑白的老人。歌声凝聚着几代人共同的爱国之情,让普天下的中国人同为这一高尚的情感而激荡。

歌为心声,托举起今日中国辉煌成就的不竭动力,正来自一颗颗报国之心。在爱国主义的旗帜下,永远凝聚着前行的力量。培养爱国之情、砥砺强国之志、实践报国之行,爱国主义精神在这样的动人歌声中,代代相传、发扬光大。

(《人民日报》,2017 年 10 月 3 日)

【今天,转发微博,一起为共和国庆生!】今天,共和国迎来她 68 岁华诞。68 年来,筚路蓝缕,风雨兼程,你、我、他,我们亿万中国人,共同缔造了共和国的荣光。中国未来的成就与分量,正孕育在你我的点滴努力中。我们怎样,中国便会怎样。此刻,把最真挚美好的祝福送给你,♯我爱你中国♯,生日快乐!

【今天,为十月的自己发条微博】十月,为祖国庆生,♯我爱你中国♯;十月,中秋节,与亲人团聚,诉说思念;十月,环卫工人节,请给予他们尊重与理解……十月,整理好心情,继续出发。2017 年最后的 1/4,不动摇,不懈怠,不退缩,为爱付出,为梦想不懈。奋斗的季节会收获更美好的人生。

(《人民日报》微博,2017 年 10 月 1 日)

十、访谈

访谈是一种互动性的评论形态,主要是通过对话形式,以问题去打捞评论人对某一主题或事件的看法。这种形式一般在纸媒中不常用,但在广播、电视等媒介中较为常用。比如,央视《环球视线》、上海电视台的《新闻夜线》等。

十一、星期评论

　　星期评论是评论周刊,意在选择对一周的重要新闻事件或人物作出提炼、评析,也可以对一些重量级的话题或热点问题进行深度评析,属于高附加值的评论产品。例如,《新京报》《南方都市报》的《评论周刊》,以及央视的《新闻周刊》均属于此类。

　　以下是笔者为《新京报》的《评论周刊》撰写有关美国大选辩论的观察评论,以2012年美国大选电视辩论为切入口,从政治传播学的视角分析媒体政治对于美国民主政治的影响。

传媒视角的政治"赛马"表演
2012年美国大选电视辩论观察

张涛甫

　　美国四年一度的总统大选赛季刚刚落下帷幕。拜发达的媒体所赐,发生在美国本土的总统大选可以直接呈现在全球人的眼前,高度发达的电视媒介可以突破时空的限制,让远离政治现场的观众可以身临其境地观看这场超级政治赛事。

　　2012年度美国总统大选的主角分别是:来自民主党的卫冕者奥巴马以及来自共和党的挑战者罗姆尼。虽然说,在媒介化时代,政治选手的政治传播版图已大大拓展了,不过,传统媒体仍是政治选秀的核心战场。

　　尤其是电视媒体,自1960年首度开启总统候选人电视辩论以来,一直成为美国总统选举大戏的轴心剧场。人们也许很难想象,没有电视辩论的美国总统大选该是怎样的寂寞场景。对于总统候选人来说,三场电视辩论是必经的关口。闯不过这三关,要想成为白宫的主人,恐怕难。

政治营销战略比拼

　　2012年度的电视辩论无疑是两大候选人开展政治营销的主战场。

　　在他们各自的选战战略中,电视辩论的谋划布局应是他们政治营销战略的重中之重。若要把自己作为一个政治产品成功推介到选民中去,需要在整体战略以及技战术上有精准的谋划。选战不相信眼泪,这是一场残酷的淘汰赛。这就要求政治选手在制定政治营销战略的时候,必须做到知己知彼,对彼此的优势与劣势有准确的判断。

对于奥巴马而言,其优势与劣势都比较明显。奥巴马的优势是:四年白宫的"坐庄"经验,为他攒下了不少政治家底。特别是在外交上,他比罗姆尼更富有经验;此外,奥巴马四年积攒的形象资源是一笔巨大的无形资产。

奥巴马还有一大优势:他擅长政治营销。凭借超人的政治沟通才能,他能迅速赢得民众的好感。

不过,奥巴马的劣势在于:他在改变国内经济颓势上没有显著的作为。如果选民们不太健忘的话,四年前的奥巴马曾承诺过的"改变",其实并没有结结实实地兑现。

再看罗姆尼,他长于经济。罗姆尼打理经济的丰富、成功经验,恰恰是处在经济低潮中的美国民众所急切期待的;再者,身为马萨诸塞州州长的他具有丰富的地方工作经验。罗姆尼的"短板"是在外交方面。另外一点,罗姆尼的媒体表演功力也比奥巴马稍逊一筹。

理性的总统候选人都希望将自己的优势最大化地呈现在选民面前,尽可能不要让自己磕死在"短板"上。罗姆尼当然希望力推他的经济牌,回避其外交"短板"。奥巴马在外交上的丰富经验无疑是他的制胜法宝。在经济方面,奥巴马虽无辉煌战绩,但小胜不少,将星星点点的小规模战绩陈列出来,镶嵌在奥巴马的政治围脖上,也是不错的战略安排。

事实上,真枪实弹的现场对决,会面临诸多的不确定性。现场的话语博弈变幻莫测,加之电视媒体的放大效应,会给辩论选手带来极大的心理压力。一个纸上再完美的战略,若交给拙劣的选手,或遭遇强劲的对手,可能都被击得千疮百孔。所以,辩论选手的"控场"能力对于政治营销战略的实现至关重要。

一波三折的主场对决

政治营销是政治候选人在对选举环境作出准确判断的基础上,明确价值,定位目标,选择战略,运用有效的营销手段与选民进行信息沟通、理念及情感交流,以获取选民认同和合法性支持,以期影响选民态度,进而让选民作出符合候选人预期的行动。

电视辩论就是总统候选人的高级政治营销行动,辩论的过程就是说服选民的过程。借助电视辩论,候选人向选民们营销自己。选民们在观赏选手们激烈较量的同时,选择自己心仪的政治产品。

在2012年度的电视辩论大战开启之前,美国广播公司和《华盛顿邮报》联合开展的一项民意调查显示,56%的人认为,奥巴马将在辩论中占得上风,而预测共和党获胜的人仅占29%。

但是,奥巴马首场辩论就遭遇"滑铁卢"。在整场辩论中,罗姆尼自信从容,对经济问题如数家珍,尽情展示自己在成功运作公司方面的才能。他的表现充满激情,底气十足,语气坚定。而奥巴马虽保持一贯的镇定、得体,但在遭遇对手攻击之时,显得措手不及,反应迟疑。辩论结束后的一项即时民调显示,认为奥巴马赢得辩论的观众仅有25%,投票给罗姆尼的高达67%。

第二场辩论被称为美国总统大选电视辩论史上最激烈的辩论之一。在这场辩论中,奥巴马吸取了前车之鉴,调整辩论策略,变被动为主动,高举高打,密集进攻,且阵脚稳健。罗姆尼也不甘示弱,他抓住奥巴马的几处破绽反击对手的政策败笔,意欲给选民留下"过去四年的实践表明奥巴马道路不通"的印象。但是,罗姆尼四处开火,浅尝辄止,拿不出有说服力的"药方",其政策战略看不出整体性的思路。据CNN民调显示,46%受访者认为辩论赢家是奥巴马,39%认为是罗姆尼,而CBS调查数据则是37%对30%。

"决胜局"的终场辩论主题聚焦外交政策。这是奥巴马的强项。奥巴马有主场作战的味道。他在一开始就采取强硬姿态,指摘罗姆尼从来没有在外交上有任何作为和经验,批评罗姆尼外交政策的议题可谓涉及地图上的每个地方,但提出的政策都是错误的,前后不一。

在回应对手的攻击时,奥巴马显得底气十足,语气坚定,逻辑清楚,妙语连珠。罗姆尼也试图将辩论话题拉到他擅长的经济领域上来,却遭遇奥巴马的有力阻击。据CNBC即时民调显示,67%的人认为奥巴马赢得最后一场电视辩论,30%认为罗姆尼获胜。

奥巴马与罗姆尼之间的三场电视辩论可谓是一波三折,极具戏剧性,是一场扣人心弦的头脑风暴。总体上奥巴马占上风。实际上,罗姆尼是有自己的政策思路的,只不过在高峰对决中,他的政治营销战略被强劲的对手打得七零八落。

电视辩论中的形象政治

电视媒体是一个重外在形象而轻内涵的媒体。正如尼尔·波兹曼在《娱乐至死》一书中所言："在电视上，话语是通过视觉形象进行的，也就是说，电视上会话的表现形式是形象而不是语言。"电视媒体热衷那些冲突性、戏剧性、人情味的讯息。而电视辩论恰恰能最大限度地放大电视媒体特性。政治营销与电视媒体的绝佳组合，成就了形象政治的特殊魅力。

在电视媒体上辩论，谁能深得形象政治之道，谁就占便宜，赢得观众的好感。从三场电视辩论来看，卫冕者和挑战者皆是表达形象政治的高手。

比如，首场辩论伊始，奥巴马就大打温情牌，他煽情地说：这一天是他和妻子米歇尔的结婚纪念日，感谢妻子的支持与陪伴。罗姆尼迅速接过话茬儿：他非常荣幸能在这个特别的日子里与他一同度过。罗姆尼反应敏捷而不失幽默。相比之下，奥巴马的首场被动不仅与他的辩论战略以及经济是他的"短板"有关，也与他没有找到形象政治的感觉有关。

在接下来的两场辩论中，奥巴马调整了作战战略，在形象政治上作了革命性的转型，获得了辩论的主动权。尤其是在最后一场的终极辩论中，奥巴马在回击时表现出来的王者形象，辅之于自信满满的表情、手势，被电视镜头淋漓尽致地表现出来。而电视镜头前的罗姆尼，僵硬地呆坐着，一副被教训、修理的窘态。

可见，在电视辩论中，政治观点、政策偏向和数据的可信性可能不是辩论的重点了，而其他一些外延因素，如总统候选人对辩论规则的应用、个人修养、谈吐、风度等，就显得十分要紧了。

当然，电视辩论虽然在美国选战中是非常重要的一张牌，但仅靠这一张关键牌也决定不了大局。奥巴马最后的胜选是与他的整个竞选战略的系统优化整合不无关系的。外加一些突发性的机遇，比如新泽西州的飓风事件，奥巴马变危机为机遇，为他的危机公关加分，没有给对手留下可乘之机。甚至连作为共和党地盘的新泽西州州长都说奥巴马的好话，无疑在关键时刻帮了奥巴马的大忙。对手阵营的美言成了奥巴马决战的利器，这说明奥巴马在危机公关上是有经验的。

　　最后补充一点,选战关键时刻,很多明星出来为奥巴马站队,将明星的公众效应转移到奥巴马身上,为奥巴马最后入主白宫立下重要功劳。

(《新京报》,2012 年 11 月 24 日)

第三章

如何成为优秀的评论人

第一节 积 极 入 世

时事评论员既要有理性，也要有激情。写评论要求评论员对社会有强烈的"在场感"，有入世激情。

一、入世激情

评论人面向社会发声，当有入世之心，即报人报国，常怀天下之忧。对社会有激情，用新闻和思想去影响社会。在这个方面，梁启超堪称楷模，他以治国平天下为己任，曾口出狂言："中国不可少之一人。数年之后，无论中国亡还是不亡，举国行当思我耳。"他作为近现代中国的杰出思想家和报人，他的济世思想影响了一大批时代精英。"五四"时期的思想文化精英无不受其深刻影响，他的新民说和新民体评论在当时的思想界激起了一场风暴。另一位后来误入政治歧路的知名报人陈布雷，当年也曾满怀激情介入现实。诚如他的朋友程沧波所言："布雷先生的忧，是无法解除的。因为私忧可以解除，公忧是难以解除的。布雷先生终身之忧，不是个人的穷通利达，而终朝戚戚的，是天下国家之忧。"[①]

优秀评论人的首要品质就是济世情怀，尤其在情怀日益稀薄甚至成

---

① 转引自许纪霖：《另一种启蒙》，花城出版社 1999 年版，第 40 页。

为贬义词的社会关口,优秀评论人应该成为擎起理想之旗的关键少数。在粗粝的社会现实面前,空有廉价的理想必将行之不远。激情与理性结伴而行,理想与务实兼容并举。下文是笔者对一位优秀评论人梁文道的评价文字。梁文道的入世之道,找到了理想与现实、哲学与常识之间的平衡点。

哲学的入世关怀

张涛甫

这年头哲学家喜欢一根筋地往象牙塔里钻,他们满足于纯粹思辨游戏,对公共事务却少有兴趣。难怪美国范德堡大学教授约翰·拉赫兹发出这样的追问:在理性辩论奇缺、伦理学缺席而著名的今天,哲学家作为有影响的人物为什么都从公共场合消失了呢?举目望去,在社会前台跳来跳去的则是那些经济学家、社会学家和媒体从业者,相比之下,哲学家在公共说话现场则少有声音。在喧嚣的世俗面前,哲学家大多退守到象牙塔里了,"安全地隐身",做起现代社会的"隐士"来了。哲学家选择这种生活方式,是与他们的传统角色不相称的。依照西方哲学鼻祖柏拉图的设想,哲学王应该是世间王。后来的哲学家,大多怀有入世关切,甚至成为现实社会的激进干预者。当年的马克思、萨特、罗素、杜威、哈贝马斯、葛兰西等大哲学家,哪个不是公共社会活跃分子?今天的哲学家,我们能从公共空间中看到他们多少身影呢?当下的哲学家喜欢逍遥于自家的思想领地,自恋地沉浸在形而上的精神空间里,自闭地演绎抽象的理论。他们对于纷扰的世事,则失去了应有的兴致,当然,也失去了介入的能力。

梁文道,这位当红时评作家,出身于哲学门第,研习的是西方哲学。他从哲学中来,却不为时下的哲学风习所染。在他身上看不出学究式的迂腐和偏执,相反,在他的言论中却处处透示出过人的灵气和睿智。他的敏锐和睿智固然有天赋的底色,更重要的是出自于他化进血肉的哲学修为。哲学之于他,已内化为自身的智慧和气质,这从他的非同凡响的言论中即可证明。我们可从他的文章流泻出的丰沛智慧和学识,感受到他专业功力是怎样的了得。他有这么好的哲学修为和悟性,没有留在研究院内做专事研究,着实可惜了。他没有承续他的业师石元康教授的衣钵,在大学里钻研纯粹的学问。出人意料的是,他却选择了热闹的十字街头,而且选择了以热闹为业的媒体。媒体是热闹中的热闹,十字街头的街心。选择媒体这样以热闹为业的行当,梁文道如何安顿他的哲学?

他在内地和香港等多家媒体开设专栏。在媒体十分拥挤的当下社会里,专栏也成为媒体之间竞争的热门项目。专栏的繁荣,证明了言论空间的开阔以及思想文化的活跃。但只要我们仔细打量,不难发现,这种表面的热闹只是浅表性的浮华,真正有内涵、有重量的内容实属少见。举目望去,真正有影响力的专栏不多,而有持久影响力的专栏更是寥寥。在专栏遍地开花的当下,梁文道的专栏即是这稀有品种中的翘楚。梁文道的文章在当下中国,具有不可忽视的标本价值。

梁文道的文章并不跟读者们玩深沉。凭借专业功力,如果他想在文字上玩深沉的话,完全可以驾轻就熟地在抽象王国中腾云驾雾。可他偏不这么玩,与国人动不动往"深处"钻牛角尖不同的是,他专门挑那些貌不惊人的常识下手,好像有意跟他的专业优势过不去。正如他自己所说的,他讲的皆不脱常识范围,没有什么故作深刻的东西,他这样说倒不是自谦,其实是严格的自我要求。因为,他时常感到国人今日颇有一种凡事都要往"深处"钻、议论总要谈"本质"的倾向。明明是在探讨"毒奶粉"的问题,偏偏觉得光是信仰缺失还不够,一定要把"灵魂"也搬出来才算功德圆满。明明是在点评志愿者的救灾行动,却不满足于民间集体动员的逻辑,硬是要扯到中西文化差异的"高度",然后再结穴于华夏文化的"基因"本质。梁文道对"本质"和"深度"这类字眼存有近乎本能的距离感。他说,这是受到福柯和理查德·罗蒂影响甚深的缘故。他从不做宏大叙事的鸿文,专挑眼前社会中那些跳动的现实主题,从你我熟视无睹的鲜活现实中,寻找人们习焉不察的常识标本,借此试炼智慧的锐度和温度。

在一个常识稀缺的时代,可能就流行两种东西:一是没心没肺的傻乐,另外就是假正经和伪深沉。这两种东西,都与人的理想心性和智慧绝缘。在浮华的红尘中,哲学是奢侈的。哲学不是被赶到学院里,就是不敢从学院里出来。在哲学疲软的时代,梁文道反其道而行之,他的策略是用哲学赐予他的智慧对民智进行及时的"反哺"。他放弃了哲学的上行路线,选择了并不顺畅的下行路线,从世间最为习见的"常识"开始,对公共社会进行刻不容缓的启蒙。话又说回来,对"常识"进行启蒙,对于一个智者而言,可能是更大的挑战。不过,哲学出身的梁文道似乎更精于此道。这有他的时评为证。

(《文汇读书周报》,2010 年 3 月 15 日)

二、入世能力

有一说"空谈误国,实干兴邦",另一说为"书生报国无他物,唯有手中笔如刀"。两种说法矛盾吗? 若彼此矛盾,究竟信哪个? 在笔者看来,用在评论人身上,其实并不矛盾。评论人以言报国,但不能满纸空谈。评论人依靠言论和思想对社会发声,前提是需要站在社会的"十字街头",而不是宅在理想的阁楼上激扬文字。

入世不仅是一种态度和立场,更是一种能力。优秀的评论人需要放下身段,沉入社会腹地,贴地前行,在时代激流中深度体验,近距离把握社会脉络和问题走向。尤其在错综复杂的问题语境中,有能力从中穿越而过,凭借过人的智性和判断力,见他人之未见,发他人之未发。

除此之外,评论人的入世能力体现在语言行动能力上。评论人不是靠行动去改造社会,而是靠公共思想和意见去影响社会,即通过影响他人的思想、态度进而影响社会。对于评论员来说,说话就是行动,言即是行。在互联网空间,话语行动越来越成为社会行动的重要表现形式,这就对评论人的言论行为提出更高的要求。评论人的观点将会影响他人的判断和行动,因此,要谨言慎行,不仅要有责任感,更要关切言论的社会影响和效果;不能逞一时口舌之快,不计言论后果。

第二节 政治素养

优秀评论员应有很高的政治素养。时事评论员肩负舆论引导重任。舆论方向正确,是社会之福;舆论方向发生偏差,则是社会之祸。对于优秀评论员来说,政治上的要求则更高。评论员的政治素养体现在宏观政治和微观政治两个方面。

一、宏观政治

在地球上任何一个地方做媒体，都不能脱离政治。在中国做媒体尤其要讲政治。1957 年，毛泽东提出"政治家办报"。这一理念和原则已内化为媒体人的律令并贯彻于媒体人的具体实践。政治与媒体之间，谁也离不开谁。对于媒体人而言，脱离政治这一大前提，将寸步难行。不论主动也罢，被动也罢，媒体人必须接纳、介入政治。一个媒体人政治的方向、理念、眼界、判断以及实践能力，决定媒体人的媒体格局和作为。时事评论员一定是在现实政治的框架中作为的，很难想象一个不讲政治、不理解政治的评论员可以成为优秀的时事评论员。时事评论员不仅要讲宏观政治，也得要注重微观政治。

评论员的宏观政治素养是指评论员把握政治大事、大势的识见和判断力，即要求评论员在政治方向和政治原则上不糊涂，始终清醒政治的方位在哪里，明断政治的大是大非。习近平在"8·19"讲话中指出："宣传思想工作一定要把围绕中心、服务大局作为基本职责，胸怀大局、把握大势、着眼大事，找准工作切入点和着力点，做到因势而谋、应势而动、顺势而为。"时评评论员吃的是"开口饭"，为他人提供思想和见解，人们往往会依据评论员的意见和观点作判断。评论员的判断正确与否，会直接或间接地影响他人的判断。这就要求评论员站在正确的方位上发言，尤其在政治的大是大非上不能有偏差。舆论导向正确与否，关乎公众的判断和政治方向感。在当下中国全面融入世界、社会全面开放的社会语境下，如何正确判断纷繁复杂的世界与中国，需要评论员有敏锐的政治意识以及非同寻常的政治判断力。习近平提出，在全面对外开放的条件下做宣传思想工作，一项重要任务是引导人们更加全面客观地认识当代中国、看待外部世界。对于一个优秀评论员来说，若要引导人们更加全面客观地认识当代中国、看待外部世界，首先要能全面客观地认识中国和世界。

以下这篇澎湃社论就体现了作者很高的政治敏感性和判断力。评论发表的语境是纪念邓小平南方谈话 25 周年。在这个时间节点上，重温邓小平南方谈话意义何在？如何理解当年中国改革总设计师邓小平南方谈话的政治意义？该谈话对于当下中国意味着什么？社论以改革贯穿历史和现实，阐明重温谈话是为了重申改革的主旨。这一政治把握不仅符合历史逻辑，也顺应时代发展方向，体现了评论员的宏观政治素养。

重温邓小平南方谈话：改革没有回头路

25 年前的今天，是值得一再纪念的。

1992 年 1 月 18 日—2 月 21 日，改革开放的总设计师邓小平，先后赴武昌、深圳、珠海和上海视察，沿途发表了重要谈话。南方谈话，成为中国改革再出发的标志性事件，这也是一份思想解放的宣言书。

"发展才是硬道理。"

"改革开放胆子要大一些。"

"不坚持社会主义，不改革开放，不发展经济，不改善人民生活，只能是死路一条。"

……

能否取得有效的共识，决定了中国的命运和未来。1992 年邓小平开启的南方谈话，再一次凝聚全社会对改革开放的信心，奠定了中国崛起的坚实基础。

25 年过去，享受着社会主义市场经济改革的红利，以及融入世界市场带来的新机遇，如今的中国已经成为世界第二大经济体。

邓小平的南方谈话，突破了当时思想认识的障碍，破解了萦绕在心头的迷思，让"要敢闯""多干实事"成为那个时代的最强音，让突破者吃了定心丸，让改革者有了主心骨。

改革之初，妥协和选择性执行是一种必要的策略，这可以尽可能减少改革的阻力。但如今的中国改革已然是水到中流，进入到攻坚期和深水区，法治规则的完善、阶层流动的打通、权力边界的厘清等等，都需要尽快找到解决方案，加之社会矛盾和既得利益盘根错节，亟待解决的问题错综复杂。

我们感怀那个风云激荡的光荣岁月，更关注当下，因为当下的改革更加艰难而曲折，用习近平总书记的话来说就是，"容易的、皆大欢喜的改革已经完成了，好吃的肉都吃掉了，剩下的都是难啃的硬骨头"。

25 年前的今天，邓小平那些朴实的话语为"中国梦"夯下坚实的地基；25 年后的今天，我们重温南方谈话，是为了不忘"改革初心"！

"即从巴峡穿巫峡,便下襄阳向洛阳。"改革不停步,改革不回头,站在25年前南方谈话的基石之上,当下要以更大的勇气和毅力,实施改革的攻坚克难。

注定漫长的中国转型历程,需要基本共识的维护,坚定走社会主义市场经济道路,不断推进改革开放,维护社会的公平与正义,也需要我们持之以恒地在每个节点实现突破,坚定向前看,不走回头路,才能不断将中国发展向前推进。[1]

(澎湃社论,2017 年 1 月 19 日)

二、微观政治

微观政治素养是指评论员判断、处理微观政治场景和具体问题的能力。时事评论员并非时时刻刻遭遇政治的大是大非,在很多时候,他们生活在一个个具体的政治场景中,身处一个个鲜活的政治细节里。在微观政治场景和具体问题语境中,政治不是靠空洞的口号和美丽的标语过活的,而是落实到老百姓和社会基层的日常生活中去。微观政治不是"生活在别处",而是"身在此山中"。这就要求评论员有慧心和慧眼,见微知著,一叶知秋,于无声处听惊雷,从日常生活中发现政治变化的轨迹和脉络。

此外,微观政治还表现在评论人对自己身处的媒介环境表达边界的拿捏以及表达分寸的掌握。评论员既是意见表达者,同时也是意见"把关人",什么话可以说,什么话不可以说? 何时说? 分寸如何拿捏? 都涉及表达的微观政治,评论员在评论业务上的政治观,在很多时候是微观、具体的,但又马虎不得,稍有不慎,可能就谬以千里。

以下这篇评论是从笔者的一次海外旅程中偶得的观感,穿越热闹的表象,发现中国社会结构的分化。

从中国式旅游看社会分层

张涛甫

盼望着盼望着,国庆长假终于到了,困守在生活和工作笼子里的人们可

---

[1]　参见凤凰评论网,http://www.news.ifeng.com/a/20170119/50599341_0.shtml。

以出笼了。

国庆长假前一天，我去伦敦公干，与提前出笼的同胞撞在一起，飞机上多是熟悉的陌生人，他们大部分是出国游的。及至伦敦希思罗机场，更是盛况空前。出关排队竟然等了两个多小时，排在我前面以及后面的，国人占了大比例。我顿时忘记了身在异国他乡，还以为在祖国怀抱呢。这几天，类似的场景也在其他地方复制，形成了中国式旅游的奇观。还有，那些在国内解决的人们也开始候鸟式出行，奔赴于各大旅游景区。

出门旅游得具备两个条件：有钱、有闲。光有钱不行，没有时间，走不出去，虽腰缠万贯但做了时间的奴隶，风景再美，也是白搭；若没有钱，光有时间，也没有什么闲情逸致游山玩水。旅游就是吃饱了撑的，找个地方放飞身心，若没解决"刚需"，可能既没条件玩，也没兴致玩。在当下中国，真正实现既有钱且有闲的，只是小比例人群。像王石之类，已实现财富自由，更关键的是：自己的时间也可以自己做主。不被时间绑架，才能说走就走，想走哪儿就走哪儿。

拜改革所赐，让相当比例的中国人富裕起来。这些人解决了刚需，其他需求也水涨船高。旅游的需求也开始大面积释放出来，这种消费需求既刺激了国内旅游业的非理性繁荣，也带动了海外旅游业发展。但是，富裕起来的中国人，多数是有钱、无闲的那种类型，出行时间往往集中在公共假日时段，致使旅游者被拥堵在固定的时间节点上。加之中国人口基数大，旅游需求在有限的时间节点释放，必然会伴生井喷现象，这自然而然会给旅游景点造成巨大压力。带薪休假虽然被呼吁了多年，但一直是只听楼梯响，没见人下来。有意出门远行的人只能在几个有限的时间节点内盘算自己的旅行计划。在时间大限固定的情况下，中国旅行者只能在旅行空间上作选择。

我们发现一个有趣的现象：在有钱、无闲的这帮人群中，从出行的地方不同可以发现游客富裕程度的差异。其中，相对富裕者选择出境旅游。与境内旅游比较起来，出境潇洒需要更加雄厚的财力支持，除了要支付相对昂贵的旅行成本，还得准备大把的钞票落实购物计划。购物俨然成了出境游的标配。很多游客把出境旅游等同于突击扫货，以至于境外景点沦为国人购物的大卖场。他们到英国伦敦，不会对大大小小的免费博物馆感兴趣，急不可耐地去购物天堂扫货。由此可见，出境游不是小富群体可以消受的。

能出去的,至少说明他们财务自由状况较好。没有足够经济实力者,就被隔在境内了。此外,即便在出境游者中间,经济状况也会有差异。去香港、新马泰旅游,与欧洲游、非洲游、美洲游比较,对于财力的要求往往会不一样;经济舱蜗居与邮轮伺候相比,二者对经济基础的理解也大有不同。

对于大多数小富人群来说,境内景点就成了主打目标。与境外游比起来,境内游对经济硬实力的要求不会高得离谱。但是,在境内旅游人群中,经济基础也有差异。比如,对于那些刚刚解决刚需、在旅游消费上起步的人群,他们对旅游成本的计较会多一些。潇洒走一回,需要经济基础。在财力和时间有限的情况下,"穷游"有时候则是他们无奈的选择。而那些相对富裕者,就不会太在意成本,他们会关注旅游的质量。

另外,对于那些刚刚处于旅游脱贫阶段的游客来说,他们会盯着那些著名景点,比如黄山、庐山、故宫、长城、兵马俑、西湖、苏州园林等等,这些有名景点聚集了大比例的旅游脱贫者,因此在这里出现游客爆棚的概率就会很高。而那些过了旅游脱贫阶段的游客,就可能会避开上述热点景区,选择那些小众的景区,甚至到偏远的地方去发现新的旅行目标了。

与旅游无缘的,要么是无钱的,要么是无闲的。最悲催的是,既无钱又无闲的,他们处在社会的底层,为"刚需"奔忙。这类人群,在当下中国还有相当的比例。什么时候让他们也成为旅游景区的消费者,中国就真正富强了。

（《南方都市报》,2015年10月5日）

第三节　学识与思想

在新闻采编队伍中,从事记者工作的,新闻科班出身的较多,但时评作者中很少有科班出身的,评论员的专业背景可谓五花八门。仔细想一想,也不奇怪,因为评论员是"杂食动物",不能被"圈养"在单一的学科领地里,他需要多学科知识和智慧加持。即便评论员有自己的主攻专业方向,也不会囿于专业藩篱,而是视野宏阔,八面临风。时事评论员只有博览群书,阅世与阅人无数,并内化于心,吐纳自如,方可厚积薄发,出语从容。

一、博观约取,厚积薄发

互联网时代,博闻强记似乎不再被强调了,无须额外增加我们大脑记忆和存储负担,可外包给互联网强大的记忆和搜索功能。哪怕有一个再强大的大脑,其记忆和知识存贮功能也难以与谷歌、百度去竞争,于是乎,很多人索性就将知识的摄入和存储托付给新媒体。这种"不入心"的知识外包会带来诸多问题。谷歌搜索作为互联网上首屈一指的导航工具,为我们提供搜索服务的效率如此之高、种类如此丰富,也影响我们和搜索内容之间的关系。谷歌的搜索技术使得高速、肤浅的信息略读方式大行其道,从而阻碍人们对单一论点、思想或叙述进行长时间的深入研究。谷歌公司最不愿意鼓励人们去做的事情就是从容不迫的阅读或寂然凝虑的沉思。谷歌公司做的是彻头彻尾的分心生意①。

互联网时代的评论员不能把自己的思想能力和知识储备托付给互联网,而应成为知识的主动摄入者,具有强大的知识内存,让知识真正长在自己的根据地上,内化成能力和思想,只有这样,才能从容吐纳,举重若轻。

二、拒绝从众,回归深思

自从活字印刷术发明以来,读书成为人们的普遍追求,线性的文学思维一直都是艺术、科学及社会的中心。这种思维既灵活又深奥,是文艺复兴时期的想象力,是启蒙运动中的理性思考,也是工业革命中的创造性,还是现代主义的颠覆精神。但它马上就要变成昨天的思维方式了②。在互联网将数以亿计的网民卷入其中的时候,要求有人从中出来,坚守人的专注和深思,因此读书必不可少。

读书活动是一个非自然的思维过程,要求对单一、静止目标的关注持续不变,并且不能被打断。读书是一项沉思冥想的活动,不过读书时大脑并非

---

① [美]尼古拉斯·卡尔:《浅薄:互联网如何毒化了我们的大脑》,刘纯毅译,中信出版社2010年版,第170—171页。

② 同上书,第8—9页。

无所作为,而是充分动员,全力运转。为了全力应对字词、思想及情感产生的内部刺激流,阅读者会让自己的注意力摆脱外部刺激流的干扰。这就是深度阅读过程独一无二的本质。读书人的大脑不只是一个会认字的大脑,它更是一个博学的大脑[1]。互联网吸引我们的注意力,只是为了分散我们的注意力。互联网发出的各种刺激性杂音,既制造了有意识思维的短路,也造成了潜意识思维的短路,因而既阻碍我们进行深入思考,也阻碍我们进行创造性思考[2]。

优秀的评论员不能成为网络上随波逐流的人,应主动慢下来,用慢读和深思为喧嚣的世界降温。评论员须把互联网给我们退化的思考、思维能力找回来,不做"低头族",而是做低头沉思的人[3]。优秀评论员从不拒绝互联网带来的便利,同时也能保持清醒和定力,不会丧失深度思考的能力。

第四节　专业能力

一、建立专业根据地

博观才能约取,厚积方可薄发。在互联网时代,一个评论员的知识储备哪怕车载斗量,在互联网上也只是沧海一粟。即便你满腹经纶,储备体量可能都比不上一个移动硬盘。为此,评论员仅靠大量的散装知识难以在评论界安身立命。

在评论行业,同样需要专业分工,全能型的评论员越来越难做。评价一个评论员,不是看他评论半径有多长,评论覆盖面有多大,而是看他在某些领域上的意见能力和话语权。做时事评论,不可能在政治、经济、社会、文化、教育等领域全覆盖,一个超级评论员也不可能全知全能。术业有专攻,

---

① ［美］尼古拉斯·卡尔:《浅薄:互联网如何毒化了我们的大脑》,刘纯毅译,中信出版社2010年版,第68—69页。

② 同上书,第128—129页。

③ 同上书,第151页。

评论员分工有利于在专业上做得更加精深。凤凰卫视的时政评论员阮次山、邱震海、马鼎盛、曹景行,他们各有擅长的领域。不同评论员在各自专长的领域深耕,有利于提升评论的品质和深度。

以下这篇评论是笔者基于多年的专业积淀以及行业观察经验写出来的。

澎湃的初恋

张涛甫

这几年,传统媒体跌入行业冰川纪,圈里哀鸿遍野。在没顶的悲情中,有一个闪亮的希望似乎出现了,那就是《东方早报》(以下简称"东早")的转型试水。7月22日凌晨两点,东早酝酿多时的新媒体项目"澎湃"正式上线。"澎湃"出世,立即激起喝彩一片。伴随"澎湃"砰然出世的,还有出自东早掌门人邱兵之手的发刊辞《我心澎湃如昨》。文风一如既往,典型的文青路数。这篇莫忘初心的文字,意在向远去的上世纪80年代招魂。文章讲述了一个绝尘而去的理想主义时代里的爱情故事,浪漫而又悲情,感喟的是骨感的现实摧毁了丰满的爱情。身为"澎湃"CEO的邱兵,显然是想借这个故事,表达其死不改悔的理想主义报人情怀。在如今理想主义凋零的小时代里,邱兵大言理想,高谈爱情,似乎有点不合时宜,有逆水行舟、抽刀断水的悲壮况味。

面对新媒体的环形围剿,中国的传统媒体精英努力坚守理想主义办报理念,在报业的寒冬里,像卖火柴的小女孩,擦亮一根又一根火柴,以抵抗四面来袭的寒意,他们在新媒体的汪洋大海中,孤灯野火般地亮着理想。在这个注意力极端潦草的时代,新闻理想即便不能作头巾,也应作为底裤。为此,我们看到了传统媒体精英们西西弗斯式的反抗。这次东早"澎湃"的问世,是典型的理想主义再出发。

东早坚持自己的信念,认为精英化的内容是有市场的。东早的"澎湃"项目,还是走高端路线,打精英牌,定位时政和思想。"澎湃"新闻立志成为"中国第一时政品牌"。从目前"澎湃"的表现来看,称得上可圈可点。尤其是其原创性内容,出手迅速,段位不低,形成涟漪效应,获得业界人士的连连称道,似乎也让士气低落的传统媒体,看到转机的希望之光。东早"澎湃"的时政内容生产,抓住中央反腐高压时势,顺势而为,密集亮剑,推出"打虎记"

系列产品,赢得赞声一片。

但是,东早的理想主义实践,也着实让牵挂她的人捏把汗。东早的逆水行舟,其勇气固然可嘉,但究竟能走多远?目前真的还吃不准。毕竟媒体行业的大盘走势对新媒体是有利的,报业处于明显的守势,根本谈不上战略反攻。对于"澎湃"的战绩,我们还不能急于乐观下判断。如今支撑"澎湃"的,一是雄厚的公共财政;二是相对宽松的内容生产口径。而这两者,尚存在不确定性。眼下,上海在东早的新媒体实验上,不惜血本,一出手就砸上几亿的银子。这大举动固然有重振传统媒体之意,其意义已超出拯救媒体本身。上海方面,显然在下一盘大棋。他们借媒体转型这张牌,在谋划更大的棋局。当然,东早有幸成为这棋局的过河卒子。这种好运道,是其他传统媒体可望而不可即的。这种"富养"的待遇,让很多传统媒体大流口水。有雄厚的财力垫底,东早在市场上少有后顾之忧。当然,大把大把的钱烧过之后,东早能不能在市场激流中站稳脚跟?从目前来看,至少还没有胜算的把握。

再者,更让其他同行羡慕的是"澎湃"在内容尺度上的空前宽松。从这个角度看,"澎湃"俨然成了媒体"自贸区"。"澎湃"能干的,是其他媒体即便有意干,有能力干,也没法干的。"澎湃"近期的诸多大胆动作超出一般媒体人的想象。究竟是"澎湃"艺高人胆大,还是他们享有了特殊的照拂?我认为,原因多在后者。不难想象,"澎湃"试水是享受到不少政治"小灶"的。在传统媒体表达空间普遍局促的当下,"澎湃"受到管理者的"偏爱",获得更多的"原始股",其市场红利自不待言。问题是,这种"独食"能吃多久?俗话说:"常在河边走,哪有不湿鞋。"万一擦枪走火,"澎湃"弄出让管理者不爽的动静,该如何处置?"澎湃"主打的时政和思想领域,恰恰是充满诸多不确定性的。在这个领域,易燃易爆的东西很多,万一踩上了,该如何应对?一旦政策的蜜月期终结,"澎湃"如何应对一地鸡毛的日子?

最后,我们还需追问的是:"澎湃"在唯利是图的小时代,能不能找对可以让理想深耕下去的盈利模式?从目前来看,"澎湃"还是没有绝对把握的。

因此,邱兵在发刊词中,只谈爱情,不谈婚姻。

(《青年记者》,2014年8月上)

二、新闻敏感与判断力

时事评论是对新闻现象和事件的评论。新闻敏感和判断力应该是一个优秀评论员具备的基本素质和能力。

在评论界，时常出现这样的现象：一个热点事件，其真相还没有来得及打开，评论就狂轰滥炸了。事实是一回事，对事实的准确把握是另一回事。要实现对事实的精确报道，需要记者对现场的精准把握，在多种事实簇拥的情境之下，要求对事实进行辨析和判断，从而让事实更加逼近真相。如今不少媒体开始用大数据方法处理海量信息，让有价值的新闻资讯通过非人工的技术手段予以呈现，甚至用机器人替代职业记者进行新闻写作。这些技术手段固然可以拓展新闻表达的边界，也在相当程度上提升新闻的精确度，但出色的新闻报道不能全然依靠媒介技术过活。

新闻表达的精确性不仅体现在数据刻度上，更应体现在对真相和事实的精准把握上。《纽约客》莱曼指出："社会创造了一种能够生产和分配知识、信息和观点的权威机构。"这让我们知道该信任谁。我们之所以相信权威报刊的文章，是因为这些文章从那些对真实性和准确性负责的新闻机构发出来之前，已经经过许多经验丰富的编辑和记者的研究、筛选、核实、编辑和校对。如果没有这种筛选机制，我们这些普通民众如何能从众多的业余者所发布的浩如烟海的信息中辨明真假？[①] 在一个由无穷无尽的、未经过滤的用户生成内容的世界里，网络信息往往与事实的本来面貌相去甚远。由于没有编辑、校对、管理者和核实人员的监督。我们无从得知 Xanga、Six Apart、Veoh、Yelp、Odeo 等网站上的信息是否属实。没有把关人替我们将事实、真实的内容和正确的信息从一堆充斥着广告、错误和欺骗的信息中挑选出来[②]。在如今"变平"了的世界里，一个优秀的评论员，须有出色的新闻判断力和事实核查能力。

---

① ［美］安德鲁·基恩：《网民的狂欢：关于互联网弊端的反思》，丁德良译，南海出版社 2010 年版，第 50 页。

② 同上书，第 63 页。

第五节　思　维　能　力

每个社会人都是天生的评论人,但社会为什么需要有评论员? 评论员这个职业是一个入世、务实的职业。对于很多人来说,世界太复杂,如何理解和评判熙熙攘攘的人间万象? 在这方面,时事评论员有一定的优势。这优势不仅表现在他们在捕捉、获取信息上有优势,还表现在他们的思维能力上。

一、评论是思维的体操

评论是思维的体操。思维的体操需要天天习练,日积月累,方可成器。评论员通过评论来见证、检验其思维的质量。评论一个现象或时事话题,为什么有的评论者见解平平,而有的评论让人耳目一新? 这里不仅有表达的功夫,还有思维的功力。思维能力强的评论者,能穿越表象,抵达问题内核,揭示表象背后的症结;或能在别人思维短路的地方,把不同素材勾连起来,形成完整的逻辑链条;或能另辟蹊径,在别人习以为常的判断之外,别开生面。思维能力固然与天赋有关,更与后天训练有关。人的思维能力是可以训练的,学习、训练可以开发大脑的思维潜力。好评论不是一天炼成的,优秀评论员不是短期成就的,需要在评论训练场上反复操练,从一次又一次点点滴滴的经验和教训中慢慢成长起来。

二、思维能力

思维能力有多种分项,主要表现为以下四个方面。

其一,质疑能力。评论人看问题、发言,忌讳随大流,人云亦云。优秀评论人更当如此,须在无疑处存疑,在有疑处深究。有些习以为常的现象和观点,不一定就是真问题。在这点上,评论人要有较真的精神。在互联网上,很多热点凭空而起,各种无厘头的新闻不断涌现,评论人在下笔之前,一定要谨言慎行。网民常有朴素的信念"有图有真相",其实,有图不一定有真相。网上PS一张领导视察的"悬浮照",某地PX事件期间网传的"坦克照",都会引起网友的偏听偏信。对此,评论人不能随波逐流,质疑能力不能缺位。

其二,认知能力。评论人面对腾空而起的新闻事件,如何作出事实判断和价值判断?如何揭示事件背后的意义?这就需要评论员有不同寻常的洞察力和认知能力。具备这种能力,就能把问题看清楚。

其三,逻辑思维能力。逻辑思维能力主要表现为综合归纳能力和演绎推理能力。综合归纳能力,就是能从个案、局部或点位分布中提炼出特征或一般规律,甚至预测事件、问题的演化方向。演绎推理能力就是能按照形式逻辑的原理进行思维推演的能力。形式逻辑的三段论演绎法是常见的演绎推理形式。但仅仅教人们去遵循三段论式而没有教会他们觉察谬论,那是把他们放在危险之中。不但有谬论,还有半真半假的真理。虽然自古以来都承认半个面包比没有面包强,实际上半个真理不但不比没有真理强,它比许多谎言还要坏,而谎言和半拉真理的奴仆是无知[①]。评论员从事评论写作,需要有严谨的逻辑思维训练,练就扎实的思维功力。一篇好的评论应在结构、论证逻辑上是闭合、周延的。论证过程的展开,需要经得起质疑和证伪。有人提出反向证据,或指出评论推演的漏洞,评论的说服力就会折损甚至坍塌。因此,优秀评论人不能在逻辑思维上"掉链子"。

其四,创新思维能力。创新思维就是标新立异的思维能力。评论人以不同寻常的见解、观点赢得社会尊重和市场回报。比如,周瑞金先生提出"新意见阶层",这个概念很有新意。再如,李泓冰发表《有学校在,乡村的"灯"就亮着》评论,让人眼睛为之一亮。该文指出,在乡村,撤并学校不是省下几文教育经费这么简单,这种行为会让乡村文化严重受损。这一解读别开生面,让人耳目一新。创新能力还表现为联想思维能力,即由此及彼、触类旁通的能力。比如,现实社会发生一个新闻事件,有评论人会想到历史上的同类事件或联想到国外如何处理同类事件。另外,逆向思维也是创新思维的另类表现。不少视角新颖的评论立意即逆向思维的结果,曹林的评论就有不少是逆向思维的样本。

---

① ［英］L. S. 斯泰宾:《有效思维》,吕叔湘等译,商务印书馆2008年版,第7页。

三、互联网思维

所谓互联网思维,是对人类历练已久的传统思维方式的颠覆,弱化了人类的逻辑思维和深思能力。智力工具增强同时也麻痹了我们自然能力中最本质、最人性化的部分——用于推理、领悟、记忆和情感的能力[①]。互联网所做的似乎就是把我们的专注和思考能力撕成碎片,抛到一边。无论上网还是不上网,我们现在获取信息的方式都是互联网传播信息的方式,即通过快速移动的粒子流来传播信息[②]。从事评论写作不能过度迷信互联网思维。尼古拉斯·卡尔的提醒绝不是危言耸听:我们似乎已经抵达了人类智能和文化发展史上的一个重要关头,这是两种大相径庭的思维模式之间急剧转型的关键时刻。平心静气、全神贯注、聚精会神,这样的线性思维正在被一种新的思维模式替代,这种新模式希望以简短、杂乱而且经常是爆炸性的方式收发信息,其遵循的原则是越快越好[③]。因此,评论员对互联网思维须当心,警惕互联网思维蚕食逻辑思维、抽象能力以及想象力。

第六节　表 达 能 力

评论员靠立言来立德、立功,表达能力是刚需。这种表达能力包括文字表达、口头表达、视觉表达、技术表达能力诸种。

一、文字表达能力

文字表达能力是评论写作的基础能力,也是优秀评论员的标配。文字

---

① ［美］尼古拉斯·卡尔:《浅薄:互联网如何毒化了我们的大脑》,刘纯毅译,中信出版社 2010 年版,第 229 页。

② 同上书,第 5 页。

③ 同上书,第 8 页。

是思维的外化,有什么样的文字能力,也意味着有什么样的思维能力。文字表达是思维和修辞的复合。以下这篇评论是《人民日报》知名评论员的作品。立意、义理、论证、辞章俱佳,体现了作者出色的文字表达功底。

有学校在,乡村的"灯"就亮着

李泓冰

近些年来,一些地方盲目撤并乡村学校,已呈现诸多问题。而下面这则消息,让人稍稍舒了一口气:教育部有关负责人表示,保障学生就近入学是重要前提;准备撤并农村中小学前,必须征求家长意见。

十年间,因为学龄人口减少,我国农村开始大规模调整学校布局,学生向县乡中心学校集中,目的是集中利用教育资源。这一调整的初衷是好的,对一些地区共享优质教育资源也有积极意义。然而,大量村级小学、乡级中学消失,孩子们上学路途遥远,交通、住宿、餐饮成本如何解决?更令人忧心的是,"超载车""黑校车"应运而生,让孩子们辗转于乡村道路上时险象丛生。

乡村学校大量消失,还有影响更深远的"事故",尚未引起足够重视——曾经以乡村学校的存在形式,深埋于中国乡野的文化种子,正有被渐次抽离、掏空的危险,继农村青壮年大量流入城市、农村老龄化、留守儿童骤增之后,农村空心化的趋势因此再一次加剧。

拥有数千年农耕文化的中国,靠什么维系农村道德秩序,保存文明火种,化怨解困、和睦乡里?两千多年前,西汉思想家董仲舒给汉武帝献的国策之一就是,"立太学以教于国,设庠序以化于邑",太学是国家级教育,庠序则是设于地方特别是乡村的学校。而教书并非设庠序的唯一目的,教化乡邑,才是根本。我们时常说,教育是强国兴邦之本,除了指教育有培育人才之功,还有一个常常被忽略的要义——乡村学校也承担这样的潜在责任:传承文化、维护社会安定、培育有凝聚力的民风民俗……

《红楼梦》里,秦可卿死前托梦凤姐,说"永保无虞"的法子,就是在祖茔边多置田产、就近设家塾,便能保住家族最后的退路。敬祖守孝,尊孔兴学,曾是中国文化"永保无虞"最核心的精神家园,而这"就近"二字,极是要紧。新中国成立后,乡村教书先生依然受人尊敬,排解纠纷一言九鼎,婚丧嫁娶指点仪轨,代写家书咫尺天涯……小学校书声琅琅,听着就让村民踏实,一村老小,"就近"也能熏着点儿书香,多少儿时微贱后来成才的栋梁,都有早年在村小窗外听课的偷师经历。

现在,大量小学搬离了村庄,中学搬离了乡镇。没了活蹦乱跳的读书郎,没了知书达理的教书先生,没了就近的学校,乡村的文化主心骨何处寄放? 当孩子们翻山越岭奔向遥远的学校,他们的父母在城里胼手胝足打拼,祖父母则孤守于空荡荡的村落倚门盼归,靠谁来振兴中国乡村?

对遥远的乡村来说,每一个学校,是一堆火;每一个老师,是一盏灯,那光虽是暗淡,却明明灭灭地闪了几千年,是烛照中国乡村的一线微芒,让人温暖且踏实。

因此,当听到十年间,我国乡村小学数量竟锐减了一半,不免心中一痛。这可能意味着在许多乡村,那盏灯黯然熄灭。教育部的亡羊补牢之策,可以防止更多这样的灯灭去,然而,如何能让遥远的乡村以让人心安的方式重燃人文教化之灯,依然是一个待解的问号……

有学校在,乡村希望的灯就亮着。这意义岂非远远大于省下的几文教育经费?

(《人民日报》,2012 年 5 月 24 日)

二、口头表达能力

口头表达能力对于评论员来说同样重要。口头表达与内在的思维品质成正相关。口语表达清晰者,说明其思维理路也是清楚的。口头表达语无伦次,可见思维质量也不太好。广播评论、电视评论以及互联网视频评论,对口语表达的要求更高,也更直接。广播评论作为声音的媒介,评论的观点和思路是通过评论者口头表达出来的。一则广播评论,如何娓娓道来,将观点清晰地表达出来,口头表达很关键。电视评论也强调口头表达能力。敬一丹、水均益、白岩松、董倩等人的电视评论,均显示出优秀电视评论员卓越的口头表达功力。凤凰卫视时事评论员的豪华团队显示了电视评论员口语表达能力的集体高度。

三、视觉表达能力

视觉表达能力即评论员借助视觉叙事和可视化表达技巧进行叙事和评论的能力。在视觉和互动主导传播与交往的当下传播语境中，人们对视觉说服的依赖更严重了。有时候，一张图表、一个镜头、一段视频胜过评论员的千言万语。美国士兵"虐囚"照片、上海法官集体嫖娼镜头，诸如此类的关键证据出来，一图九鼎，省了很多口舌。电视评论一大优势就是靠镜头说话，把一个个现场感极强的镜头展现出来，证据就出来了。评论员的任务就是将那些镜头串联起来，形成证据链，节省了很多口水。央视《新闻1+1》就是这么做的，而且很成功。

四、技术表达能力

技术表达能力即是利用技术帮助表达的能力。这种能力在互联网语境下变得愈加重要。比如，"复兴路上工作室"推出了一系列新媒体产品，就是用新媒体技术作为表现手段实现的。新媒体评论可尝试通过多种形式来分析、表达观点。比如，用数据可视化来演绎观点。技术表达能力还表现在对新媒体评论体裁的使用和创新上，比如，利用微博、微信公众号等发表评论。

第四章

新闻评论的论点、论证和强度

第一节 新闻评论的论点

新闻评论是观点性的文体。评论者为意见公共市场提供新的观点，进而提升"观念的水位"，这是新闻评论人的追求。

由于经验、禀赋、平台以及机会的限制，面对某些公共议题或社会现象，并不是每个人的见识都是均值、无差异的；恰恰相反，社会的丰富多彩正是在于差异性，哪怕面对同样的问题，有的人可能视而不见，有的人即便有见解，视域、深度、角度往往存在差异。这种判断、见解的差异性构成了意见的高低差别，体现出意见市场的丰富性。新闻评论是针对时事话题、公共议题的评论，是"时"和"事"因应的产物，也是"人"与"事"互动的结果。时评人从公众中来，也回到公众中去。他们靠输出观点，展示观点的逻辑，提供说服力的论点，赢得受众的关注、接受和信任。

评价新闻论点有几个维度：正确性、新锐度、深度、角度。

判断新闻评论的正确性，包括三个层面。一是政治正确。新闻评论的主旨、核心论点能恪守政治底线，尤其是在中国语境下，政治正确是观点出场的大前提。二是价值判断上的正确性。评论中提出的观点要符合人类社会和共同体认可、尊重、信守的价值理念和共识。比如，信守和平，反对战争，尤其是反对不义战争。2018 年 4 月，美、英、法三国对叙利亚发动"精准打击"，既违背了人类社会共同信守的价值观，也违背了国际法。三是"真"知。评论能提供真实、可确证的知识。

新闻论点的新锐度是指评论所表达观点的新鲜度,是否有超越一般人的洞见和发现。《人民日报》的短评《给企业更多真金白银》,短短三百余字篇幅,针对财政部、国家税务总局联合发文出台的政策——上调增值税小规模纳税人标准并下调增值税税率——进行点评。这一政策让企业进一步享受到真金白银的减税红利,仅发现这一点算不上什么新锐的观点,多数人都能看得出来。该短评点出政策的深意:将这一新政放在"全国两会后企业减负进入政策落地期""改革开放40年"背景下加以考量,认为中国市场发育的每一个环节背后都有改革深化的助力、政策优化的呵护。诸如降税减费、商事制度改革、"放管服"持续深化、改善营商环境等,意在推动企业轻装上阵,进一步激发市场主体活力,提升经济发展质量。这一论点,不是停留于表面化的论述,而是将中心论点掰开,结结实实地把意义和价值说透。

新闻论点的深度,即超越一般化的皮相之论和平面化的论述,展示出论点的纵深感。比如,《人民日报》2018年4月19日发表评论《强起来离不开自主创"芯"》,针对美国商务部宣布:今后7年内,将禁止该国企业向中国电信设备制造商中兴通讯出售任何电子技术或通讯元件。评论触及中国通信产业缺乏核心技术的痛点。互联网核心技术是我们最大的"命门",核心技术受制于人是我们最大的隐患。此次事件让我们感受到切肤之痛。这次美国"禁令"所指的"缺芯少魂"的问题,再次严峻地摆在人们面前。文章提出,面对技术壁垒,不能盲目悲观,特别不能对中国的高科技发展丧失信心。此时,应该激发理性自强的心态与能力,通过自力更生,真正掌握核心技术,把挑战变成机遇。评论同时提醒:不能因遭遇制裁而产生极端偏激的情绪,不能把扩大开放与自力更生对立起来。面对高科技的技术攻关,封闭最终只能走进死胡同,只有开放合作,道路才能越走越宽。继续扩大开放,努力用好国际国内两种科技资源,在与世界的互利共赢中实现自主创新。这个方向不能动摇。文章没有停留在表面说说大道理,而是将道理说到位、说透彻,展示了作者思考的深度。

论点的角度是指评论立论的角度。好的评论是从"好望角"出发的,能从一个适当的角度进入,把论点有力地展现出来。比如,针对2018年4月美、英、法联合袭击叙利亚。《人民日报》官微以"世界欠他们一个童年"为主题,针对不断刷新的新闻话题,以微评论形式及时跟进。比如,"七年旷日持久的连绵战火,让叙利亚满目疮痍,造成至少 35 万人死亡,近 1 100 万人流离失所,数十万人被迫踏上逃亡之路。在这里,有一群不幸的孩子,他们的童年与战火废墟相伴,有人甚至没机会长大……战争从未走远。请努力活下去,总有一天,能重返家园"。"七年未熄战火的叙利亚,天堂变废墟……在这里,有一群不幸的孩子,他们是叙利亚的孩子。他们的童年犹如提前陨落的星星,已随战争一起消逝。一起转发,如果你也愿世界和平!""他们活在恐惧下,在炮火袭击中求生;他们无家可归,被迫逃离家园;他们的童年没有教室、操场,只有战火和废墟;他们在残垣断壁中的天籁之音,让人听到流泪……他们,是叙利亚的孩子。一起转发,愿世界和平、永无战争,愿孩子们不再有噩梦和伤痛。"[①]

再如,针对推波助澜"鸿茅药酒"的虚假广告舆论风波,《人民日报》官方微博发出这样的评论:"鸿茅药酒既然是药品,就有严格的剂量要求,也有特定的适用人群。用保健品的广告模式来宣传药品,既违背了法律规定,更是对公众健康的严重不负责任。采取更为严格的标准,加大监管力度、把握广告尺度,才能让违法者畏惧、逾矩者后悔。""鸿茅药酒是药不是酒,如何不分人群每天喝两口? 不是毒药,也别吹成神药。当不看疗效看广告之风盛行,严格药品广告审批、提升违法成本,才能扭转不正之风。生命安全绝非轻于鸿毛,监管责任始终重于泰山!"[②]两种表述都强调监管,但展开的角度不同。

第二节　打造论证链

新闻评论是一种公共说理,就是通过一套有说服力的说理,将论点逻辑地展示出来。说理的三个基本组成部分是"主张""理由"和作为二者之间中介的"保证"。后来,英国哲学家和教育学家图尔敏提出了一种可以用来说明说理特征的非形式逻辑论证模式。这个模式由六个要件构成:主张(claim)、保证(warrant)、论据(grounds)、支持(backing)、语气(modality)、

[①]　《人民日报》官方微博,2018 年 4 月 17 日,http://weibo. com/2803301701/GcsHPyTUu? type＝comment＃_rnd1589527735038,最后浏览日期:2020 年 5 月 12 日。

[②]　同上。

反驳(rebuttal)①。相对于此前的三段论说理模式,图尔敏模式要更为精致。图尔敏式说理模式,把受众预设为有待说服的中立的第三者。它认为,说理中所有的主张理由、中介保证、理由的理由、对保证的支持等,都是可以由对方诘问和质疑的,说理一方必须为此做好准备;再者,决定说理一方是否有理的是中立的第三方,不是自己一方或反对一方的"粉丝"。在图尔敏说理模式中,论据是支持"主张"中的理由的,而"支持"则是支撑"保证"的。有时候,特别是需要考虑受众疑问时,需要对说理的某些部分加以特别说明和支持,这是图尔敏模式的特殊洞见②。图尔敏模式中的六个要件,并不是要在说理中悉数出场,但主张、论据、保证和支持是不能或缺的。

新闻评论通过说理过程将论点送达受众,这个说服过程需要展示论据的说服力以及论证的强度。如果论证强度不强,主张与论据之间是弱关联,说服效果就不好。下面以两篇评论为例,来看论证的强度。

《"环境敏感期"的新考题》由江苏南通王子制纸排海工程项目的一场环境危机引出,尖锐地提出:在环境问题日益突出、公民维权意识日益增强的社会环境敏感期,怎样才能避免民众非理性情绪之下的极端行为? 政府与民众如何理性互动,求得解决社会矛盾的最佳途径? 这篇评论由问题入手,最后的主张是:作为责任政府,应该正视民众诉求,与民众形成理性互动,且能提供良性的互动机制,保证问题的有效解决。在抵达这一结论之前,有若干论证环节。评论正视日益突出的环境问题,但没有将环境危机敏感化:"中国社会发展正进入一个特殊的环保敏感期,一方面,'发展中'这一现实国情还绕不开产业的梯度转移,一些工业项目也不可能做到'零污染';另一方面,民众的环境意识与权利意识在迅速提升。环境利益冲突既是社会进步的体现,也成为发展转型的一种折射。"解决问题的前提首先是正视问题、正确判断,其次是如何解决问题。本文提出的核心主张是建立良性互动机制,正面应对民众的利益诉求。在抵达这个结论之前,评论从三个部分展开充分的说理。首先,从目前处理环境危机的两种处理方式——要么宣布停建,要么重新选址入手。其次,指出问题并未结束:大型项目停建后如何保

① 徐贲:《明亮的对话:公共说理十八讲》,中信出版社 2014 年版,第 60—61 页。
② 同上书,第 60—63 页。

护投资者的合法权益？重新选址后会不会引发新矛盾？最后，提出正确的解法应该是：在启动环保项目之前，一要有"社会风险评估"；二要有科学论证、透明决策、民意吸纳和互动。进而指出，政府要将自己从具体的经济利益纠葛中独立出来，成为公共利益的执行者、经济利益的平衡者。这一部分的说理，理据硬朗，逻辑强度较好。最后一段，作为论证环节中的支持节点，从民众的维度进一步说服具体决策者，认为民众的诉求基本面应是理性的，没有必要把民众诉求妖魔化。

"环境敏感期"的新考题

郝　洪

7月28日，江苏南通市政府发布消息称，永久取消有关王子制纸排海工程项目。一场因环境问题引发的风波，因为当地政府的积极回应而渐渐平息。

在环境问题日益突出、公民维权意识日益增强的社会环境敏感期，怎样才能避免民众非理性情绪之下的极端行为？政府与民众如何理性互动，求得解决社会矛盾的最佳途径？

近年来，全国范围内由环保引发的群体冲突时有发生。值得注意的是，不少项目通过了环评，甚至是国家或省里确定的重点产业项目。这表明，中国社会发展正进入一个特殊的环保敏感期，一方面，"发展中"这一现实国情还绕不开产业的梯度转移，一些工业项目也不可能做到"零污染"；另一方面，民众的环境意识与权利意识在迅速提升。环境利益冲突既是社会进步的体现，也成为发展转型的一种折射。

就目前几起风波的处理方式看，有的是宣布停建，如什邡投资超过百亿的钼铜项目，以及启东的排海工程；有的是重新选址，如PX项目在厦门遭到市民反对后另选厂址。这反映了政府顺应民意的可贵姿态，但有的问题并未结束，比如大型项目停建后如何保护投资者的合法权益？重新选址后会不会引发新矛盾？

有必要从这些新矛盾新问题中吸取教训，进而审视自己：面对发展阶段的"环境敏感期"，地方在确实需要引入一些产业和项目时，是否尽了最大努力把环境风险降到最低？是否开展环境评估时也充分考虑了"社会风险评估"？选址、兴建与运营各环节是否做到了科学论证、公开透明、充分沟通,进而得到了大部分群众的支持？从这个意义上说,促进公民与政府的良性互动,固然需要公民理性表达诉求,更需要政府成为负责任的透明政府。

做责任政府,就是要将自己从具体的经济利益纠葛中独立出来,成为公共利益的执行者、经济利益的平衡者。同时,给予群众权利诉求的正常通路,确立公开透明的决策机制,营造包容性舆论环境,维护包括行政诉讼在内的司法公正,推进执政方式的现代化。

值得一提的是,我们看到,公众理性维权的意识渐强。这表明,在今天中国,大多数人仍然希望国家在稳定的轨道上实现经济社会的转型,这是我们理性解决社会问题的基础。珍惜这个基础,建立良性互动机制,相信我们能够应对社会发展转型的一切挑战。

(《人民日报》,2012 年 7 月 30 日)

再以《反腐何惧怠政》为例,这也是一篇论证链条严密的优秀评论。评论第一部分旗帜鲜明提出问题和论点。

问题：当前一些政府官员中出现不思工作、不愿揽事等消极现象,可统称为"怠政";许多人将此夸大归因,进而质疑反腐的正当性。

论点：执政党绝不可为怠政所惧。坚定不移地持续反腐、深化改革和推进法治。

评论第二部分分析怠政的严重和危害。"这一现象危害很大,大大降低了党政机关的运行效率,甚至使个别地区、个别部门的工作陷于瘫痪。""当前,经济下行压力加大,体制改革任务繁重,倘若听任庸政怠政习气弥漫,诸多挑战就不可能得到及时有效的应对,反而可能急剧恶化。在发生系统性塌方式腐败的地区,经济尤其困难,庸政怠政现象也特别突出。"第三部分是归因分析。多年来,一部分人谋求官位、用权弄权,正是贪欲驱动下的寻租激励。怠政的根本原因在官员从选聘、任用到考评的制度有诸多缺陷,约束不足。从体制角度分析,关键是权力运行模式没有根本改革;从机制角度观察,则在于官员做事情的正向激励没有搞对。无远弗届的权力与形形色色的利益关系相缠绕,例如裙带关系、政商关系、政黑关系,形成巨大的金权利益网络。尽管遭到反腐风暴的冲击,这样的网络关系既未停止,更未清除。处于这一利益网络枢纽位置的某些官员,一边坐立不安,一边窥测风向,在履职上必然表现为懈怠。第四部分是解决办法。推进经济体制和政治体制改革是回击怠政现象最有力的武器；推行简政放权，制定权力清单，减少行政许可；强化履职考核并大力改革干部提拔任用制度；及时完善反腐的方式；用尽可能公正和严谨的司法程序来惩治腐败。评论的最后，再次加固根治怠政的重要性，首尾呼应，形成一个说理的闭环。

反腐何惧怠政

胡舒立

　　两年多来的反腐风暴力度空前，成果显著，深得民心。然而，反腐斗争形势依然严峻复杂，对反腐的认识也须进一步统一。当前一些政府官员中出现不思工作、不愿揽事等消极现象，可统称为"怠政"；许多人将此夸大归因，进而质疑反腐的正当性。我们以为，执政党既然已痛下决心"全面从严治党"，就绝不可为怠政所惧。唯坚定不移地持续反腐、深化改革和推进法治，为德才兼备的勤政者开辟施展抱负的空间，中国未来才有希望。

　　庸政怠政现象其实长期存在，只是近年来趋于严重。这有深刻的体制机制原因，但当前少数人对反腐软抵抗，对本应承担的职责故意撂挑子，确是怠政加剧的直接原因之一；又因此疾由来已久，极易传染扩大，且"法不责众"，故有蔓延之势。这一现象危害很大，大大降低了党政机关的运行效率，甚至使个别地区、个别部门的工作陷于瘫痪。

　　当前，经济下行压力加大，体制改革任务繁重，倘若听任庸政怠政习气弥漫，诸多挑战就不可能得到及时有效的应对，反而可能急剧恶化。在发生系统性塌方式腐败的地区，经济尤其困难，庸政怠政现象也特别突出。李克强总理不久前在"两会"记者会上表示："我们既要惩治乱作为，也反对不作为，庸政懒政是不允许的。门好进了、脸好看了，就是不办事，这是为官不为，必须严肃问责。"这表明了决策层对这一现象的严正态度。

　　在反腐斗争不进则退的关键时刻，那些公然怠政、贻误大局的行为，其实是对反腐重拳还以颜色，是一种用心不良的"不合作"态度。这不过从反面证明，多年来，一部分人谋求官位、用权弄权，正是贪欲驱动下的寻租激励。这是价值观严重扭曲的表现，是邪恶对正义的嚣张的示威，只能以坚定不移的反腐予以回应。

　　怠政的根本原因在官员从选聘、任用到考评的制度有诸多缺陷，约束不足。从体制角度分析，关键是权力运行模式没有根本改革；从机制角度观察,则在于官员做事情的正向激励没有搞对。无远弗届的权力与形形色色的利益关系相缠绕,例如裙带关系、政商关系、政黑关系,形成巨大的金权利益网络。尽管遭到反腐风暴的冲击,这样的网络关系既未停止,更未清除。处于这一利益网络枢纽位置的某些官员,一边坐立不安,一边窥测风向,在履职上必然表现为懈怠。

推进经济体制和政治体制改革,是回击怠政现象最有力的武器。要使得权力切实做到"法定职责必须为、法无授权不可为",就必须重新划分权力边界,取消针对市场经济和公民权利的种种过度管制和干涉。腐败的根源是权力不当运行的一体两面:原本应当保护自由市场的权力,却在破坏市场,表现为权力对市场上下其手;原本应当打击不法行为、维持经济社会正常秩序的权力,却放任破坏力量恣意妄为。

国务院正大力推行简政放权,制定权力清单,减少行政许可。如能深入推进,将压缩寻租空间,铲除腐败土壤。假以时日,改革的效果必将逐步显现出来。这也将正告那些自以为是的怠政者,摆脱了他们不安分的手,中国经济社会只会发展得更好,而不是相反。

对于政府官员,要强化履职考核,并大力改革干部提拔任用制度。应当看到所谓怠政者也是有区别的,其中贪腐心虚者是少数,相当一部分只是随波逐流,也有不少官员有情怀、有能力、想做事,却担心太过出头反遭物议。因此,要通过制度安排,让想做事的人有机会做事,不愿做事的人走开,更要防止那种清廉勤政者反遭逆淘汰的局面出现。

要保障反腐走向纵深,还需要及时完善反腐的方式。在最初需要立竿见影之时,不能受限于繁缛的体制窠臼。如今,反腐已初见成效,就要适时调整。要准确掌握政策界限,分清正常迎来送往与"四风"的不同,正常人际交往与政商勾结的区别,让党政官员甩掉思想包袱,轻装上阵,在促进经济发展和推进改革开放事业中,证明"清者自清,浊者自浊"。

更为重要的是,要以尽可能公正和严谨的司法程序来惩治腐败,通过一个个案例诠释"法律面前人人平等"的涵义。在严格执纪执法的同时,也要保障当事人的基本人权和诉讼权利,使得被查处的腐败官员们心服口服,这对其他官员会是强烈的震慑与警醒,也是对全社会生动的法治教育。所有改进聚沙成塔,必将有力推进法治社会的建设。

反腐败斗争是一场输不起的斗争。倘若对腐败分子心慈手软,对怠政现象束手无策,后果将不堪设想,腐败将变本加厉,已有的反腐成果也会前功尽弃。决策层对此有着清醒的估计,进一步反腐正有条不紊地展开,它必将也是怠政现象得到治理的过程,"把信心重塑起来、把精气神鼓起来"的日子终将到来。

(《财新周刊》,2015 年 4 月 20 日)

第三节　论　证　强　度

论证强度与论证链条相关,但强度的重心在论证效果上。有的评论不够紧致,逻辑强度弱,说理欠充分;有的评论严丝合缝,说理有力,逻辑周延,说服力强。以下案例即可说明。

公共辩论,求真比求胜更重要

范正伟

这几天,因"转基因食品该不该吃"产生骂战,方舟子和崔永元从微博转战至法庭,互指对方侮辱诽谤、侵害名誉。从斗嘴到说法,这场官司不管胜负如何,都有一定的标本意义,尤其是,比起一些人的"微博约架",应该说是一种理性的回归。

只是,一场原本围绕科学命题的公共辩论,最终在互斥"流氓""骗子"的骂声中收尾,还是令人心生感慨。当严肃的科学探讨,变成关乎名誉尊严的捍卫之战;当对转基因的关注,成为"挺方还是挺崔"站队表态;当摊开手掌的公共辩论,成为攥紧拳头的相互攻击,这种戏剧性的结局,恐怕不是各方都愿意看到的。

近些年来,公共辩论"剑走偏锋"的现象并不鲜见:心平气和的讨论,变为唾沫横飞的辱骂;同一话题的分歧,成了互揭隐私的竞赛;网络争吵的激化,导致赤膊上阵的"约架",至于动辄质疑别人为"五毛""美分",或者相互送上"卖国贼""爱国贼"的帽子,也是时有耳闻。类似现象不仅拉低了公共辩论的价值,许多时候也冲破了法律道德的底线。究其原因,往往是伸张正义的急迫、求胜心切的冲动,让预设立场左右了事实选择,让站队逻辑取代了是非判断,让意气之争消解了话题本身。

捷克教育家夸美纽斯有句名言:"对于事实问题的健全的判断是一切德行的真正基础。"遗憾的是,在当下的现实中,许多时候事实还没搞清楚,就有了倾向性答案。君不见,从马航客机失事,到苹果手机定位,再到海南棉被捐赠,有人总是选择性相信,然后再以观点论证观点。至于真相如何,已经不再重要,重要的是观点的卓然不群,重要的是意见的抱团取暖,难怪有人发问:在雄辩"胜于"事实的时候,我们如何关心真相?而作家刀尔登在《中国好人》一书中,也忧心忡忡地写下了这样一段话:"道德下降的第一迹象,就是不关心事实,毕竟,辨别真相,是累人的事。"

或许在一些人看来,偶尔对事实的忽略"无伤大雅",重要的是自己观念的先进,高尚的是对正义底线的捍卫。毫无疑问,宽容是有底线的,但这个底线,只能是法律道德,而不是一己的好恶。如果一边高呼自由,一边却对不同声音没有起码尊重,充满了智商和道德的优越感;如果一边宣称平等,一边却认为别人不配有发言资格,摆出一副真理在握、不容分说的姿态;如果一边反思"文革",一边却像"文革"一样,动辄给别人扣上吓人的大帽子,非此即彼、非友即敌、非红即黑,这种辩论和交锋,除了固化成见、撕裂共识,恐怕不会有别的意义,更难以收获新的东西。

事实上,即便是错误的意见,其内容往往也包括着部分合理性。罗曼·罗兰说得好,"如果你想独占真理,真理就要嘲笑你了"。辩论的本质,不在于辩倒对方,而在于对真理的不懈探求;辩论的目的,不是让对方哑口无言,而是为了弄明白问题。想赢怕输是人之常情,但在公共辩论中,比输赢更重要的是,我们由此展现了什么,从中学到了什么;通过辩论,我们是否拓展了视野、开阔了思路、激发了思考。因此,我们期待,在公共辩论中,胜利的一方能够说,"我从对方身上学到了新的东西";失败的一方能够说,"我错了,但却得到了真理";围观的人们能够说,"我们又向真理迈进了一步"。

有人说,21世纪世界历史的最重要事件,可能是中国作为一个文明大国的重新崛起。从经济强国走向文明大国,呼唤着精神的勃发、观念的更新、理性的构筑。从社会来讲,这不仅需要探求真理的勇气,更需要探求真理的氛围;就个人而言,这不仅需要表达观点的技巧,更需要和而不同的理念。唯其如此,我们方能搭建理性、建设性的讨论平台,提升中国社会的民主素养和公共精神，不辜负这个伟大的时代。

（《人民日报》，2014 年 7 月 28 日）

《公共辩论，求真比求胜更重要》是一篇论证强度总体上上乘的佳作。评论第一、二段由方舟子、崔永元从斗嘴到"说法"，直至对簿公堂这一热点新闻延伸开去，提出公共辩论的伦理问题：求真比求胜更重要。两位名人的意气之争是一个极端的例子，社会影响甚大。文章然后生发开去，第三段指出当前这种缺乏理性的公共辩论不是孤例。近些年来，公共辩论"剑走偏锋"的现象并不鲜见：心平气和的讨论，变为唾沫横飞的辱骂；同一话题的分歧，成了互揭隐私的竞赛；网络争吵的激化，导致赤膊上阵的"约架"，至于动辄质疑别人为"五毛""美分"，或者相互送上"卖国贼""爱国贼"的帽子，时有耳闻。类似现象，不仅拉低了公共辩论的价值，许多时候也冲破了法律道德的底线。第四段借助捷克教育家夸美纽斯的名言——"对于事实问题的健全的判断是一切德行的真正基础"——强调事实的重要性。但是，在当下的现实中，态度先行，立场主导，以至于许多时候事实还没搞清楚，就有了倾向性答案。证据是："从马航客机失事，到苹果手机定位，再到海南棉被捐赠。有人总是选择性相信，然后再以观点论证观点。至于真相如何，已经不再重要，重要的是观点的卓然不群，重要的是意见的抱团取暖。"在这种"雄辩"胜于"事实"的偏向之下，真相不再重要。此段最后引用作家刀尔登一段话："道德下降的第一迹象，就是不关心事实，毕竟，辨别真相，是累人的事。"从这一段来看，论据的选择以及其与观点的结合度来说，都是严谨、有力度的。

第五段的论证强度欠充分。这一段本要针对第四段对于"求真"强调的进一步延伸，针对有人认为——相对于观念的先进、捍卫正义底线而言，偶尔对事实的忽略是"无伤大雅"——的观点提出反驳。作者的应对逻辑本应是：事实是第一性的，离开事实，正义和观点的先进性就无从谈起。但文章中作者的理据是："毫无疑问，宽容是有底线的，但这个底线，只能是法律道德，而不是一己的好恶。"这一论证，显然说服力不足。后面有三个"如果"排比句的假设，最终逻辑地推出："这种辩论和交锋，除了固化成见、撕裂共识，恐怕不会有别的意义，更难以收获新的东西。"这种以假设方式进行"归谬"，从反面推出不尊重事实的后果。

第六段进一步延伸,公共辩论为什么求真重要?不在于胜方与败方的输赢问题,而在论辩过程即是求真的过程,求真过程本身远胜于输赢结果。而且辩证地看,即便是败方,也不是一错到底,强调即便错误的意见,也有部分合理性。这一段在逻辑上更加缜密,比论辩双方纠结于输赢更重要的是论辩的伦理问题。这是本文的新意和洞见所在。评论最后一点,意在从更高的站位以及更宏大的视野,把公共辩论上升至文明大国崛起、民主精神和公共精神的高度,用意可感,但与前文之间跨度太大,逻辑上弥合度不够。

第五章

新闻评论的选题和视角

第一节　评　论　选　题

　　新闻评论写作，问题意识不可少。没有问题意识，即便有问题的新闻和信息出现在你的面前，你也看不出来问题。新闻评论缺乏对问题的敏感，评论就可能成为一具空壳。新闻评论的选题来自公共生活。缺乏公共性，缺少公共关切，选题可能就沦为个人化的盆景、茶杯里的风波。

　　新闻评论作者须有一双慧眼，明察秋毫，见微知著，穿越表象，于无疑处存疑，冷眼旁观世事喧嚣，在冰冷人情中保持热心。时评人曹林认为，评论员是替公众发掘问题的人，善于从日常话题和新闻热点中发掘问题。很多问题都隐藏于日常话语中，一般人觉察不到，有问题意识和选题敏感的评论员，善于从日常话语中发掘出问题，让人眼前一亮。比如，明星黄海波嫖娼被抓，很多网友猜测"他肯定得罪谁了"，想象各种阴谋论。其实仔细琢磨这句话，很有评论的价值。"他肯定得罪谁了"是我们常说的一句话，某人被抓了，腐败案发了，人们常常习惯性说一句"他肯定得罪谁了"，说明我们是习惯用斗争思维来看待，而不习惯用法治，不会先问"他违反了什么法"。

　　评论员找选题，不能随波逐流，被习惯推着走，而应跳出惯性思维，跳出流俗眼光，在习焉不察的现象中发现与众不同的问题来。曹林认为，评论也很容易陷入这种同质化的陷阱，人的思维有惰性，总想找一个不用动脑子的套路去套用。作者有惰性，读者也有惰性，当他看到一个熟悉的角度，一看标题就知道你想说什么时，根本不会点开看。让他眼前一亮、让他觉得不一样、能启发他的思考的视角，才会激起他的阅读欲望。

评论员也要警惕让自己"很舒服"的角度，舒服意味着熟悉和固定，从而遮蔽"看到另一种可能"的差异思维。进入那个让自己"不舒服"的阅读，才能学到新东西，看到新角度。想要无可取代，就必须与众不同——敢于不同，敢于在一片喧嚣中打捞沉默的声音。

请看以下一组评论选题，他们来自《人民日报》评论部评论公众号"睡前聊一会儿"，这个"走心"的新媒体评论形态，抓住"睡前"这段注意力空窗期，每天给人们睡前提供轻量级的思想产品。话题感很强，这些话题不同于纸媒《人民日报》上的"高大上"，但绝对不是私人话题，这些选题，既熟悉，也陌生。表5-1中是这个公众号的部分主题。

表5-1 《人民日报》评论部公众号"睡前聊一会儿"的部分主题

题　　目	题　　材
《咳咳，老人变坏了吗？》	老人
《囤的不是保健品，是寂寞时的陪伴》	保健品
《儿时厂房，回首已是遗产》	工业遗产
《反思保姆纵火案，家政行业必须规范》	家政业
《哥养的不是猫，是寂寞》	猫奴
《电视真人秀，秀比真重要？》	电视真人秀
《北大清华，在何种意义上是全国人民的？》	名校共享
《"小朋友画廊"，感受最纯真的美》	自闭症
《"隐孕入职"：她们为什么不想说？》	隐孕入职
《信息公开？别把我的身份证号放在危险地方》	身份证
《"同天生日"网络募捐：慈善不能只有新意，而无心意》	网络慈善
《"冰花男孩"，用更多关爱让他暖起来》	冰花男孩
《"精日"出没，价值底线不容触碰》	精日出没
《男性为什么要过妇女节？》	妇女节

续表

题　目	题　材
《除了道歉和删除,快手们还应做点什么?》	快手
《没有谁可以轻言抛弃》	被抛弃体
《鸿茅药酒:神药还是神广告》	神广告
《让军人成为全社会尊崇的职业,从允许穿军装外出开始》	军装
《大爷"被滞销",编故事的营销不会有回头客》	套路营销
《致敬生死迫降,也要让隐患无处藏身》	生死迫降

《人民日报》新媒体公众号的选题有很多来自身边的日常,《人民日报》评论员的高明之处,在于对这些话题进行深加工。以上主题多属于与人们生活息息相关的轻量级公共话题,因与生活贴得很近,有代入感,所以很走心。这些话题多是我们公共生活中的共情话题。比如,《除了鲜花和掌声,该拿什么向老师致敬》一文提出,在今天,向教师致敬,只有鲜花和掌声显然远远不够。致敬教师,就要在家长的高期望、社会的高关注、学校的高要求之间找到平衡,就要在一线老师遭到误解和责难时是非分明、仗义执言,就要将尊师重教的口号落到生活保障、社会声望等实处,以此纾解他们的困惑、烦恼甚至迷茫,让广大老师安心从教、热心从教、舒心从教、静心从教。如此关注教师节,就不同于一般化的泛泛而谈,站在远处表达廉价的表彰和礼赞,而是深入教师生活和心里,将心比心,贴心贴肺地为教师分忧解难。从这个角度看,选题只是选料环节,能不能雕琢出好作品,写出富有新意的评论文章,关键看雕琢的技艺和匠心。

在互联网语境下,舆论"流动性"严重过剩,资讯泛滥,热点生生不息。在这个语境下,新闻评论找个选题并不难。网上到处冒泡的话题俯拾皆是,随意拿过来成为评论的话题,没什么价值。网上很多讨论区,话题多,多数话题是口水式的,没什么营养。这些话题形成不了公共话题,社会关切度也不会太高。找话题不难,关键在于找出有质量保证的选题。话题来自社会,但需要提炼和加工。高质量的话题是从一些普通的话题中提炼出来的,选题来源于生活,又高于生活。评论员不能人云亦云,把自己的观念水位停留在社会平均值的层次上,应从日常中看出不寻常,从平淡中见奇绝。

以下这篇评论出自一位复旦大学新闻学院新闻专业本科生手笔。山东菏泽开发区丹阳路小学向小学生发放的红领巾上,印有"菏泽万达广场"广告。此事被媒体曝光后,在网上引起舆论围观,很多人评论多流于口水层面的批评和道德公愤,这种人人都能说上几句的"吃瓜"选题,写出一定的深度是有难度的,这里面的是非对错究竟如何辨析,下文作了很好的追问和分析。

红领巾上印广告,校长被处分,"万达"没事?

陈禹潜

据"@法制日报"9月28日消息,山东菏泽开发区丹阳路小学向小学生发放的红领巾上,印有"菏泽万达广场"广告。此事引起舆论哗然。

当地教育局回应称,25号下午,该校向三年级发放了一百余条红领巾,因未拆封,没有发现印有商业广告。有老师发现问题后,在家长群中发布了不要佩戴的提示,26号上午全部收回。

今天上午,菏泽通报丹阳路小学红领巾印广告事件:校长被党内严重警告。同时要求各学校深刻吸取教训,严禁商业广告进校园。

在红领巾上打广告,只怕小学生都知道是不可以的事。每一名小学生在加入少先队,系上红领巾的那一刻,肯定都听到过这样的教导:红领巾代表红旗的一角,是用烈士鲜血染成的。这一刻,爱国主义的种子已深埋小学生心中,他们内心迸发的是自豪与尊敬之感。神圣庄严的红领巾,怎能被商业广告侵占?

将商业营销的主意打到了红领巾上,暴露出一些商家在利益为先、功利至上的考量下,失去了底线。在他们看来,似乎只要能带来利益,其他都是不需要考虑的,广告要打得越标新立异、抓人眼球越好。殊不知,这样功利浮躁的商业主义,不仅会侵染校园文化,对价值观还在形成期的孩子们造成干扰,也伤害了国人感情,挑衅了公共利益。

这已经不是红领巾第一次被用作商业领域了。今年8月,某企业邀请日本演员出席商业活动时,为其佩戴红领巾,引发轩然大波,舆论一边倒地指责、批评。全国少工委提出严正谴责,并称将联合有关部门,根据《英烈法》依法追究当事企业的法律责任。随后,企业"光速"发布道歉声明,称"我们深刻意识到了错误,郑重向全国人民致歉"。

要问一句,这才过了一个多月,为何又有企业重蹈覆辙? 难道是此次的商家完全没看到上次事件引发的负面影响? 还是,商家正是看到了其"轰动性"的影响,而事后受到的处分又不重,这才效仿为之?

商业广告的边界需要法律和制度来框定。我国《广告法》第三十九条规定,"不得在中小学校、幼儿园内开展广告活动,不得利用中小学生和幼儿的教材、教辅材料、练习册、文具、教具、校服、校车等发布或者变相发布广告"。红领巾属于中小学生用品,且多是在校园内佩戴,在红领巾印广告,涉嫌违法。

同时,早在 2005 年 11 月 28 日,全国少工委就印发了《中国少年先锋队队旗、队徽和红领巾、队干部标志制作和使用的若干规定》,其中明确规定,红领巾不得用于商标、商业广告以及商业活动。29 日上午,全国少工委办公室回应称已注意到此次舆情,目前正在处理。

学校把关不严,相关责任人受到处分,是理所应当。那商家和广告制作者呢? 尽管目前,还没有来自万达方面的回应,但可以预见的是,他们也将受到进一步处理。根据《广告法》的规定,由工商行政管理部门责令停止发布广告、在相应范围内消除影响、进行相应罚款,并可以吊销营业执照,由广告审查机关撤销广告审查批准文件、一年内不受理其广告审查申请。

9 月 30 日,是我国第五个烈士纪念日。每一个人都有来处,每一个民族都有历史。对烈士的尊敬,就是对我们这个国家精神脊梁的敬仰。对烈士的精神传承不会结束,也不该被混入杂质。红领巾应该永远是纯粹的鲜红。①

(澎湃新闻网,2018 年 9 月 29 日)

第二节　新闻评论的视角

有了选题,就像选矿,找到了一块矿料,但究竟从这块原料中凿出什么

---

① 参见澎湃新闻网,https://www.thepaper.cn/newsDetail_forward_2487399。

东西？就需要进入深加工环节。加工的第一步就是要选好角度。"横看成岭侧成峰,远近高低各不同"。站在不同的角度,看到的风景就会不一样。评论亦如此。

例如,2017年8月31日,陕西榆林市第一医院绥德院区,一名待产孕妇从楼上坠落身亡。此事发生后,在网上激起轩然大波。这是一起非同寻常的医患纠纷。围绕事故责任,医患双方各执一词:医院声明称向家属提出剖腹产但被拒绝,而产妇家属却表示,是医生不给剖腹产。随着媒体的介入,不断有新的消息爆出,拼贴出的新闻面影模糊,真相成为"罗生门"。以下是该事件的媒体呈现,围绕事实真相,出现好几次新闻反转。

9月1日,《华商报》旗下新闻客户端"华商二三里"率先进行了简讯式报道。榆林本地媒体纷纷转载,对医院的负面评论迅速增加。

9月3日,榆林一院发文指出,产妇坠楼原因为:家人坚持顺产,产妇疼痛难忍,情绪失控跳楼自杀。

9月5日5:07,华商网发表《绥德待产孕妇坠楼死亡,院方称曾三次建议剖腹产均被家属拒绝》一文,采用榆林一院单方信源,产妇家属被推上舆论风口。新闻出现反转。

9月5日11:54,《北京青年报》发文《医院称孕妇想剖腹产被家属多次拒绝后跳楼　家属:曾两次主动提出》,呈现医院和家属两方观点。新闻出现反转。

9月6日凌晨1:03,榆林一院再次发文并公布视频截图,称产妇两次下跪求家属同意剖腹但被拒绝。部分媒体直接使用该截图,产妇家属再次陷入遭到反转舆论的口诛笔伐。新闻再次反转。

9月6日15:18,《新京报》"我们视频"公布监控完整视频,视频中产妇两次下蹲进而跪地,疑似因疼痛所致。公众质疑医院撒谎,新闻又一次反转。

究竟孰是孰非,真相在哪一边？在不知道事实真伪的情况下,贸然选边站队风险甚大,新闻评论的前提条件是对于事实性新闻的评论,若新闻事实不确定,在其基础上的评论就没有意义,甚至有害。面对处在舆论沸点上的新闻事件,评论者又会产生近乎本能的职业反应:赶快出手。但真相还未完全打开,事实尚未澄清,草率出手,误导舆论,后患更大。这个时候,需要定力和耐心,静观其变。若要出手,追问真相应是不错的视角和站位。以下这篇评论的视角就很独到。截至这篇评论的写作时间,整个事件经过几次反转之后,真相基本露底了,但谁也不敢担保,真相是不是完全打开了。在这个时点,若站在争论双方的任何一方立论,都有被新一次反转"打脸"的风险。资深评论员李泓冰跳出医患对立视角,从另一个更加重要但又被舆论严重忽视的一方即产妇的角度展开评论,将此定位成"捍卫中国孕产妇权益及尊严的领域起到某种里程碑意义的公共事件",这一视角令人耳目一新,让人豁然开朗。

产妇坠亡,最大的真相是一直被漠视的创痛

李泓冰

陕西榆林坠亡产妇惨剧,尽管当事双方还在为"真相"各执一词,但毫无疑问,这将成为在捍卫中国孕产妇权益及尊严的领域起到某种里程碑意义的公共事件。

不管有多少纷争,双方都认可的是,这位被产前剧痛折磨了至少8小时的产妇,数次请求剖腹产,且医生也认为具备剖腹产指征,却因为种种原因无法实现,终至痛不欲生,一跳了之,也带走了尚在腹中的儿子。

本该是迎接新生的一天,却成为一对母子的祭日。痛何如之!

值得观察的,是这一事件的舆情指向。

焦点之一,集中于生产的剧痛,以及中国无痛分娩的缺失。

恕我不忍再以"马某"称呼这个可怜的准妈妈。在她的亲生母亲眼里,女儿"有文化,有文凭,性格开朗,不是糊涂娃",一直在做家教,"从来没见过她生气"。那么,姑且称她为小马老师吧——很多女性因为小马老师之死,纷纷回顾起自己不堪回首的生产经历,"无法忍受的剧痛","只想一死了之"……舞蹈家邓肯早就描述过,"无论人们如何描述西班牙的宗教裁判所,任何生过孩子的女人都不会对它感到恐惧……这个看不见的残忍的神灵毫不休歇,毫不停止,毫无怜悯地把我抓在它的爪子中,撕裂我的骨头和神经"。呜呼!

在并不遥远的从前,中国人的看法是,生孩子是一道"鬼门关";西方人也从小就从《圣经》中读到,"你生产儿女必多受苦楚"。我们时常从影视剧中看到生孩子的撕心裂肺、哭天抢地,哪怕是皇家,能保母子平安都是一件奢侈的幸福。现在医学进步了,但独生子女政策以及人们对优生优育的渴望,生孩子仍然是每个家庭的重大事件,只是母子平安已是常态。建国60年来,孕产妇死亡率已从解放前的1 500/10万,下降到2013年的23.2/10万,让人额手称庆。

然而,平安,不意味着没有痛苦,哭天抢地仍是中国生孩子的常态。在中国经济体量已经跃升世界第二之际,中国孕产妇却没得到相应的待遇。当无痛分娩在发达国家已经普及,英国等国在近70年前就立法强制推行,我们因了小马老师之死才得知,尽管技术上没有问题,我国也应用一二十年了,但无痛分娩率仍不到一成。难以推广的原因是收费低医院没有积极性,且麻醉师也相对缺失……

天下多少难办的事,咱都做得到。这点困难,真的难以解决?说到底是骨子里对妇女权益以及尊严的漠视。在不少农村地区,女生仍然被看成是生育工具,有谁会去真正关注“工具”的痛苦呢?即便是在城市,甚至在主流人群中,“是个女的就会生孩子,就你娇气?忍一忍就过去了”,类似的论调未必宣之于口,却也是相当普遍的看法。抱持这种论点的人们,会为无痛分娩之类的“小事”去劳神费力吗?

这次事件后,网上不少女性纷纷要求男性亲身体验生产痛楚——这样的呼吁本身,就隐含着女性的不自信:事关孕产政策领域的话语权、决策权,“她们”似乎无权深度介入,需要求助男性的体验、体谅并出手相助。在几乎一半国民利益攸关的领域,女性视角却极度缺失,亿万妇女只能靠坚强的意志,其中有的还因为体质或其他原因,不得不忍受被知名产科专家段涛称为“无法忍受的”“最高级别的疼痛”,去迎接新生命的诞生。事实上,中国居高不下的剖宫产率,很多是“怕痛”的结果而已。

这一切,真的正常吗?

西蒙娜·波伏娃在她的《第二性》一书中曾经如此谈论女生分娩,“她们是坚忍的、忍让的、苛求的、威严的、反抗的、迟钝的、紧张的”,而男性则对此不以为然,甚至成为许多玩笑的话柄,在她的观察中,“分娩的痛苦对于母性本能的显现是必要的……事实是,有些男性对女性的负担减轻感到愤怒”。

涉及性别的争议,往往非常敏感,一句漫不经心的“女权主义”的判定,就会让各种眼巴巴的努力灰飞烟灭。小马老师经历了从忍让、紧张到“反抗"的8个小时,她用生命在告知我们的社会,不要再继续漠视孕产妇的痛苦,请从法律、从政策上尊重她们。

哀哀父母,生我劬劳。再牛的人,也要经过那个幽深的产道,才哭得嘹亮。请携起手来,共同正视并保护产妇的正当权益,让她们有权决定自己的医疗方案、有权选择享受无痛分娩……①

(人民网,2017年9月8日)

新闻评论的视角问题,不仅意味着看问题的角度和站位,还意味着思维的方式和质量,寻找评论"好望角",需要打破思维定式,需要换一种角度和方式去思考问题,忌讳从众思维,能跳出众人的思维交集,超越问题的共相,看到问题的殊相。

比如,下面曹林这篇评论,就跳出了人们惯常的观察和思考的角度,逆向出行,别有洞天。

别以惯性抱怨淹没春运路上的感恩

曹 林

最近,一张呼吁少放鞭炮的图片在网络疯传:一对环卫工人夫妇站在街头,手举一张心形卡片,上面写着:"年轻人,少放点鞭炮! 让我老伴早回家过年! 谢谢体谅!"这张图片,击中了很多人的痛点和泪点,激起了很多人的职业共鸣。很快有人借此造句——"春节少看新闻吧,让记者好好过年""春节少发快递吧,让快递哥好好过个年"。

这些"戏仿"中虽有调侃成分,却让公众看到了很多职业的艰辛。大多数人都能在辛苦一年后好好过个年休个假,一些职业一些人却无法享受过年的快乐。这些令人尊敬的职业面孔中,尤其要说的是春运服务者——也许其他职业都可以套用这个"少放鞭炮体",呼吁大家少看点新闻,少跑点邮局,少发点快递,少去点银行,寄望早点回家过年,但春运服务者没法儿套用"少放鞭炮体",没法说"大家少回点儿家,让我们可以早点回家过年"。春运服务者的存在和辛劳,就是为了让别人更早地、更好地回家。

正因如此,我们不得不对春运服务者们说一声谢谢。此时此刻,我们都在计划着自己的春节回家行程,买着年货,憧憬着年夜饭,安排着春节假期。

---

① 参见人民网,https://opinion.people.com.cn/n//2017/0907/c/003_29521772.html。

可春节服务者们不行,这是他们最忙碌的时候,他们的计划中只有别人的春节,而没有自己的春节。

很多人都说春运拥挤,说回家之路充满艰辛,经历过春运之旅的人都会对密集的人群充满恐惧。不过,作为即将回家过年的人,想着快要回家团聚了,想着也就几个小时的路程,忍忍也就过去了。可是,春运服务者不行,他们连续一个多月,每天得在火车站嘈杂的环境和拥挤的火车上面对无数的人,承受着面对密集人群的巨大压力。让密集人群中的每一个人安全安心地回家,是他们的工作。

我们欠春运服务者一声谢谢。每当春运来临,我们习惯了吐槽,习惯了向卖票者宣泄买不到票的不满,习惯了把一票难求的愤懑指向无力解决这个无解难题的人,习惯了把春运变成"春怨",而忘记了对春运服务者应有的感谢感恩。春运中可能遇到一点儿小麻烦、小问题、小不满,就会习惯性地埋怨这服务不好、那服务太糟,但我们可曾想过:那个被你埋怨的人已经连续在岗位上工作了好几天甚至十几天、连续好几年没有在家过过年;在你吃着年夜饭看着春晚的时候,他(她)却在火车上吃着泡面。

前几天,有一张新闻图片感动了很多网友——北京西客站,担负春运执勤任务的武警北京总队官兵坐在椅子上作短暂午休。由于没有支撑,一些武警低头入睡,或是靠在椅背上,甚至将头趴在前排椅子上休息。当日,有17万人次从北京西站离京返乡。正因如此,我们应该对那些保障旅客安全的武警和铁警们说声谢谢。

此外,我们要对一线的售票员们说声谢谢。一票难求,与买票者直接接触的售票员承受着巨大的压力,春运期间每名售票员每日售票均在1 300张以上,业务最为熟练的可以达到1 700张以上。每人每天得说上万句话,特别是碰到耳力差的老人或者旅行经验不丰富的旅客,更得多说几句。由于用嗓过度,咽喉炎、咽喉息肉是售票员的职业病。

我们要向车站问讯处的工作人员说声谢谢。这可以说是火车站最忙碌的部门之一,每天有无数旅客到这里来咨询,工作人员一天大约要回答几千个问题,而且还经常能遇到一些稀奇古怪的提问。在服务台一站就是一天,忙起来就连喝水和上厕所的时间都没有。

当然,我们也要向12306客服中心的接线员说声谢谢,每天她们要面临无数千奇百样的问题,电话那头,既有买不到票的焦躁,更有劈头盖脸的臭骂;向火车上的售卖员说声谢谢,我们也许只会调侃"啤酒饮料矿泉水,花生瓜子八宝粥",背后却是来来回回穿越拥挤人群的艰辛;还有那些默默在背后保障着春运安全却永远看不到他们面孔的人,巡道工、铁路探伤工、站务人员、志愿者等。

习惯性的"春运抱怨"淹没了感恩的情怀,"一票难求"常常抹杀了春运服务者所有的贡献。确实,我们好不容易买到了票,春运之旅也很拥挤,但我们无法心安理得地认为春运服务者做这一切就是应该的、理所当然的。对他们的辛劳、汗水、耐心和承受的压力,我们有必要说一声谢谢。

(《新华每日电讯》,2015 年 2 月 11 日)

每当春运来临,人们习惯了吐槽,习惯了向卖票者宣泄买不到票的不满,习惯了把春运变成"春怨",而忘记了对春运服务者应有的感谢感恩。曹林当时选的角度是:我们欠春运服务者一声谢谢! 据作者介绍,选择赞美春运服务者群体,容易落入俗套,谈春运服务者多么辛苦,多么不容易,这个角度让人直接看到宣传和赞美的意图,容易让读者抵触。这就没有把握受众的痛点,没有抓到痒处,也就无法提起共情感。文章没有直接上来就赞美春运服务者(直接赞美,没有找到一个潜移默化的角度,生硬粗暴会赶读者),而是借助一个当时刷屏的热点事件,开头是这样写的——对环卫夫妇手举心形卡片表达回家心愿。引用这个热点,是为了铺垫。这个刷屏的热点让人看到了"环卫夫妇"的艰辛,需要公众的体谅——这个角度很容易激起人的职业共鸣,然后才引出春运服务者这样群体的特殊性:春运服务者的存在和辛劳,就是为了让别人更多地、更早地、更好地回家。

人们总是喜欢待在自己思维的"舒服区",目力所及的是人人皆能看到的风景,思维所及的是人人习惯性想到的观点。评论员不能局限在众人的认知半径里。该评论之所以让人耳目一新,在于不落俗套,换一个角度看问题。

评论角度不仅反映评论者观察问题的角度和思维站位,同时也反映不同媒体看问题的视角。如曹林以雷锋为题所写的三篇系列评论《读懂了雷锋的快乐,才读懂了雷锋》《让雷锋从每个人心中走向行动》《偶像雷锋的成功可以复制》,就带有鲜明的中青报风格。

再如,笔者以同样的选题分别给《人民日报》和《南方都市报》写评论。两篇评论的角度存在差异,前者从国家的视角立论,后者从社会的视角立论。

在《青春梦想应该越飞越高》这篇评论中,笔者是从国家和政府视角看待青春话题的,评论既看到年轻人生活的烦恼和无奈,感同身受他们的现实压力,提醒青年人要从个人的小天地中挣脱出来,把个人理想与家国情怀结合起来,让个人梦想与中国梦对接起来,把人生理想融入国家和民族的事业中,才能最终成就一番大事业。同时也提出,面对成长中的烦恼,国家、社会有责任关爱青年,设身处地帮助他们解决困难,为青年成才创造宽松、公正的成长环境。虽然评论讲到了两个方面:青年人应把个人置身于国家事业中;国家也应关心、关爱青年。两者相较,重点落在前者。

在《释放改革红利 给青年更大上行空间》评论中,落点放在:国家和社会应关心青年的烦恼,这些烦恼是现实的、个人化的,但也是国家的。青春的早熟、早衰,究其原因,有青年人自身的原因,但主要是社会性原因引致,不断升级的中国社会结构性问题,致使青年人发展空间窄化。社会问题仅靠年轻人自己去解决难度很大,因而需要国家从制度设计入手,为青年人的成长解困。

青春梦想应该越飞越高

张涛甫

"我为少男少女们歌唱/我歌唱早晨/我歌唱希望/我歌唱那些属于未来的事物/我歌唱正在生长的力量。"著名诗人何其芳70多年前写下的诗句,今天读来,仍能让人心中充盈对青春的祝愿。

青春,常常被赋予希望、阳光、激情、奋进、浪漫、诗意等内涵,正因此,她成为无数诗人、文学家反复吟诵的旋律。青春是人生旅程中最美丽的风景,也是多梦的季节。做梦是青春最大的权利,哪怕这梦有时不知"天高地厚",有时幼稚可笑,但因是青春之梦,谁也不会太计较。只有让青春的枝头挂满梦想的花朵,才有人生金秋的收成。

然而近些年来,青春话题似乎变得有点沉重。近日,电影《致我们终将逝去的青春》热映。这部反映"70后"青年生活的电影,之所以引起观众尤其是中青年群体的追捧,正在于影片触动了时下年轻人心中最柔软的地方:

青春虽然美好,但它已不再属于我们的青年一代。一些青年人的脸上常写满焦虑、无奈、浮躁、失意。在不少人心中,梦想已然凋零,激情不再燃烧,诗意难觅踪迹。风华正茂的年纪,内心却已落英缤纷。

按说,今天的青年人,生活远没有父辈们那么奔波、拮据、窘迫。这一代人的成长,正好伴随着中国发展最快、最好的年月,算是幸运的一代。他们有理由也有能力比上一辈人生活得更从容、更有激情,让人生驰骋于更广阔的天地。但现实情况却并非如此,许多青年感觉生活得疲惫、憋屈,缺少阳光、色彩。

究其原因,当下的青年人承受了与他们的年纪不相称的现实压力。他们的青春记忆里挤满了现实的纠结:升学、就业、成家、工作升迁、买车、买房……凡此种种,层层加码,把年轻人结结实实地困在生活的重轭里。在这种情境下,他们难有激情去放飞青春梦想,也鲜有闲情逸致去仰望天空。面对激烈的竞争压力,青年人比的不是谁有理想、谁有激情,而是比谁更"实际",更"唯物"、更"老成"。结果,"现实主义"打败了"理想主义","精致的利己主义"蚕食了青年登高望远的能力。不少青年纠结在狭小的利益算盘中,无视共同体的责任和青年人的使命,让人生的理想越飞越低,低到只在自己的城堡里贴地而行。长此以往,不仅青年的路会越走越窄,而且对社会和国家发展不利,反过来又会影响青年的未来。

俗话说:"大河有水小河满,大河无水小河干。"五四青年节前夕,习近平总书记在给北京大学考古文博学院 2009 级本科团支部全体同学的回信中说:"'得其大者可以兼其小。'只有把人生理想融入国家和民族的事业中,才能最终成就一番事业。"青年人只有把目光从个人的小天地中挣脱出来,将个人理想与家国情怀结合起来,让个人梦想与中国梦对接起来,才有真正出彩的人生。因为,"只有进行了激情奋斗的青春,只有进行了顽强拼搏的青春,只有为人民作出了奉献的青春,才会留下充实、温暖、持久、无悔的青春回忆"。

青年兴则国家兴,青年强则国家强。面对成长中的烦恼,国家、社会有责任关爱青年,设身处地地帮助他们解决困难,为青年成才创造宽松、公正的成长环境。只有不断拓展青年人的上行空间,让他们"共同享有人生出彩的机会,共同享有梦想成真的机会",青年才会在成长与进步中承载起中国梦。

（《人民日报》，2013 年 5 月 8 日）

释放改革红利 给青年更大上行空间

张涛甫

《致我们终将逝去的青春》正在热映，这部以"青春"命名的反映 70 后一代青年生活的电影，之所以引起观众尤其是青年观众的追捧，在于这部散发着伤感气息的影片触动了人们心中的隐痛：青春虽然美好，但它不再属于"我们"，甚至不再属于我们这个社会中的青年一代。人生本来四季分明，但生活在今天的青年人，却没有春天的感觉。青春正远离他们，他们变得世故、老成。青年一代的"早熟"和"早衰"，加速了社会的老化，让人不禁担心，中国社会正在从两头"老"去：青年人的早衰加人口的老龄化。

青春是人生多梦的季节，应有更多的浪漫诗情，应是雄姿英发的美好光景。正因乎此，青春才被赋予甚多的文学想象，为很多文人墨客反复吟唱。何其芳曾在《我为少男少女们歌唱》一诗中咏叹道："我为少男少女们歌唱/我歌唱早晨/我歌唱希望/我歌唱那些属于未来的事物/我歌唱正在生长的力量。"青春面朝未来，孕育希望，播种理想，充满激情。它是人生的欢乐颂，是社会的理想国。有了青春，人生才是无悔的，社会才是精彩的。

但现实社会中的当下青年与电影《致青春》描述的那一代青年不同，他们的激情正在褪去，失去了做梦的冲动，生活得灰头土脸，一地鸡毛。无论是行将告别青春的 70 后，处在青春黄金档的 80 后，还是刚刚踏入青年门槛的 90 后，这几茬青年几乎都有一个共同感受，他们身在青春期，但生活得并不青春。从网上的大量吐槽，就不难感受到青年人灰色的青春心态。近年，有一个新词"屌丝"在网上流行，"屌丝"集中反映了中国青年人的社会心态。中国青年"屌丝"化，已经成为一个严峻的现实窘境。

按理说，这几茬青年人大多是独生子女，属于被抱着长大的一代。他们的生活远没有前辈那么奔波、拮据、窘迫，至少他们在物质上是比较宽裕的，他们应该有理由比前一代人生活得更从容，更富有激情，有更加广阔的幻想空间，甚至可以年少轻狂，放浪不羁，叛逆张扬，血脉偾张。但是，现实的情况并不是这样，青年人生活得十分疲惫、憋屈、灰色。所谓的理想、浪漫、诗意、激情，正在远离青年而去。他们的表情写满了：世故、浮躁、焦虑、早衰……我们不禁纳闷：这一代青年人怎么了？是他们的青春过于脆弱，扛不住人生的风风雨雨？还是我们的社会过于粗粝、残酷？

　　青春的早熟、早衰，究其原因，有青年人自身的原因，但主要是社会性原因引致。这一代青年人从小就被抛进人生的竞技场。在人生的起跑线上，他们被作为竞赛的选手定位。后来的每一步，他们都处在竞技状态。致使他们在该有童年的时候失去了童年，在该有青春的时候过早地告别了青春。即是说，青年人的早熟、早衰，不是从青年开始的，而是在他们的童年就开始了。只不过，这种过早的人生透支一直累积到青年时期，适逢此时，他们又与中国社会的结构性问题狭路相逢了，进而成为一个刺目的社会问题。

　　不断升级的中国社会结构性问题，与现在的青年撞了个满怀，把青年们堵在路口。改革深水区出现的问题一路淤积下来，固化、板结，形成棘手的结构性问题，使得众多青年人发展空间窄化。发展机会少了，竞争压力大了。青年人不得不收敛自己的浪漫理想，将人生的战线收窄，把目光牢牢盯在眼皮底下的目标上，贴身盯防，捉对厮杀，在社会的狭小空间里寻求战机。因此说，青春的早退、早衰很大程度上是与恶化的成长环境相关的。

　　青年关乎国家和民族的未来。国家主席习近平5月2日给北京大学考古文博学院2009级本科团支部全体同学回信中说："中国梦是国家的梦、民族的梦，也是包括广大青年在内的每个中国人的梦。"眼下的当务之急是，释放改革红利，破解被固化的结构性社会问题，在制度上拓展青年人的上行空间，为青年成长创造一个宽松、公正的成长环境，让青年人"共同享有人生出彩的机会，共同享有梦想成真的机会，共同享有同祖国和时代一起成长与进步的机会"。

（《南方都市报》，2013年5月6日）

第六章

社 论 写 作

第一节　社论：评论中的评论

在纸媒时代，社论是报纸的心脏，评论中的评论。米歇尔·加特奈尔，这位美国《每日论坛报》普利策奖编辑、《今日美国》专栏作家以及 NBC 新闻前总裁曾指出：社论版是报纸的心脏和灵魂。这里是有热情和勇气的地方，是有幽默和善良的地方，是有智慧和关怀的地方。这里是纯洁的理想、兴味十足的思想、优美辞藻的居所，这里是热情讨论和冷静分析之处。这里是真理的家园；这里是愉悦的场所①。即便在今天融合媒介时代，新闻资讯和观点可以无节制泛滥，社论的重要性却不容置疑，甚至更加重要。社论是言论中的"盐"，具有极高的附加值，对写作者的要求特别高。

社论写得好不好，首先在于其主题的冲击力。社论是观点中的观点。这观点应具有强烈的现实关怀。社论所及的论题一定是公共生活中重要的现实话题。比如，美英法袭击叙利亚、中美贸易摩擦、朝核问题等，这些都是公共生活中极具话题性的重要论题。如果社论所及的话题回避公共热点，无视人们共同关注的热点事件，缺乏公众参与度，就难以形成舆论强刺激。《环球时报》社评之所以能引起中外舆论界的较大关注，关键在于其能及时发声、善于发声。比如，关于朝核危机，《环球时报》作出如下反应。

---

①　［美］康拉德·芬克：《冲击力：新闻评论写作教程》，柳珊等译，新华出版社 2002 年版，第72 页。

朝核,世界从未见过的危机

世界从未经历过朝核问题这样的危机:朝鲜不仅与美国尖锐对立,而且蔑视联合国安理会的权威。特朗普总统在上任之前大概对自己能够轻易处理这个问题充满信心,但他现在或许是被朝核问题搞得最疲惫的一位美国总统。平壤对他软硬不吃,他的威胁被嗤之以鼻,他对平壤曾有的克制表现的表扬后者同样无动于衷。

最重要的是,平壤没有后台,中俄两国均参与了对它严厉制裁。另外平壤现有的核力量以及远程打击能力都尚不成熟,按说一时还成不了华盛顿的对手。但是现在华盛顿真的拿平壤没招,而且世界也对解决朝核问题一筹莫展。

朝鲜与美国的实力相差如此悬殊,"世界"与朝鲜的实力差距就更大了。但目前朝鲜却似乎做到了"单挑"美国乃至"全世界",实现了某种"平衡"。

设想一下,如果美国加安理会共同这样施压其他任何一个朝鲜这样规模的国家,大概都能够很容易把它压服。但是朝鲜成了例外。

根本原因在于,对朝鲜施加的压力并非都指向要求它弃核,半岛无核化是一个口号,围绕它派生出来很多其他目标,那些目标使得国际努力出现混乱,从而为朝鲜将核导活动坚持下去提供了空间。

真正只想让朝鲜弃核的,大概首推中国。自朝核危机爆发以来,两次达成解决问题的协议,但克林顿政府和小布什政府对执行协议显得有些三心二意,先后两次毁掉了与朝鲜达成的协议,双方互指对方欺骗了自己。之后朝美彼此再不信任对方,国际谈判机制崩塌。

美韩一直讨厌朝鲜政权,韩国还有在首尔主导下统一半岛的目标,希望通过施压导致朝鲜内乱和现政权垮台是对美韩挥之不去的诱惑。美韩"想得过多",会在不同的时间点上以各种方式显现出来。

平壤也会随着核导技术进步"越想越多"。一开始平壤发展核导技术仅仅是为了狭义上的安全,也就是阻止美韩对其实施颠覆行动。所以在六方会谈早期朝方对华盛顿提供明确的安全保障非常坚持。但是时至今日,美国如果只保证不进攻朝鲜,恐怕已经不能满足平壤的要求了。平壤会要求与"核国家"相称的国际权利和发展优势。

平壤大概觉得,"现实"已经改变,它手里已经拥有了核武器和被认为能够威胁美国目标的导弹,它的谈判筹码增加了。

今天要求朝鲜主动放弃核武器和中远程导弹,肯定意味着美国及其盟友要付出比20年前以及十多年前多得多的政治代价。美韩习惯了对朝军事施压的简单老套做法,当时华盛顿就觉得换个思路在政治上"太昂贵了",对朝经济补偿也"很亏"。今天它会觉得更贵。

美韩追求朝核问题对它们来说的"最好结局",是它们成为"胜利者",在政治上"一毛不拔",经济上也尽量少付出。很长时间里它们还试图在解决朝核问题的过程中"搂草打兔子",比如加强美日韩三方军事合作,扩大美国全球反导系统,削弱中国的地区影响力,等等。

朝核问题走到今天,原来的东北亚可能已被永久地"搅乱了"。要形成一个新的稳定状态,各方恐怕都要承受一定损失,共同为这十几年的变局埋单。谁都不应再试图做"最大赢家",各方应当以"止损"为基本思路,不求最好,但求"不最坏",妥协必不可少。

战争显然是最坏情况,局势持续紧张则会拖累东北亚,也让华盛顿下不来台。而无论朝鲜很难受,还是美国很难受,整个地区都得陪着难受。这当中任何一方从中渔利的空间都很小。所以各方都应回到半岛无核化最初的起点,已经折腾一路了,心该静下来了。

(《环球时报》,2017年9月18日)

朝核问题是一个重磅的新闻话题,也是一个敏感话题。对这类题材,不是任何一家媒体都敢触碰的,或有能力触碰的。触碰这个敏感话题,不仅要艺高,还要胆大。《环球时报》正面回应这个热点话题,政治正确,立场鲜明,分析到位,解释有力。

其次,评价社论好不好,要看观点展示的水平和技术。好的观点,须展示说理的魅力和逻辑的力量,彰显技术的精致和表达的精准。

关于社论写作,康拉德·芬克提出了一个 SEA 结构——激发(stimulate)、解释(explain)、提出倡议(advocate)。激发是指社论有没有激发一个当天至关重要的议题的公众对话?有没有激发读者以新的、不同的方式去思考?解释是指读者有没有因为读到你的社论中的新信息而相互谈论?你的社论是否以那些能够为读者的思考提供全新角度的方式对议题作出解释?你的文章是否提供了超越头版新闻报道的信息(附加值)?倡议是指你的社论是否提出了一种立场？你的表达有没有逻辑性和说服力、吸引力？你是否超越了"一方面,但另一方面"的写法,而是劝导读者接受新的见解、新的结论？这个三维框架简洁,有说服力。

第二节 《人民日报》社论

一、最难写的社论

《人民日报》社论是社论中的典范。这不仅表现在《人民日报》社论在中国舆论场中的特殊地位,还表现在《人民日报》社论在社论的写作技术上。"社论治国",虽不无夸张,但对于《人民日报》社论而言,有一定道理。《人民日报》作为党国重器,写作难度甚大。这写作功夫不仅表现在文本功夫之内,更表现在功夫之外。可谓"尺幅千里",别有洞天。以下这篇社论《中华民族的百年盛事》就是范本。

中华民族的百年盛事——热烈庆祝香港回归祖国

一九九七年七月一日零点,全世界都在谛听从东方响起的庄严钟声。它响彻寰宇,向五洲四海郑重宣告:中华人民共和国政府恢复对香港行使主权的时刻到来了！中华民族洗雪百年耻辱、扬眉吐气的时刻到来了！

以中英两国政府完成交接仪式,香港特别行政区宣布成立为标志,圆了中华民族期盼了一个多世纪的香港回归梦,实现了几代人的夙愿。这一天,举世瞩目,永载史册。

香港回归,百年盛事,普天同庆,举国欢腾。在九百六十万平方公里国土上,热血沸腾的中国人民,以千歌万曲、千言万语表达着自己欢乐、自豪、振奋的感情。

在欢庆香港回归的时候,我们决不能忘记,为了这一天,中国人民走过的不平凡的道路:

——为了这一天,无数中华民族的英雄儿女御外侮、争主权,前赴后继,同殖民统治进行不屈不挠的斗争,充分显示了维护民族尊严和国家主权不可动摇的信念,表现出崇高的爱国主义情怀。但是,由于当时的祖国积弱积贫,由于当时的政府腐败无能,斗争是壮烈的,结局是悲哀的。一代又一代仁人志士壮志难酬。

——为了这一天,新中国成立后,我国政府多次庄严申明,香港自古以来是中国领土不可分割的一部分,不承认英帝国主义强加给中国的三个不平等条约;对于这一历史遗留问题,将在条件成熟的时候通过和平谈判解决;未解决之前维持现状。新中国第一代领导人毛泽东、周恩来等,十分关心香港的前途,关怀香港同胞。在新中国建立前后,毛泽东同志先后提出了"暂不收回香港""长期打算、充分利用"和"一九九七年平稳交接"等一系列解决香港问题的战略决策,为保持和促进香港的繁荣稳定,为香港回归祖国奠定了坚实的基础。党的十一届三中全会以后,我国进入改革开放和社会主义现代化建设新的历史时期,社会生产力蓬勃发展,综合国力显著增强,国际地位日益提高。中国作为一个最具发展活力的国家,巍然屹立在世界的东方,为香港的顺利回归创造了决定性条件。

——为了这一天,中国政府以统一祖国的大局为重,以保持香港繁荣稳定的大局为重,按照"一国两制"的构想,为解决香港、澳门、台湾问题,最终实现祖国的完全统一,提供了一条现实可行的途径。实践表明,"一国两制"、"港人治港"、高度自治的基本方针,符合香港的利益,符合全民族的根本利益,得到了广大香港同胞和全国各族人民的拥护,也得到了国际社会的赞同。这是一个高瞻远瞩的伟大创造,是人类文明进步史上的一个创举。

在欢庆香港回归的时候,我们深切怀念敬爱的邓小平同志。他作为一个伟大的革命者、爱国者和中国改革开放的总设计师,毕生以祖国的解放、振兴、统一为己任。他作为第二代中央领导集体的核心,以罕见的政治勇气、恢宏气度、高超智慧,创造性地提出了"一国两制"的伟大构想,为香港顺利回归祖国起到了巨大作用。"一国两制"构想将作为他对中华民族的伟大贡献而功垂青史、光照中华。

在欢庆香港回归的时候,我们更加深刻地体会到,没有中国共产党的领导,没有祖国的日益强盛,没有改革开放的伟大成就,没有新中国三代领导人的不懈努力,特别是没有邓小平建设有中国特色社会主义理论的指引,就不可能有今天的香港回归。这就是一百多年历史写下的庄重结论。

香港回归,是落实"一国两制"方针的第一步。更重要的,是确保香港长期繁荣和稳定。《中华人民共和国香港特别行政区基本法》是根据"一国两制"的构想而制定的一部全国性法律,是今后香港特别行政区一切运作的法制基础,更是香港长期繁荣稳定的根本保证。香港回归祖国以后,《基本法》即开始实施,从中央到地方,广大干部和群众都要认真学习、严格遵守《基本法》。香港特区政府和广大港人也会认真贯彻、执行《基本法》,以主人翁的责任感,肩负起"港人治港"的重任,把香港管理好、建设好。

现在,在党的基本理论和基本路线指引下,在以江泽民同志为核心的党中央的坚强领导下,我们国家政治稳定,经济发展,民族团结,社会进步。世界将看到,中国的明天会更好,具有五千年文明史的中华民族在新世纪的征途上,将向着现代化的宏伟目标昂首阔步前进,中国的完全统一、中华民族的全面振兴,将成为辉煌灿烂的现实。

(《人民日报》,1997 年 7 月 1 日)

这篇 1 700 字的社论,可谓字字千钧。评论要回顾百年回顾历程,要总结丰富历史经验,要表达复杂感情,要传达明确政策信息,每个环节都要拿捏得精准,给足力度,不能有丝毫的差失。评论员没有足够的驾驭能力,难以掌控如此重大的主题。

《人民日报》社论写作之难,难在功夫之外。诚如该文作者所言:"社论难写,难就难在社论并非是一个写作问题。从某种意义上说,它是思考能力和思考水平的反映。对中央精神的准确阐述,来自对党的方针政策的长期研究;对论述问题的准确把握,来自对现实生活的深入思考。扎实的理论功底、敏锐的政治嗅觉、丰富的实践经验和娴熟的驾驭文字能力,这些素质同时具备,才能胸中有全局,笔下有准头,行文有章法。"①

《人民日报》社论代表执政党的喉舌对某一重大新闻事件或政治活动、政治决策发声。政治性是第一位的,政治判断正确至关重要。比如,香港回归,这一百年不遇的重大政治事件,如何进行解读,在政治上定调?这考验

---

① 米博华:《社论难写》,《新闻战线》2007 年第 2 期。

评论员的政治勇气和智慧。

与此同时，表达技巧甚为关键。论点、主张要得到有效表现和释放，写作者的表达技巧和控笔能力非常关键。社论《中华民族的百年盛事》这篇评论的每一句话都表达得极为到位、精准，包括情感的把握以及修辞的拿捏，都恰到好处。特别是结构的把握，甚为精到。结构是论点的骨骼，论点如何展示，就靠结构骨架支撑的。结构不当，论点就可能会变形，荒腔走调。社论要"抠"。抠，就是要找到准确的表述，不可"不及"，不可"过之"①。这篇评论的作者米博华先生回忆：

因事件极为重要，故起草和修改花了很大工夫。

社论约1700字，比原先起草的几稿都短得多。考虑到这是百年一遇的重要历史事件，要回顾百年回顾历程，要总结丰富历史经验，要表达复杂感情，要传达明确政策信息，写5000字不为多，写一万字也未必长。之所以定稿时只有1700字，不仅出于写短文的考虑，更重要的是，在文章结构上颇费思量。

经过几次讨论，大家一致认为，尽管要说的话很多，但最重要的就是，三个部分。一是叙述新闻事件，表达欣喜感情；二是回顾艰辛历程，概述历史经验；三是宣示政策和展望未来。为此，设计了11个自然段。第一部分，四个自然段：起势，总领全篇—宣布香港回归大业完成—举国欢腾—过渡段。第二部分，五个自然段：分别用三个"为了这一天"领题，对应香港回归的三个历史阶段：近一百年来—新中国成立以来—改革开放以来特别是中英谈判以来。远略近详。与此密切相关的：毛邓等老一辈革命家历史性贡献—共产党领导社会主义制度的决定性作用。第三部分，两个自然段。"一国两制"构想的正确性和坚持基本法的坚定性—香港回归与民族振兴的必然联系。其实，原稿也都有这些内容；但比较麻烦的是，史实、经验、政策和情感等要素交织在一起，比较乱。结构设计上的突破，是用了三个"这一天"，把香港回归百年全部装进去。因为，这既符合历史分期，也更清楚标注出中华民族由衰而兴的发展曲线。原先这一部分用了很长文字，既涉及清政府的软弱腐败，又涉及近代中国无数国内纷争和战争，还涉及我们与港英政府的

---

① 米博华：《社论难写》，《新闻战线》2007年第2期。

矛盾和斗争,线索杂乱,头绪纷繁,写多了,反而冲淡主题。因此,对显而易见的史实不再追述,对复杂政治议题不再纠缠(比如中英关系)。从政治上考虑,香港回归已经成为事实,牵涉太多既不必也无益。[①]

从作者的上述文字中,透露很多"后台"信息。平时我们所见的文本,经过多少幕后的呕心沥血,甚至经过多少次反复才能最终出炉。

二、元旦社论

元旦社论已成《人民日报》的标配,一年一回,这种社论是《人民日报》社论中的社论,写作难度极大。主要表现在以下几个方面。

其一,它具有高度的政治敏感和概括力,站位要高,须站在国家的高度和时代的瞭望塔上,追往思远,站在昨天和明天的连接点上发声。2018年元旦社论《我们的新时代 历史的新光荣》是一曲向新时代致敬的赞歌。文章站在时代的制高点上观察过去的一年,用"大历史观"考虑过去的一年以及我们当下身处的位置。评论第三、四段高度浓缩地提炼了过去一年的代表性成就,同时对这一年进行评价。第五段承上启下,把重心切换到新的一年,阐述2018年的意义和分量。从第六段开始,此后五段,以"总—分—总"的结构展开。以芬克的评论"激发—解释—倡议"三维框架来看,这篇元旦社论第一、二段是"激发",三、四、五段是解释,最后五段是倡议。整篇文章共十段,结构严丝合缝,堪称完美。

我们的新时代 历史的新光荣

当阳光再次唤醒大地,我们迎来了新的一年。你好,2018! 你好,我们的新时代!

时间是最伟大的书写者,总会忠实地记录下奋斗者的足迹。回首2017年,党的十九大树立一座里程碑,习近平新时代中国特色社会主义思想凝聚起改变中国的力量,我们在新时代开启了新征程。全面小康、现代化国家、民族复兴……新时代的中国,中国的新时代,从现实方位到未来擘画,让每个人都有一种"处身大历史"的感觉。

---

① 米博华:《结构:没有设计构思,连个鸡窝也搭不好》,《新闻与写作》2016年第7期。

我们也在这一年创造了历史。经济发展稳中有进,仍然风景独好;民生改善大步前行,1 000多万人摆脱贫困;雄安新区谋划已定,"历史性工程"落地生根;"一带一路"国际合作高峰论坛、金砖国家领导人厦门会晤,中国智慧引领世界;"复兴号"启程、C919首飞、国产航母下水、光量子计算机亮相,科技创新定义未来。面对历史,可以这样无愧地宣告:我们赢得了这一年!

2017年,也为极不平凡的五年画上圆满句号。历史性成就和历史性变革,把"中国号"巨轮带入新的水域,中国特色社会主义进入了新时代。这是让改革有新气势的时代,中流击水还看今朝;这是让社会有新风尚的时代,党风政风民风焕然一新;这是让人民有新获得的时代,小康路上"一个都不能少";这是对世界有新贡献的时代,中国为世界注入正能量。力量向着复兴在聚集,精神为着复兴而振奋,泱泱大国、巍巍中华、曙光升腾、万物生长,神州大地呈现出生机勃勃的复兴气象。

人是时间的尺度。2018年,是贯彻十九大精神的开局之年,也是改革开放40周年。在习近平总书记确立的时代坐标上,这是最先到来的一个时间节点。1978年开启的奋斗,开创和发展了中国特色社会主义,"改革"二字凝聚起最大共识,激发出最强能量。以习近平新时代中国特色社会主义思想为指导,在实践中推进改革,在改革中扩大开放,正是对40年峥嵘岁月最好的致敬。

一时千载,千载一时,新的时代已经在我们面前展开。时和势依然在我,精气神鼓而不泄,这样的历史场景,正需要我们以永不懈怠的精神状态踏上时代新征程,以一往无前的奋斗姿态成就历史新光荣。

让我们用奋斗去弘扬一种精神。创业维艰,奋斗以成。40年来,我们在无路中走出了一条新路、好路,以敢闯敢试的勇气,以自我革新的智慧,以舍我其谁的担当,让一个全球最大的发展中国家成为世界第二大经济体。过去5年,我们凭着一股逢山开路、遇水架桥的闯劲,凭着一股滴水穿石、绳锯木断的韧劲,激荡全面深化改革的大潮。改革创新,正是贯穿40年的时代气质,"一股子气呀、劲呀"当常有,"杀出一条血路"的气魄不能丢。新的一年,唯有保持奋斗精神、奋发姿态,才能赓续40年的精神血脉,在新时代破浪前行。

让我们在坚守中拓展一条道路。40年前的改革开放，是中国道路的新起点。薪火相传，继往开来，社会主义中国在世界的东方巍然屹立。过去5年，我们用新奋斗打开新局面，步步逼近光辉的山巅。近代以来久经磨难的中华民族，迎来了从站起来、富起来到强起来的伟大飞跃。今天的中国，比历史上任何时期都更接近、更有信心和能力实现中华民族伟大复兴的目标。2018年，我们要为改革的四梁八柱添砖加瓦，要让1 500多项改革举措开花结果。继续走下去，中华民族伟大复兴必将在改革开放的进程中实现。唯有保持战略定力，才能让这条历史和人民选择的道路，在我们的脚下连通远方。

让我们以搏击来开创一个未来。改革开放、民族复兴，这是多么壮阔的征程，也是多么艰辛的跋涉。我们正处在历史发展上升期，越是这种时候，越需要清醒的头脑、准确的判断。防范化解重大风险、精准脱贫、污染防治，打赢攻坚战不容易；科教兴国、人才强国、乡村振兴，诸多战略等待着实现；世界上仍有战争、贫穷、不公，还要我们完善中国方案、提供中国智慧。知难而进，难就不难，反而会化为成就伟大与卓越的机遇。唯有不畏风浪、直面挑战，才能把握好重要战略机遇期，迎来新时代的气象万千。

时间的脚步永不停歇，奋斗的脚步永不停歇。2018年，在改革开放的路上走下去，凝聚磅礴力量、激荡复兴气象，就一定能以今天的奋斗成就明天的光荣。让我们在以习近平同志为核心的党中央带领下，奋力前行、勇开新局，不负我们的梦想，不负伟大的时代。

（《人民日报》，2018年1月1日）

再看2013年元旦社论《让我们一起成就梦想》，是十八大之后第一个新年献词。这是一个充满新意的时间节点，《人民日报》如何阐发这一新时间节点的意义？从以下两段文字，不难看出评论员举重若轻的概括力和卓越的洞察力。

刚刚过去的2012，这个中国社会进程中具有标志意义的年份里，世界聆听了亲民务实的"中国好声音"，13亿人拥抱属于自己的"中国梦"。

自晚清以降，几代人泣血追求，无数人热血奋争，莫不为国家强盛、民族复兴、人民幸福。百年激荡，三十年变革，我们应当充满自豪，复兴之梦在我们的奋斗中前所未有的切近；也应当时常自警，历史的接力预示更多责任、更大挑战。这是一个孕育着无数难题、但却越来越走向富强的中国,是一个日益遭遇成长的烦恼、但又始终顽强向上的中国,是一个背负沉重的历史包袱、但却充满发展激情的中国,是一个必须面对各种风险、但却从来不乏变革勇气的中国。身处这样的中国,我们比历史上任何时期都更有信心完成现代化的使命,更有能力实现民族复兴的梦想。

其二,定位精准,拿捏到位。《人民日报》元旦社论无论在大处,还是在小处,均能准字当头;无论表现在对宏旨的定位,还是文法的拿捏,都要求精准无误。新时代的中国,中国的新时代,从现实方位到未来擘画,让每个人都有一种"处身大历史"的感觉。经济发展稳中有进,仍然风景独好;民生改善大步前行,1 000多万人摆脱贫困;雄安新区谋划已定,"历史性工程"落地生根;"一带一路"国际合作高峰论坛、金砖国家领导人厦门会晤,中国智慧引领世界;"复兴号"启程、C919首飞、国产航母下水、光量子计算机亮相,科技创新定义未来。这些表述精确到位,反映出写作者思维的缜密,表达的精准,结构的紧致。同样,元旦社论《让我们一起成就梦想》笔力的精到散见于全篇。比如,在未来的道路上,干部清正、政府清廉、政治清明,才能让变化更大一点,让问题更少一点;个人努力、社会协力、国家给力,才能让进步更快一点,离梦想更近一点。表达的精确、句法的营构,充分体现了喉舌评论的功力。

其三,大气、正气、才气。《人民日报》元旦社论以大气著称。要在有限的篇幅中集纳超重的信息量,必须高屋建瓴,大进大出,格局宏阔,气象万千。与此同时,元旦社论须要满满的正能量,高唱正气歌。看这一段:时间是最伟大的书写者,总会忠实地记录下奋斗者的足迹。回首2017年,党的十九大树立一座里程碑,习近平新时代中国特色社会主义思想凝聚起改变中国的力量,我们在新时代开启了新征程。全面小康、现代化国家、民族复兴……新时代的中国,中国的新时代,从现实方位到未来擘画,让每个人都有一种"处身大历史"的感觉。再者,元旦社论须是美文,须才气磅礴,满文生辉。诸如,站在2013年的起点,放眼下一个10年,金融危机依然波诡云谲,大国博弈不断走向纵深,处于快速上升期和深刻转型期的中国,有木秀于林的骄傲,也有风必摧之的烦恼;有长风破浪的自信,也有不进则退的忧患。我们深信,危机是改革的契机,挑战是成功的砺石,只要我们善于抓住机遇,勇于开拓进取,敢于迎难而上,被动就会变成主动,后来完全可以居上。《人民日报》元旦社论的修辞别具一格,堪称时文中的典范。

第三节 市场化媒体社论

在中国当下新闻评论格局中,党媒社论的"喉舌"之声是多声部评论场域中的强音和主调,被赋予强大的话语权,有强大的背景力量为其赋权,有体制性资源强劲加持。党媒社论代表的不仅仅是一个媒体的声音,它代表的是组织的声音。

从 20 世纪 90 年代以来,市场化媒体勃兴,公众对新闻资讯和思想观点的消费需求被大大刺激起来。大大小小的都市报雨后春笋般地冒出来。随着新闻市场竞争的加剧,言论市场也进入"热言时代",涌现出一批时评佼佼者,如《新京报》《南方都市报》《南方周末》《东方早报》《中国青年报》《北京青年报》等。在都市报阵营中,上述诸家媒体的新闻评论同气相求、交感共振,形成中国新闻评论的壮阔声势。

社论是《新京报》《南方都市报》《南方周末》等市场化媒体的思想利器。通过共同努力,以这几家市场化媒体为代表,推动社论理念、表达的成熟,拓展社论的表达空间,促进与社会互动,用思想影响社会。

一、《新京报》社论

在中国新闻评论阵营中,《新京报》评论处在第一方阵。《新京报》评论的理念是:立于北京而怀远,彰显法治和人文,积极稳健有见地①。在"热言时代",《新京报》勇于发声,善于发声,在重要时间节点,面对一些热点舆论事件,《新京报》经常以社论的形式发声,他们的社论在中国舆论场上有较大影响力。而且,社论已成为《新京报》的业务常规,几乎每天都有社论面世,这对评论能力是一巨大考验。《新京报》的社论稳健有力,成为中国新闻评

---

① 《新京报》编:《新评论:新京报时事评论精选》,南方日报出版社 2006 年版,第 1 页。

论的标杆。

2018年8月27日晚,在江苏省昆山市发生的"昆山反杀案",即于海明致刘海龙死亡案,引起社会广泛关注。在网上,舆论几乎一边倒站在"反杀者"于海明这一边,昆山警方反应迅速,但起先的表述暧昧,让舆论产生警方偏袒"花臂男"刘海龙之嫌,引起舆论的强烈反弹。昆山警方在舆论倒逼之下,及时纠偏,以事实为依据,校正法律靶心。2018年9月1日,昆山市公安机关以于海明的行为属正当防卫、不负刑事责任为由,对该案作出撤销案件决定。当地检察机关认为,公安机关的撤案处理符合法律规定。舆论并不都是对的,但这次舆论的判断是对的。究其原因,舆论出于朴素的正义感,道德判断与事实判断合流,且司法正义及时补位,三者合一,形成共振。这是舆论的胜利、司法正义的彰显,也是一次难得的普法教育。

9月2日,《新京报》发表社论《"昆山案"认定正当防卫是惩恶扬善》。该社论是对昆山警方顺应民意、及时纠偏的有力表彰,深刻解析此案的标本价值和象征意义。社论认为,昆山案认定为正当防卫,是对法律的严格适用。"昆山反杀案"的处理,将个案"置于天理国法人情之中综合考量",弥合了民意与立法的现实沟壑,在公众舆论的聚焦下,进一步放大个案的社会价值,也将为其他类似案件的处理提供有益借鉴。虽说,该案发生后,以民众为主体的社会舆论表现出浓烈的兴趣,他们从朴素的正义观出发,对事件的是非曲直进行道义评判,但毕竟理性和专业的浓度不高,为此,大众媒体的议题引导和解读甚为关键。《"昆山案"认定正当防卫是惩恶扬善》体现了极高的专业性。文章指出,我国刑法深受大陆法系影响,对正当防卫的认定有极为严格的规定,必须同时具备起因条件、时间条件、主观条件、限度条件等标准方能成立。即便是特殊防卫权"不负刑事责任",也有"正在进行""严重危及人身安全的暴力犯罪"等要件。而"昆山案"中于海明的反击之举完全符合法定要件,理应被认定为正当防卫。这一认定的意义在于对正义呼唤的法治呼应,顺应了民众对作恶者施暴该受到惩处的民意。它既是对普通公民与违法犯罪斗争的支持,也是对广大公众社会正义感的激励,更是对那些行凶作恶者的强烈震慑,有利于在全社会形成扶助弱势、惩恶扬善的良好氛围。

《新京报》评论部凭借结实的专业写作能力,用社论与社会连接。这要求评论者既有广博的知识积淀、丰沛的思想能力、敏锐的洞察力,面对一个个新闻事件和话题案例,还要有精准、到位且有分寸感的评析,彰显观点的力度和高度。

从以下这篇社论可领略《新京报》对新闻理念的执守和坚持。

唯有真相不可辜负

今天,中国第 18 个记者节。

说荣光或自矜,说慰勉或太轻。在这个记者节,无法被回避的一个问题是——"那么多记者都去哪儿了"。

这个问题或者说现象,在今年给我们的印象尤其深刻。

以往遇到突发事件,记者们总会蜂拥赶到现场。但现在,事情正在起变化。在一些突发事件现场,很多记者有个明显的感受:以往那种媒体云集的景象,已经俱往矣。

记者缺席,则真相缺位。

新闻在,记者应该在;记者在,真相就会在,这本是正常的情形。可现实却是,一些传统媒体或者关门,或者业务线大幅压缩,很多记者流失、转行,事实和真相仍然等待挖掘,但——记者已经不够用了。

如今的舆论场景已是,在诸多公共事件中,情绪太多,事实太少;在不少舆情传播中,动辄出现讹传与反转;在时下的舆论空间里,有太多主观先行、立场站队下的对撕互怼。话语与话语碰撞,情绪与情绪纠缠,真正的真相又是什么,答案来得并不及时或澄明。

也因如此,记者以在场姿态和客观立场还原的真相,仍是最大的信息刚需。

——在武昌面馆砍人案中,顺着那些网传消息和脑补情形,人们提炼出火车站旁宰客景象、欺生坑外地人、水浒法则等场景,"事实"一波三折,舆情也在撕裂和被打脸中一地鸡毛;

——在杭州保姆纵火案中,公众一开始就被"男主人和女保姆有染"的造谣、受害者家属要求"一个孩子索赔一个亿"的不实消息带着跑;

——在榆林产妇坠楼事件中,当事医院稍微释放点烟幕弹,很多人就急匆匆将矛头对准产妇家属,"婆媳矛盾""丈夫直男癌""产妇下跪"等说法也谬种流传。

而最终去厘定事实、廓清真假的,还是那些诚挚而公允的文字或镜头。

越是喧嚣,越需要冷静;越是躁动,越需要理性。喧嚣与躁动,本质上都是在"短缺"中制造了"过剩"。过剩指的是情绪,而短缺则指向了事实的不足。看起来,我们面临的是信息的过载,但事实却前所未有的稀缺。

在不少记者转行的同时,世界手机网民正在以每天数百万的数字大幅增长。到今年6月,中国已经有了7.24亿手机网民,很多过去不读书、不看报的人也成了新时代的信息受众。

用户对信息和事实的需求在井喷,但我们看到的却是新闻行业内容生产与需求严重脱节,信息供给不充分不平衡。尽管新媒体层出不穷,但是机构化的媒体、组织化的内容生产平台仍然不可替代,而且存在巨大的成长空间。

无论技术如何进步,信息传播环境如何改变,真正的新闻永远有其价值,真正的新闻专业主义愈发重要,真正的记者也永远被社会所需要。

无论社会如何变化,TA们总有一份在奔跑中坚守的笃定,一份在混沌中不畏浮云的澄明,一份在躁动中自持的初心。

在一个伟大的时代,人们追求美好,向往阳光。身为记者,既需要记录这个时代的温暖与成长、进步与变革,也需要不忘责任使命,探寻真相,鞭挞丑恶,为弱者发声,守卫正义与公平。

新时代、新媒体、新传播环境,是挑战,也是巨大的机遇。我们既希望社会为媒体和记者创造一个更好的发展环境,也希望所有这个行业的同仁在创新中坚守,在改变中突破。

没有一场雾霾能够遮蔽冬阳,也没有一阵风能够永寄凛冽。

(《新京报》,2017年11月8日)

这篇社论堪称美文,也是社论中的翘楚。大言希声,但非绝响。在网络媒体的四面围剿之下,纸媒遭遇"灭顶"之灾,与其一起遭受冲击的是长期坚守的新闻理念和操作规范。《新京报》此前执念的精英主义精神传统和新闻理念受到空前冲击。至此,《新京报》并没有撤退,他们坚信,没有一场雾霾能够遮蔽冬阳,也没有一阵风能够永寄凛冽。

二、《南方都市报》社论

《南方都市报》评论在近三十年中国新闻评论进程中，曾较长时间扮演着引领者角色，引领中国都市报时评之风。《南方都市报》首开评论版的先河，每日都有社论发声，在中国新闻评论界引起很大的反响。一时间，《南方都市报》评论成为一面旗帜。

《南方都市报》社论理念具有鲜明的时代性，意在把《南方都市报》时评放在中国现代化转型大背景下进行定位，以笔为旗，启蒙社会。"《南方都市报》的时评是基于这样一个理念而设置生长的——中国与中国人，正处在百余年未绝的历史大转型努力之中。这种大转型，自晚清开埠而始，基本的命题便是要成为一个现代国家与现代民族；其间的种种努力，所要解答的不过是国家独立的民族主义诉求、经济发展的民生主义诉求与政治文明的民主主义诉求，纵观这些命题，便不难发现，时下的中国正处在这一历史大转型的最后关键阶段，身处其中的每一个成员，都无可避免地要成为这一历史的推动者，也无可逃遁地要成为这一历史的被触动者。因此，在这个转型中，这个国家的方向、所获得的进展、所遭遇的困顿、所影响的命运，是我们评论所要紧密关注、积极表达的话题。这看似有些宏大拔高的定位，其实正是中国现状下媒体的自觉。日常的新闻报道当然也应有这样的逻辑，但体现立场与观点的时评，无疑是更为直白的载体。说到底，南都时评的这番理念，其实正是整张报纸的抱负。"①社论别具高格，代表一家媒体的声音，其眼界和手笔都不能太低，不能低于社会中位线。

《南方都市报》有家国情怀、精英抱负、启蒙情结，其眼界和专业能力均在同侪之上。以下文为例，针对中央提出在海南省建立自由贸易试验区和中国特色自由贸易港，《南方都市报》社论的站位和理解就很有高度。社论从"改革开放"这一宏大主题出发，从不同时间和空间节点解读海南设立"自贸港"的深远意义。

---

① 参见南方都市报主编：《热言时代：南方都市报时评精选》（第一辑），南方日报出版社 2006年版。

海南探路"自贸港",中国改革再出发

中共中央、国务院日前就支持海南全面深化改革开放提出指导意见。《意见》涉及十个方面共三十一条。《意见》提出,要以供给侧结构性改革为主线,赋予海南经济特区改革开放新的使命,建设自由贸易试验区和中国特色自由贸易港。

"我要明确告诉大家,中国开放的大门不会关闭,只会越开越大!"习近平主席近日在博鳌亚洲论坛发表主旨演讲,着眼中国和世界共同发展进步,郑重宣示了中国坚持扩大开放的坚定决心。现在中共中央、国务院出台意见,支持海南全岛建设自由贸易试验区,支持海南逐步探索、稳步推进中国特色自由贸易港建设,分步骤、分阶段建立自由贸易港政策和制度体系,无疑是兑现承诺、扩大改革开放的重大举措。

在中国的政治经济版图上,海南有着特殊的地位。一个往日的边陲海岛,之所以能够成长为经济特区,发展成为展示中国改革开放形象的靓丽窗口,改革开放是最重要的关键词。正是由于得益于不断的大胆探索和勇于进取,海南才会有今天的成就和地位。可以说,海南就是一块因改革开放而获得蓬勃生机的热土。

2018年,是海南建省办经济特区30周年,同时也是中国改革开放40周年。在这样一个重大节点,中共中央、国务院赋予海南新的使命,一方面表明海南改革开放的成绩得到了高度认可,另一方面也表示在中国改革开放的新征程中需要海南再探新路再立新功,从而推动更高层次改革开放格局的全面形成。

海南全岛建设自由贸易试验区,探索中国特色自由贸易港建设,这是新时代中国改革开放的大手笔。因为它不仅打破了此前在一省市内划定几个片区的自贸区形式,而且如人们所熟知,自由贸易港堪称当今世界最高水平的开放形态,它带来的自由贸易规模和效应将远远超过已有的自贸区。

海南瞄准自由贸易港这一目标有着天然的优势,在专家看来,当前海南建设自贸港的条件大大高于世界上其他自贸港设立之初的综合发展水平。毫无疑问,建设自由贸易港实为海南发展的重大机遇。在中央决定出台之后,中国(海南)改革发展研究院院长迟福林情绪激动,对央视记者表示,"为了这个事情,我们期盼了30年,有了这一条,海南真的会实现我们的海南

梦"。迟福林道出的正是海南人的心声。

但与此同时也要注意到,自由贸易港在国际化、市场化、法治化等方面有着极高的要求,如何在建设自由贸易港的过程中推进全方位的制度创新,从而为全国提供可复制、可推广的改革创新经验,对海南来说,显然又是一个重大挑战。

习近平总书记强调:"海南发展不能以转口贸易和加工制造为重点,而要以发展旅游业、现代服务业、高新技术产业为主导,更加注重通过人的全面发展充分激发发展活力和创造力。"其中释放的信息非常明确,海南自由贸易试验区和自由贸易港定位不同于一般的口岸,为此必须打造开放层次更高、营商环境更优、辐射作用更强的开放新高地。

"雄关漫道真如铁,而今迈步从头越",不仅是海南,中国的改革又到了一个新的历史关口。中国改革再出发,破除体制机制弊端是最紧迫的任务。习近平总书记指出,"海南全岛建设自由贸易试验区,要以制度创新为核心,赋予更大改革自主权",同时"在破除体制机制弊端、调整深层次利益格局上再啃下一些硬骨头"。把"制度创新"摆在核心地位,再三强调"破除体制机制弊端",话语背后的深意不言自明。

改革开放没有完成时,改革开放永远在路上。部署建设自由贸易港,海南迎来了再次跨越式发展的机遇,中国则将以此为契机,把改革开放推进到一个新的水平,让中国改革开放的红利惠及更多的国家。

(《南方都市报》,2018 年 4 月 16 日)

2015 年 12 月 22 日,正值《南方都市报》18 岁"生日"前夕,《南方都市报》发表社论《十八岁,再次出门远行》。社论把《南方都市报》18 年的创业艰辛和励志传奇作了精彩的盘点和表彰。《南方都市报》应运而生,合时而变。在强手如林大佬环伺的广州报业市场,《南方都市报》甫一出生即饱尝世态炎凉:内部不看好,外界不接受,内外交攻,环境恶劣。但是,《南方都市报》人自信满满,拗劲十足,生来不信邪,一贯不服输。南都人众志成城,一年解决"有与无"(完成奠基)、两年解决"生与死"(摆脱对手)、三年解决"上与下"(实现温饱)、四年解决"大与小"(跻身主流)、五年解决"强与弱"(走向强大)。2000 年,新世纪元年。《南方都市报》告别"小报",扛起了新主流媒体的大旗,立志要办"中国最好的报纸"!此言不虚,《南方都市报》一路猛进,跻身主流。……《南方都市报》从强大走向伟大,也许没有比这类大动作更恰切的注脚了①。时事评论为《南方都市报》跻身主流大报立下了汗马之功。如今,身处互联网包围圈中的《南方都市报》,肩负融合转型的艰巨任务,曾经成为纸媒社论风向标的《南方都市报》社论,也面临新的挑战和角色。

三、《南方周末》社论

《南方周末》作为一家周报,正如该报广告词"一纸风行"所言,风靡几十年。《南方周末》以深度报道见长,言论也是其依恃的重要力量。《南方周末》评论强调理性、知性和深度,相比于同侪,其评论不以速战见长,而是以"慢"评彰显其思想的深度和魅力,在庸常评论和口水评论盛行的舆论场中,扮演了引领者角色。

关于《南方周末》社论的精神传统和价值取向,可从以下这篇评论得以展示,彰显了人文大报的格局和风范。

重拾传统的人文精神价值

李 铁

2012年11月16日,国务院第628号令要求对《殡葬管理条例》第二十条进行修改,删除了"拒不改正的,可以强制执行"部分。自2013年1月1日起,违规土葬、乱建坟墓将不再允许民政部门强制平坟。对违反规定拒不改正的,民政部门也只能通过法律程序,申请人民法院强制执行。

这两周以来,关于河南平迁两百多万座坟墓的新闻,成为了各路媒体热议的焦点,舆论普遍对河南方面的粗暴做法予以了强烈谴责。国务院此时进行明确的法规修改,对沸沸扬扬的平坟事件作出了一个有力的回答。

在中国传统文化中,平坟是一种严重的人格侮辱,即使在今天,主流的社会文化依然认为,强制平坟的行为,是对人之为人的神圣基础的破坏,忽略了中国人历来珍视的人文精神价值,严重侵犯了中国人的信仰、情感与记忆。因此也引发了民间情绪和舆论的强烈反对。

国务院此次明确的制度规定固然来得及时,但知识界有必要对一个多

---

① 《十八岁,再次出门远行》,《南方都市报》2015年12月22日。

世纪以来盛行的物质主义、激进地反传统、鄙夷人文精神价值的倾向进行深刻反思。

自近代传统社会解体以来，在激进的反传统的浪潮中，社会文化一直有这样一种倾向，就是只认为物质的、经济的价值是真实和重要的，而以往传统社会的礼俗、信仰等超验的价值则是虚伪和迂腐的，应该作为过时的、妨碍历史进步的东西而抛弃。像保留坟头、厚葬先人等礼俗，都曾被当作愚昧和落后的陋俗被鄙夷，是移风易俗要革命的对象。这一社会文化倾向在"破四旧"等政治运动中达到了顶峰。

近年来，随着激进意识形态革命的终结，民间社会在更宽松的氛围中开始复苏和成长，人们开始重拾曾被抛弃的人文精神价值。2008年，全国人大批准了关于恢复传统节日的议案，清明、端午与中秋正式被列为法定假日，赢得了社会的广泛好评。这一举措反映了一个更文明的社会对传统价值和社会共同情感的尊重。

传统社会的中国人常用"礼崩乐坏"来形容一个社会的败坏和崩溃，然而经过了半个多世纪激进运动的洗礼，社会普遍存在轻视"礼乐"等人文精神价值的倾向，正是在这样的大背景下，才有强制平坟这样的事情发生。我们有必要重新思考，礼俗究竟是不是无意义的迂腐？这些无形的精神性投入，究竟有什么意义？

在中国文明史上，周公"制礼作乐"是中华文明划时代的大事，经过周公的改造加工，"礼"变得系统严密，成为国家的根本，礼治处于治国方略的核心位置。综观中国历史，礼作为约束人们思想和行为的重要准则和维持社会秩序的基本规范，不仅是中国传统文化的主体，而且成为华夏文明的标志，是文明社会区别于蛮夷荒之地的标志。

正是由于"礼乐"等人文价值的存在，使得国家和家庭具有了同构性，让社群有了相似的价值追求。葬礼和坟头的存在，里面就包含了中国人所寄托的价值归宿意义。

然而在传统社会终结后，在世界性的启蒙思潮的洗礼下，对人文精神价值的看低，不仅仅是中国所独有，也是一个世界性的文化现象。马克斯·韦伯这样形容："那些终极的、最高贵的价值，已从公共生活中销声匿迹，它们或者遁入神秘生活的超验领域，或者走进了个人之间直接的私人友爱中……在过去，这样的东西曾像燎原烈火一样，燃遍巨大的共同体，将他们凝聚在一起。"

启蒙运动有激进的反传统的一面，但处理得当的国家之所以没有走向灾难，就在于他们在改变传统和移风易俗方面，充分尊重了人文精神的价值，让社会自发秩序去选择和扬弃。一部近代史也告诉我们，如果以进步和启蒙之名，强行进行所谓文化革命，最终可能导致激进的暴力灾难。这一点，尤其值得我们反思和铭记。

（《南方周末》，2012 年 11 月 23 日）

河南周口平坟事件，一度成为社会舆论的焦点，很多媒体评论反应激烈，批评地方政府这种极端行为。《南方周末》社论评论不同寻常，人文立场鲜明，旁征博引，用严谨的逻辑和充分的理据，对"平坟"恶行作出理性、有力的批评。

《南方周末》社论不是从象牙塔中来的，不是从一本本抽象、晦涩的高头讲章中来的，它来自热气腾腾的中国社会，来自思想与社会的直接碰撞和深度交感。《南方周末》作为周报，其内容走的是深度路线，其评论也是走深度、高端路线，表现在其社论上，尤为显豁。《南方周末》社论立意高远，即便是从一个具体新闻事件出发，也不会就事论事，或做短线立论，浅尝辄止，而是从深度发掘，高处着眼，论证逻辑较为周延，思想密度高，思辨性强。

比如，以下这篇《你引领大学　大学引领社会》是针对经历高考之后即将走进大学的准大学生发声的，对这批对大学充满憧憬的学子，《南方周末》向他们表达怎样的期许？这篇社论不同凡响，对"你"提出了极高的期待——"你引领大学"，如此"狂妄"的念想，显然是大多数的大学生根本不敢想的。如此高调的念想，如何让大学生接受？看罢此文，你会发现，高调的主题居然写得特别走心，没有给人"扯远"的感觉。这是作者行文的巧妙之处，拉近与目标受众的距离，不要扯一些远不可及的大道理，从大学的日常出发，把道理讲匀称、熨帖，不牵强，高调但不玄远，情理兼茂。

你引领大学　大学引领社会

大学是适应社会，还是引领社会？你是适应大学，还是引领大学？

告别了高中生涯的准大学生，也许可以问一问这两个有些"狂妄"的问题。

如果志愿是自己喜欢的,恭喜你。经历12年基础教育,依然心有所主,你已经赢在了人生长程的另一条起跑线上。

知之者不如好之者,好之者不如乐之者。乐在其中,才会废寝忘食而不觉累,上下求索而有所得。大学,由此成为一片让你可以畅游的海洋。

大学之大,在有藏书颇丰的图书馆,在有可以自由提问的课堂,在有可以倾心跟随的老师前辈。但这一切,都有待你去"用"起来。甚至,你的老师,也很可能在等待着被你的问题所激发。图书馆某本落满灰尘的经典,也可能多年都在等待第一个翻开它的人。

如果你对自己所填的志愿一片茫然,仅仅是父母师长觉得那意味着一份好工作,不妨先去了解这所大学特点在哪里,这门专业究竟意味着什么。顺着初等教育的命运之河漂流了12年,往者不可谏,来者犹可追,当下奋起,完全可以从这里开始。苏格拉底"知道自己不知道",于是成了雅典最有智慧的人。整个希腊哲学以至西方哲学,以及脱胎其中的各门科学,都源自这种自知无知而不断求知的"对智慧的爱欲"。

所有学习,都可从最切身处开始。研究宇宙之浩瀚,可从照在你脸上的这缕阳光开始;深邃的道德律,可从你与父母的亲子关系开始;人类的历史,可从自家族谱开始;伟大的诗歌,可从你如何体验和表达内心至诚无伪的情感开始……

学习政治哲学,未必一定入学就读《理想国》《尚书》《利维坦》《明夷待访录》或《民主在美国》,参加大学的第一个社团,你去观察它如何招新,如何组织,如何运转,如何募款。如果观察清楚了,你也能依照自己的兴趣和设想,组织一个该大学从未有过的社团。在与学校打交道的过程中,你已经在践行一个公民的权利,已经在引领这所大学的风气。

如果足够幸运,你也许会慢慢发现,大学校园里有一些慢慢散步的中老年教师,看起来平淡无奇,却有着极其丰富的精神世界,一般不与外人道的独特人生经历。你打开他们的心扉,也就打开了一个崭新的世界。

大学之大,正在于它容纳着那些最敢于打破成规的"爱智者"。这些爱智者努力站在人类已有的思想与学术积累上,去将答案或问题,向前推进那么一点点。而这一点点,已足以散发出璀璨的光芒。

有了这一点点的推进,大学才能引领社会。而你,进入一所大学,除了去看看它的建筑,它的草木,它的审美,更重要的,就是去寻找大学校园里那些爱智者,努力使他们与自己的生命产生内在的互动。

从自知无知到四处求知,从一片茫然到从最切身处着手,善用图书馆,跟每一位值得尊敬的老师请教,你的大学生活就步入了苟日新、日日新、又日新的良性循环,当下让自己成为所在大学的引领者。

(《南方周末》,2016 年 6 月 30 日)

四、澎湃新闻网社论

澎湃新闻网的前身是《东方早报》。《东方早报》是都市报时代的佼佼者。在都市报发展顶峰期,《东方早报》《新京报》《南方都市报》"三驾马车",北上广南北呼应,引领都市报评论潮流。澎湃评论继承了《东方早报》的基因,同时具有互联网时代的特征和"网感"。

澎湃社论敏捷新锐、简洁明快。以下这篇社论发声于"新冠肺炎"疫情期间,关于这场旷世疫情的起因,虽然在早期科学溯源和归因认定上不乏分歧,但共识度比较高的是由于人们食用野生动物引起的。正值疫情高发时期,全国人大常委会紧急"立法",通过《全国人大常委会关于全面禁止非法野生动物交易、革除滥食野生动物陋习、切实保障人民群众生命健康安全的决定》。相对于普通的立法,这部有着超长名字的"全国人大常委会的决定",显得是如此特别。公众如何理解这一加急立法行动的意义?媒体如何引导公众认识中国最高立法机关的紧急行动?澎湃评论快速反应,先声夺人,当天就发出了这篇社论。快速反应能不能做到精、准、狠,考验社论评论员的水平和素质。这篇评论立论精准,分析到位,逻辑严谨,表述明快,是一篇专业度甚高的评论。

紧急立法,管住"乱吃的嘴"

2 月 24 日,十三届全国人大常委会第十六次会议表决通过《全国人大常委会关于全面禁止非法野生动物交易、革除滥食野生动物陋习、切实保障人民群众生命健康安全的决定》。

相对于普通的立法,这部有着超长名字的"全国人大常委会的决定",显得是如此特别。

这次疫情起源的细节，虽然还有待全面的科学研究，但是，近年来世界各地出现的新发传染病如禽流感、埃博拉、中东呼吸综合征都和动物有关，却有着明确的科学证据。解决滥食野生动物的突出问题，已经成为全社会的共识，不能再玩乱吃野生动物的"危险游戏"了。

在相关法律修改之前，先明确全面禁止食用野生动物这条"底线中的底线"，很有必要，也相当及时。这正是《全国人大常委会关于全面禁止非法野生动物交易、革除滥食野生动物陋习、切实保障人民群众生命健康安全的决定》的立法目的所在。

这次的《决定》强调凡法律明确禁止食用野生动物的，必须严格禁止。

此外，对之前打着"人工繁育、人工饲养"旗号的陆生野生动物，这次《决定》也关上了大门，明确全面禁止食用国家保护的"有重要生态、科学、社会价值的陆生野生动物"以及其他陆生野生动物，"人工繁育"的也不行！

之前，"人工繁殖子二代"的野生动物，都在公开出售、消费，因为有这么一个"后窗程序"的存在，导致之前禁止非法野生动物交易的大门一直关不严，相关经营者一遇到执法，就变戏法一样拿出相关"人工繁育证明书"来当挡箭牌。人工繁殖和野生动物"掺着卖"，成为行业公开的秘密，这导致整个行业鱼龙混杂，专业执法难以发力。这次《决定》，拿出雷霆万钧的手段，彻底关上了"人工繁育"的"后窗程序"。

此外，《决定》也避免误伤正当的养殖和捕捞业，捕捞天然渔业资源，以及兔、鸽等人工养殖利用时间长、技术成熟的动物被排除在禁令之外。其实，《野生动物保护法》在 2018 年时就做过修订，但是经过这场大疫的考验，人们发现现行的法律从立法理念到执法措施，都有不少空白点。

之前我国动物保护法法律所保护的野生动物，主要限于珍贵、濒危动物和"三有"（有重要生态、科学、社会价值）动物，受法律调整的动物范围过于狭窄，蝙蝠、旱獭等具有潜在公共健康风险的动物，反而在该法调整范围之外。未来的《野生动物保护法》还要引入公共卫生和健康的视角，将并不"珍稀"但与公共卫生息息相关的"蝙蝠们"管起来。

2003 年"非典"之后，我们有过一次全面改变的机会。这一次的机会窗口不能再错过。要彻底管住"乱吃的嘴"，彻底关掉"人工繁殖"的后窗程序，禁绝"擦边球"。①

（澎湃新闻网，2020 年 2 月 24 日）

再看澎湃在 2019 年记者节发表的这篇社论《坚守自己所相信的》。这篇评论立论高远，没有就记者节谈记者节，而是说，这个节日属于整个社会，社会需要这样一群眺望、坚守、提问的人，借此了解世界、了解自身、彼此关切。这是人类永恒的追求。社论第三段第一句"人类历史曾长期处于信息缺乏时代"一笔带过，就转入当下正题，针对当下这个"信息泛滥的时代"，基于这个信息超载的时代展开论述，强调在技术带来信息泛滥的情形下，仍然需要记者的坚守。这坚守不仅是记者自己的职业所需，也是整个社会的需要。记者对新闻有信仰，而社会更需要对记者有信任。如此立论，重申一个常识：真相与常识，即便在信息泛滥的时代，也是刚需。而记者所从事的，正是打捞真相，重申常识，给予暖意。这篇社论流露出澎湃新闻自身的理念和信仰，都暗含在一个个专业行动和工作细节中，借助这次记者节社论，才站到前台来表白。

记者节献词　坚守自己所相信的

今天，我们迎来第 20 个中国记者节。

这是属于记者的节日，也是属于整个社会的节日，因为社会需要这样一群眺望、坚守、提问的人。了解世界、了解自身、彼此关切，也是人类永恒的追求。

人类历史曾长期处于信息缺乏时代；然而，当下却进入了信息泛滥的时代，我们被无穷无尽的信息泡沫所包围、淹没，判断信息的真假成了不可承受之重。在这个信息冗余的时代里，信任是一种珍稀的资源，坚守自己所相信的，则更为珍稀。

专业写作有着算法、人工智能等不可替代的价值，记者职业的专业性经受住了信息时代的考验。如今，我们自豪地说：记者是一份值得骄傲的职业。

记者是坚守希望的职业。我们写下稿件，就是将希望和期待、将承诺和信心种植到土壤里，等待它在某个春天发芽，但行好事，莫问前程，相信未

---

① 参见澎湃新闻网，http://m.thepaper.cn/newsDetail_forward_6131213。

来。去年 11 月 30 日,吉林省高级人民法院改判曾经的"杀人犯"金哲宏无罪,在蒙冤 23 年后这个汉子等来了清白。而澎湃新闻的记者也为此等待了 4 年,早在 2014 年,澎湃就报道了这一疑案,而案件平反则在整整 4 年之后,期间报道此案的记者换了几茬,他们却坚守着同一个希望。金哲宏出狱之后面对镜头说出那一句"感谢澎湃新闻网",这背后的责任大如天。

记者是关照人间的职业,自带温度和暖色。我们行走世间,体察时代的流转和变迁。今年春节前夕,澎湃推出"Z112 列车上的中国"全程 48 小时直播,Z112 次列车从海南海口到黑龙江哈尔滨,是中国春运里程最长的列车之一,穿越四季,跨越南北。记者的镜头记录下了远方游子的思乡、年轻人对好日子的执着憧憬,还有铁路员工对家人的愧疚。这便是人间,这便是热气腾腾的生活。平凡人的日子通过记者的视角走向更多平凡的人,便成了不平凡,记者愿意当这样的"化学家",将平静的岁月变成丰盈、有质感的故事。

记者是"美丽逆行族"中的一员,记者是一个有担当、有热血的职业。在利奇马台风的嘶吼中,在烈焰滚滚的火灾、爆炸现场,记者记录下那一个个惊心动魄的瞬间,成为万众关注的对象,却在手机里对亲人淡淡回一句:"没事,我挺安全的!"

追问真相,能带来力量;传播温暖,能够带来希望;守望现场,能够坚守信念……这一切都是冰冷的机器算法推送,口水化的 10 万+无法代替的。看! 那一群"笨拙"的人还在踏踏实实地写着,走到一线,求证事件的关键细节,他们把新闻做成产品,把写作当成"手艺"。

"这世上没有什么比一个好故事更具有力量了,没有什么可以阻止它,没有敌人可以击败它。"好的新闻故事,不会被低劣的同质化信息所取代,不会被网络传播技术所淘汰。

打捞真相,重申常识,给予暖意,坚守自己所相信的,这便是记者的使命和初心。①

(澎湃新闻网,2019 年 11 月 8 日)

在信息泛滥、口水横流的当下社会语境中,发声不再稀缺,表达也不再

① 参见澎湃新闻网,https://www.thepaper.cn/newsDetail_forward_4891654。

困难,众声喧哗,噪音纷扰,更凸显主旋律和强音的稀缺和重要,更彰显主流评论的英雄本色。社论是舆论重器,是口水中的"盐"。无论是《人民日报》社论,还是《新京报》《南方都市报》《南方周末》"澎湃"社论都是如此。他们是社论中的社论,是舆论场上的风向标、定盘星,是公共情绪的压舱石、镇流器。因此,社论写作的难度也很大,它们从来不是个人化的写作,而是公共写作,针对的是国家和社会公共利益,关乎共同体福祉,甚至需要站在人类命运共同体的高度立论、发声。

第七章

评 论 员 文 章

　　评论员文章是指职业评论员在其效力的媒体上发表的评论文章,往往是由本报评论员撰写或以本报评论员名义发表的评论员文章。评论员文章是新闻评论中常用的一种文体,是仅次于社论的重要评论,其权重在社论之下,短论之上,规格介于社论和短评之间。它与社论没有严格的界限,必要时可升格为社论。评论员文章作为结合新闻事件或新闻报道配写的重头评论,旨在体现编辑部的立场、观点和态度,具有重要的导向作用。"特约评论员"文章为评论员文章的一种特殊形式。这类评论往往邀请媒体之外人士撰写,也用以加重评论作者的身份,一般不署名,必要时也署名。此外,"观察家评论"为评论员文章的另一种形式,通常用于重要的时事评论。

　　评论员代表媒体机构针对一些重要的新闻事件和时事问题发声,具有舆论导航和议程设置作用,这要求评论员与媒体机构之间有默契的体认和理解,对自己所效力机构的理念和价值观保持职业化的遵循和认同。同时,对评论员的素质和能力有较高的要求。

第一节　写 作 准 备

一、高远的视野

评论员文章既然代表媒体机构就某些重要新闻事件发言,其视野就不能短浅、狭隘,站位不能太低,须登高望远,视野开阔,见别人之未见。

比如,《人民日报》2018 年 9 月 13 日发表评论员文章《教育是国之大计、党之大计》。这是一篇大文章。该文一个重要背景是学习贯彻习近平总书记在全国教育大会上的重要讲话。如何准确把握全国教育大会精神和总书记讲话要义,需要极高的政治素养,政治站位要高。"培养什么人,是教育的首要问题。""近代以来我国历史告诉我们,只有社会主义才能救中国,只有中国特色社会主义才能发展中国,才能实现中华民族伟大复兴。坚持好、发展好中国特色社会主义,把我国建设成为社会主义现代化强国,是一项长期任务,需要一代又一代人接续奋斗。""只有坚持立德树人,不断培养德智体美劳全面发展的社会主义建设者和接班人,才能让党和国家事业兴旺发达、后继有人,才能推进伟大事业、实现伟大梦想。"①文章站在时代的高度,纵观中国特色社会主义事业发展史,从建设社会主义现代化强国和实现中华民族伟大复兴高远目标出发,阐释发展教育事业的重要性和紧迫性:"时代越是向前,知识和人才的重要性就愈发突出,教育的地位和作用就愈发凸显。当今世界的综合国力竞争,说到底是人才竞争。实现'两个一百年'奋斗目标、实现中华民族伟大复兴的中国梦,归根结底靠人才、靠教育。今天,党和国家事业发展对教育的需要、对科学知识和优秀人才的需要比以往任何时候都更为迫切。""今天,没有哪一项事业像教育这样影响甚至决定着接班人问题,影响甚至决定着国家长治久安,影响甚至决定着民族复兴和国家崛起。"②如此高的站位,如此高远的视野,是《人民日报》评论员必须具备的。

二、精准的判断

评论员文章在主题判断上不能发生偏差,否则会对舆论构成误导。评论员文章常常代表媒体机构发言,判断准不准,到位不到位,关乎媒体立场和形象。

比如,《人民日报》在 2018 年 7 月 10 日至 14 日期间,针对中美贸易战

---

① 《教育是国之大计、党之大计》,《人民日报》2018 年 9 月 13 日。

② 同上。

接连发表 5 篇评论员文章:《"反契约陷阱"给世界经济带来失序风险》《美国不应将世界经济拖入"衰退陷阱"》《美国升级贸易战是霸凌主义对世界的挑衅》《警惕美国单边保护主义设下的"冷战陷阱"》《美国"贸易不平衡论"是一笔偏心的糊涂账》,这些评论具有极高的专业水准。其中,《美国"贸易不平衡论"是一笔偏心的糊涂账》是一篇判断精准、极具说服力的评论文章。文章以无可辩驳的事实证据和强固的逻辑,有力驳斥美国单边贸易保护主义行径和所谓"贸易不平衡论"论调。

美国"贸易不平衡论"是一笔偏心的糊涂账

美国为自己的单边贸易保护主义行为找了很多理由,所谓"贸易不平衡论"就是其中之一。常言道,会说的不如会听的。国际贸易讲究你来我往、你情我愿,有赚头大家才会把生意做下去。多少年过来了,怎么"不平衡"时至今日才成了美国的一块心病? 更吊诡的是,为什么美国这个实力最强的国家倒成了"不平衡"的"最大受害者"? 莫非白宫前几位主人真的都乐此不疲地出卖本国利益,或者软弱得不敢跟贸易伙伴据理力争?

国际贸易怎么就不平衡了? 白宫立论的依据主要有两点:一是跟他国做生意时,美国贸易逆差规模过大,已经到了不得不强力解决的程度;二是贸易伙伴对美国不公平、政策不对等,弄得美国经济利益受损,产业和就业遭殃。谈论贸易问题要拿数字说话。可偏偏就是在摆弄统计数字时,美国的计算器出了问题,不仅数字键按不准,运算程序也变得逻辑混乱。以中美贸易为例,根据中国和美国政府机构专家组成的工作组测算结果,美国官方统计的对华贸易逆差被高估了 20% 左右。更令人难以信服的是,美国政府引用的贸易数据只包括货物贸易,并未反映服务贸易。美国服务业占 GDP 的 70% 以上,怎么算贸易账时会搞丢了这么一大块? 道理很简单,美国服务贸易顺差不小,如果算进去,所谓的"贸易不平衡论"就更立不住了。

美国不肯将货物贸易和服务贸易放到一起讨论也就罢了,把货物贸易逆差单拉出来说事,也得求真务实地看看,是怎样走到今天这一步的。别人的东西你需要,二话不说出手买,自己的好东西攥在手里死活不肯拿出来,不出点逆差才怪呢! 这样干下去,逆差非但没办法缩小,弄不好只会越来越大。中国经常项目顺差占 GDP 的比例已大幅下降,从 2007 年的 9.9% 降至 2017 年的 1.4%。但唯独中国对美国贸易顺差不降反升,其原因不辩自明。

做生意就会有数字产生,而且这些数字是不停变动的。就算是对美国来说有些数字没那么好看,有一点必须说清楚,即"贸易逆差≠利益逆差"。中国商务部发布的《关于中美经贸关系的研究报告》显示,全球价值链中,贸易顺差反映在中国,但利益顺差在美国。据统计,去年中国货物贸易顺差的57%来自外资企业,59%来自加工贸易。中国从加工贸易中只赚取少量加工费,而美国在设计、零部件供应、营销等环节获利巨丰。在中美经贸合作中,美方大量进口源自中国的低成本劳动密集型产品,美国消费者得到的实惠看得见、摸得着,这也有利于美国抑制本国通货膨胀。

不刻意追求顺差是中国一以贯之的贸易原则。中国顺应人民日益增长的美好生活需要和经济高质量发展要求,积极扩大进口。7月1日,中国主动降低日用消费品关税,涉及税目1 449个,平均降幅达55.9%。

其实,糊涂账未必都是糊涂人算出来的,有些糊涂账恰恰是聪明人算出来的,只不过算账人聪明得过了头、偏了心,美国"贸易不平衡论"这笔糊涂账也不例外。从宣扬"自由贸易"转向大谈所谓"公平贸易",美国的目的只有一个,就是让"美国优先"落地,让世界各国为美国独霸天下埋单。按照美国的所谓"公平贸易"主张,各国在每个具体产品的关税水平和每个具体行业的准入上都要与美国完全一致,达到绝对的对等。国际贸易史上,什么时候、哪些国家之间有过绝对的对等开放?关税水平和开放程度向来与发展阶段、资源禀赋、产业竞争力密切相关。美国所谓的公平贸易和对等开放,实质上否认了各国发展的差异性、阶段性,势必给发展中国家经济和产业带来巨大冲击,势必造成更大范围的不公平。

单边保护主义如同把自己关进黑屋子,看似躲过了风吹雨淋,却隔绝了阳光和空气。国际贸易的本质是互利共赢,国际贸易到底怎么搞,只能由各国商量着办。这是不容撼动的铁律。

(《人民日报》,2018 年 7 月 10 日)

美国为自己的单边贸易保护主义行为找了很多理由,所谓"贸易不平衡论"就是其中之一。《人民日报》评论员文章以"硬核"论据和雄辩的论证,揭穿了美国"贸易不平衡论"的荒谬逻辑。

三、真知洞见

评论员文章是评论中的评论,其地位权重甚至可与社论比肩。这就要求评论员思想的水位要高于社会平均水位,要求评论员能在纷繁的世相中、喧嚣的声音中具备出色的洞察力,切中要害。

再以《美国"贸易不平衡论"是一笔偏心的糊涂账》为例,评论员没有停留在口水的层面吵架,而是立足强有力的逻辑和证据,层层推进。文章反驳道:国际贸易怎么就不平衡了?白宫立论的依据主要有两点:一是与他国做生意时,美国贸易逆差规模过大,已经到了不得不强力解决的程度;二是贸易伙伴对美国不公平、政策不对等,弄得美国经济利益受损,产业和就业遭殃。谈论贸易问题要拿数字说话。可偏偏就是在摆弄统计数字时,美国的"计算器"出了问题,不仅数字键按不准,运算程序也变得逻辑混乱。以中美贸易为例,根据中国和美国政府机构专家组成的工作组测算结果,美国官方统计的对华贸易逆差被高估了 20％左右。更令人难以信服的是,美国政府引用的贸易数据只包括货物贸易,并未反映服务贸易。美国服务业占 GDP 的 70％以上,怎么算贸易账时会搞丢了这么一大块?道理很简单,美国服务贸易顺差不小,如果算进去,所谓的"贸易不平衡论"就立不住了。文章还指出,有一点必须说清楚,即"贸易逆差 ≠ 利益逆差"。中国商务部发布的《关于中美经贸关系的研究报告》显示,全球价值链中,贸易顺差反映在中国,但利益顺差在美国。据统计,2017 年中国货物贸易顺差的 57％来自外资企业,59％来自加工贸易。中国从加工贸易中只赚取少量加工费,而美国在设计、零部件供应、营销等环节获利巨丰。在中美经贸合作中,美方大量进口源自中国的低成本劳动密集型产品,美国消费者得到的实惠看得见、摸得着,这也有利于美国抑制本国通货膨胀。糊涂账未必都是糊涂人算出来的,有些糊涂账恰恰是聪明人算出来的,只不过算账人聪明得过了头、偏了心,美国"贸易不平衡论"这笔糊涂账也不例外。这篇评论用数据、事实和逻辑,有力驳斥了美国政客的伪逻辑。

四、敏锐的嗅觉

评论员文章要求作者具有很高的专业敏感度。很难想象，一个对时事潮流、新闻热点"无感"的人能胜任评论员工作，遑论写评论员文章了。在时事语境复杂的情势之下，必须有敏锐的职业嗅觉。

比如，20世纪90年代初《解放日报》发表的"皇甫平"系列评论，为改革鼓与呼。据"皇甫平"系列评论核心作者周瑞金先生回忆，这组评论引发了一场激烈的思想交锋，1991年3月底"皇甫平"系列评论的第三篇文章发表后，四月中旬批判文章就出来了。最早的一篇《改革开放可以不问姓"社"姓"资"吗？》就发表在《当代思潮》上。到了八九月份，《人民日报》《光明日报》和《求是》杂志也刊发了批判皇甫平的文章。按照这些文章的说法，皇甫平系列评论文章罪莫大焉："引向资本主义邪路""断送社会主义事业""不合党章条款""改变共产党人的政治纲领"，宣扬"庸俗生产力论"，鼓吹"经济实用主义"，等等。当时中共上海市委宣传部分管理论和意识形态工作的副部长刘吉同志表示，皇甫平文章写得及时、写得好！[①] 周瑞金等"皇甫平"评论作者，在当时改革与反改革交锋十分激烈的敏感期，以卓越的政治敏感和胆识判断在当时的中国，改革开放是人心所向，发展市场经济是大势所趋，加快发展提高人民生活水平是众望所归。当时这组系列评论之所以能产生巨大影响，在于"皇甫平"敢为天下先，先声夺人，为改革鼓与呼，勇当思想启蒙的"领头羊"。

第二节　典型媒体的评论员文章

一、《人民日报》评论员评论

《人民日报》"本报评论员"文章是任仲平、社论之下的重要评论。任仲

---

① 周瑞金：《皇甫平引发的一场激烈思想交锋》，《世纪》2014年第5期。

平、社论使用的频次较少,其中,任仲平的出现频次更少。每当重要政治活动或中央政策出台,遇到重要政治事件,需要《人民日报》发声时,"本报评论员"就会与公众见面。有时,适逢重大时政新闻,以系列评论形式接力发声,意在把重要的议题说透,把力道用足。比如,围绕学习贯彻习近平在全国教育大会上的讲话精神这个重要议题,《人民日报》连发了6篇"本报评论员"文章,从不同角度解读习近平总书记在全国教育大会上讲话的深意:《坚持党对教育事业的全面领导》(2018年9月18日)、《大力推进教育体制改革创新》(2018年9月17日)、《建设高素质专业化教师队伍》(2018年9月16日)、《全力培养社会主义建设者和接班人》(2018年9月15日)、《牢牢把握教育改革发展的"九个坚持"》(2018年9月14日)以及《教育是国之大计、党之大计》(2018年9月13日)。

再如,为贯彻习近平总书记在全国宣传思想工作会议重要讲话精神,《人民日报》连发了6篇评论员文章:《守正创新推动宣传思想工作不断强起来》《增强"四力"打造过硬队伍》《让党的旗帜在宣传思想战线高高飘扬》《更好满足人民精神文化生活新期待》《培养担当民族复兴大任的时代新人》《建设具有强大凝聚力和引领力的社会主义意识形态》,从不同方位解读习近平在全国宣传思想工作会议上的讲话精神。

二、《环球时报》"单仁平"评论

《环球时报》社评天天见,相比之下,留给评论员文章的空间不大。"单仁平"是《环球时报》评论员化名,"单仁平"评论没有其社评频率高,但遇及重要节点或事件,"单仁平"会出场。比如,2018年5月27日,安徽六安爆发教师"讨薪"事件,因政府出警不慎,警方执法方式粗暴,冲突视频在网上扩散,引发舆情强烈反弹。对此,《环球时报》以"单仁平"名义发表评论员文章,对这一"沸点"事件作出反应。文章阐明对此事件的态度:

其一,希望各级教育部门对教师的工资待遇问题做一次普查,真正落实国家对教师工资应不低于或高于当地公务员平均工资水平的承诺。

其二,要求我们的警察在处理集体上访事件时,行动要格外克制,这方面不能和西方的警察比,要尽最大努力避免对舆论认为的弱势群体采取粗暴执法。

其三，几乎所有的群体事件一旦在互联网上发酵，其意义就会远超出基层事件，成为舆论场上各种不满情绪的聚集点，事件的情节也往往会被夸张，加上官方的回应一般会比较慢，很少能够起到平息事态的作用，经常是引起更激烈的舆情。这个问题一再出现，直到今天也未得到解决。

其四，互联网已经深深嵌入中国社会的生活中，这要求所有基层政府必须恪尽职守，急民众之所急，忧中央之所忧。对民间的诉求一定要及早回应，确实一时解决不了的，要向群众交底，形成共商。

其五，互联网存在对各种官僚主义以及逃避主义一种潜在的惩罚机制，它说不定什么时候就会从天而降，落在某些高高在上或者得过且过的基层官员头上。莫等闲，免得有一天稀里糊涂地成为互联网上的千夫所指。[①]

再如，针对中外舆论炒得沸沸扬扬的京东 CEO 刘强东"性侵"事件，《环球时报》"单仁平"这样发声：

这给中国企业家和其他经常赴美的人敲响了警钟：在美国这样的"自由社会"，他们除了谨记一般性的遵纪守法，还需增加一份不熟悉当地法律和社情的警惕。既要敬畏法律，又要防范风险。

其一，京东是中国最有希望的互联网科技公司之一，无论刘强东涉嫌性侵的事情如何发酵，都不应影响京东的运营和发展。任何民营公司的起步都是一个或几个人的作品，但它走到引领者的位置时，它就成为了社会和时代的产物。冷静分析，此事对京东的冲击应当是有限的。

其二，每一起调查都应当坚决以法律为准绳，被证明有错者需承担相应的法律及道德责任。与此同时，我们主张，这样的指控不应带有任何政治斗争目的，也不应夹杂任何商业竞争目的，同时它们不应成为一场"运动"。总之要防止这类指控变成某种"斗争方式"，最终损害公众利益。

其三，这类指控涉及的人影响力越大，越轰动，其对被指控者个人之外的连带冲击也将越大。在西方，社会将个人损失与公共利益损失进行切割的能力相对比较强，中国社会也应逐渐加强这种能力，让个人的事情个人去承担，公共事业则应有能力止损。因为公共事业本来就比个人性情稳定，也

---

① 单仁平：《六安市政府通报教师集访情况刍议》，《环球时报》2018 年 5 月 29 日。

有更多的规律支持,一个人犯错,就让他所从事的事业跟着陪葬,这未必符合公众的利益。

其四,在法律作出清晰裁定之前,任何有倾向性的延伸指控都应保持克制,这样的克制是中国社会必须逐渐完善的理性。①

三、光明网评论员文章

近年来,光明网评论员在舆论场上有不俗的表现,互联网为《光明日报》评论在网络舆论场大显身手提供了空间。在一些重要场域或时事节点,光明网评论员能及时发声。

比如,针对喧嚣一时的"私营经济离场论",光明网评论员出手,发表《改革开放 40 年:更要坚定市场导向》,提醒人们对这种蛊惑人心的奇葩论调应高度警惕。评论指出,在改革开放 40 年的今日,无论就观念意识而言,还是就现实状况来讲,这样一篇文章来得正是时候。文章从历史事实和经济学理论常识出发,批驳奇谈怪论。改革开放 40 年,中国发生两大变化:在经济领域由计划导向改变为市场导向;将闭锁的国门向先进技术及其生产方式洞开。就是这两个变化,让今日之中国与改革开放前的中国相比,变得更加富裕,更加具有活力。正是这两个将中国引向富裕和活力的变化,决定了由计划向市场之转变的历史正当性。中国的改革开放,其实正是从多种所有制形式的破冰而开始前行的。单一所有制,既不相容于市场体制,且即使在计划体制下,也解决不了激励问题。中国要继续发展进步,要更加富裕、更加具有活力,前提就是坚持市场导向,坚定市场导向。只要这个导向在,多种所有制形式也必定在。反之亦然。只要市场经济的导向在,只要市场配置资源的作用在,多种所有制就是市场得以发育和成长的前提性条件,多种所有制形式就是与市场体制须臾不可分离的结构性因素。从来就不存在没有多种所有制的市场,因而私营经济的离场,铁定意味着市场导向的反转,也一定导致市场体制的坍塌,必然地,市场配置资源的作用更是无从谈

---

① 单仁平:《刘强东事件,让事实和法律说话》,《环球时报》2018 年 9 月 3 日。

起。要由市场配置资源,坚持市场导向就是不容置辩之向①。

再如,2015年5月8日,光明网评论员发表《有枪更不能任性》评论,针对黑龙江庆安警方在车站击毙手无寸铁的中年男子徐纯合的事件提出质疑。枪击事件发生后,面对汹涌的舆论反应,庆安警方单方面"还原"事发经过和开枪因由。诸如,"中年男子曾用矿泉水瓶攻击民警","徐纯合却反手一拳并追打起民警","徐纯合将女儿抓起掷向民警,重重摔在地上",以及在与执法警察厮打"过程中就给民警一拳,徐纯合抢走了齐眉棍,一棍打在民警后背上,另一棍打在持枪的手背上"等。对于警方单方面说词,评论质疑:其暴力程度是否足以"匹配"射向徐纯合胸口的致命一枪?理据在于:

警方掌握的武装器械,非同于散在的棍棒刀枪,而是国家强制力的象征,是有组织的国家暴力的物质根据。对于其他社会组织、团体和个人而言,国家暴力具有压倒性的优势,是国家强制力有效性的基础。不过,在非战和平国家中,国家暴力的使用原则大都以不使用和有限使用为原则,国家暴力的最大值在于其威慑性,而恰不在其使用、尤其不在其普遍使用上。几乎在所有非战和平国家中,国家法律严格限制执行国家强制力的组织使用强制器械,也正是为了防止使用暴力的普遍化。从一般国家政治原理来看,不论基于什么理由,暴力使用的普遍化,将改变基于国家暴力威慑性而形成的社会心理预期,并由此改变有权使用暴力机构与普通社会组织以及民众的行为互动预期,这也必将改变与此相关的社会关系。这些结果,也正是所有国家暴力的掌行者在使用暴力时,谨思慎行,不敢任性的原因所在。动辄使用暴力,无异有组织使用暴力的示范,更无异在社会召唤暴力的到来。再者,国家暴力组织固然强大,但这种强大是在其他组织和个人放弃或不得使用暴力的情况下,并据此形成了相应稳定心理预期和行为预期前提下的强大。一旦这个心理和行为预期崩解,其他组织和个人采行或不得不使用暴力,处在明处的国家暴力机构将无以应对处在暗处且汪洋般的遍地暴力。从各个国家的历史看,国家暴力由冷兵器时代过渡到热兵器时代,其暴力效率的提高,越来越与使用暴力的严格限制条件相对应,其中道理正如前述。

---

① 光明网评论员:《改革开放40年:更要坚定市场导向》,2018年9月13日,光明网,http://guancha.gmw.cn/2018-09/13/content_31145688.htm,最后浏览日期:2020年5月15日。

以上述庆安警察为例,即使不论起因,在普通执法中竟然应对不了一个平日以乞讨为业的中年男子,而非要用枪来解决事态,也未免太任性了。①

光明网评论员这篇文章专业水准甚高,具有说理硬度和逻辑强度,雄辩滔滔,义正词严,字里行间充溢满满的正义感。

四、《解放日报》评论员评论

《解放日报》作为上海市委机关报,在上海政治动员和政治沟通中,扮演"喉舌"角色。每当上海市重大政治活动或重要政策出炉,《解放日报》多有表示,不是以社论表态,就是以评论员文章发声。2018年年初,上海提出打造全球卓越城市目标。在这一背景下,上海决策层提出"全力打响上海'四大品牌'率先推动高质量发展"战略。上海市委、市政府正式下发了《关于全力打响上海"四大品牌"率先推动高质量发展的若干意见》,并以市委办公厅、市政府办公厅名义下发关于"上海服务""上海制造""上海购物""上海文化"四大品牌三年行动计划。高规格的全市推进大会释放出一个强烈信号:全力打响"四大品牌"的行动征程已经开启,上海的方方面面都需要高站位思考、高效率推进。为此,《解放日报》责无旁贷地扮演了这一战略的宣传者和解释者角色,以"本报评论员"形式连发三篇评论:《登高望远,方有行动自觉》《优势要更优,特色要更特,强项要更强》《找准主攻方向,聚焦重点发力》。三篇评论登高望远,高举高打,精准发力,掷地有声。

其中,《登高望远,方有行动自觉》针对打响"四大品牌"对于上海发展的战略意义作出精准分析。文章认为,打响品牌,就需要从战略高度去理解和推动——如果只是把"四大品牌"视作四项常规工作,抑或只是为常规工作套上一个新的帽子,显然是对"品牌"内涵的窄化和误读,更是对此项工作意义认识上的不足。站高望远但不务于虚功,具体精细却不落于琐碎。这是一座卓越城市应有的情怀、智慧与能力,而全力打响"四大品牌",正是一场这样的考验。无论是贯彻落实好各项重大国家战略,还是继续吃改革饭、走

---

① 何人可:《有枪更不能任性》,2015年5月8日,光明网,http://epaper.gmw.cn/gmrb/html/2015-05/08/nw.D110000gmrb_20150508_6-02.htm? div=-1,最后浏览日期:2020年5月15日。

开放路、打创新牌、构筑新的战略优势,上海都需要找到将战略具体化的抓手、让构想落地的梯子——"四大品牌"正是这样的抓手和梯子。与此同时,上海要推动高质量发展、在全国率先破局,要创造高品质生活、满足人民日益增长的美好生活需要,打响"四大品牌",同样是重要的抓手和路径。在纪念改革开放 40 周年之际,打响"四大品牌",正是推动"改革开放再出发"的重要实践,是检验"再出发"决心、意志与能力的大课题①。

《优势要更优,特色要更特,强项要更强》《找准主攻方向,聚焦重点发力》着眼于具体路径和策略。改革开放 40 年来,上海的发展已经站到一个较高的起点,大部分领域已经跨过了"有没有"的阶段,亟待回答"好不好"的问题。全力打响上海"四大品牌",正是为了坚定追求卓越的发展取向,实现从"有没有"到"好不好"、从"高"到"更高"再到"卓越"的跨越②。打响"四大品牌"的核心,就是对标国际最高标准、最好水平,向着产业链、价值链的高端勇敢进军。这是百姓高品质生活所盼,也是经济高质量发展所需,更是落实国家战略所急、赢得全球竞争的关键所在。"上海服务"重在辐射度;"上海制造"要彰显美誉度;"上海购物"重在体验度;"上海文化"要展现标识度。"四大品牌"之间,并不是并列关系,而是以"上海服务"为核心的"1+3"格局③。

五、澎湃评论员评论

澎湃新闻网从《东方早报》"蝶变"而来,其血液中携带《东方早报》的新闻基因。澎湃评论赓续《东方早报》的评论传统。起先,澎湃新闻网只有每天一次的社论,后来推出"马上评"和"深观察"评论专栏,评论的显示度更高了,评论部的阵容更大了,评论的影响力也更大。澎湃首席评论员沈彬经常在一些热点事件和重要舆论时点现身,代表澎湃新闻发声。比如,2018 年 9 月 1 日,昆山"反杀案"在公众的焦急期待中等来了处理结果,昆山公安机关宣布:"反杀者"于海明的行为属于正当防卫,不负刑事责任,公安机关依法

---

① 《登高望远,方有行动自觉》,《解放日报》2018 年 4 月 25 日。
② 《优势要更优,特色要更特,强项要更强》,《解放日报》2018 年 4 月 26 日。
③ 《找准主攻方向,聚焦重点发力》,《解放日报》2018 年 4 月 27 日。

撤销于海明案件。

尊重案件真相，把正当防卫权还给公民

沈　彬

正当防卫！"反杀者"属于正当防卫，案件撤销。

昆山"反杀案"，在公众的焦急期待当中，等来了处理结果，9月1日，昆山公安机关宣布：依据《中华人民共和国刑法》第二十条第三款有关"无限防卫权"之规定，于海明的行为属于正当防卫，不负刑事责任，公安机关依法撤销于海明案件。

这一次正义没有迟到！这一次"无限防卫权"终于回归了司法实践！此案应该成为正当防卫的参考标杆。

在过去不少个案中，正当防卫的边界受到了不正当的挤压，由法定的"没有明显超过必要的限度"，变成"不得已的应急措施""必须穷尽一切手段之后，才能实施正当防卫"。结果，公民面对凶残暴徒时，畏畏缩缩，投鼠忌器，似乎逃跑成了公民面对犯罪时唯一的正确选择。甚至有网友戏称，面对歹徒行凶，是法律束缚住了你的手脚！

本案的正确处理，重申了《刑法》关于"正当防卫"和"无限防卫权"的规定：对正在进行行凶、杀人、抢劫、强奸、绑架以及其他严重危及人身安全的暴力犯罪，采取防卫行为，造成不法侵害人伤亡的，不属于防卫过当。

公安机关认定"反杀者"于海明属正当防卫，并不是对于口水的屈从，也不是"舆论审判"，而是尊重案件真相。

首先，"文身男"持凶伤害行为，已经属于刑法意义上的"行凶"，从酒后滋事到拳打脚踢，再到持管制刀具行凶，不法侵害逐步升级，公民有权反抗，而不是一味逃跑，司法机关应予以支持。

其次，对正当防卫的认定，是基于对案件细节的全面调查。

之前，有一些法律人士认为于海明捡刀后继续"补刀"，明显超过必要的限度，属于防卫过当。从警方的调查和法医鉴定结果看，于海明抢到砍刀，并在争夺中捅刺刘海龙腹部、臀部，砍击右胸、左肩、左肘，刺砍过程持续7秒。在被刺砍5刀中，第1刀为左腹部刺戳伤，致腹部大静脉、肠管、肠系膜破裂；其余4刀依次造成左臀等部共5处开放性创口及3处骨折，而死因为失血性休克。这意味着，第一刀已是足以致命的。于海明的"反杀"行为并

没有超出正当防卫的必要限度。

最后，司法机关对公民的自卫防护，抱以同理之心，没有站在"上帝视角"苛责公民的行为。公安机关认为，于海明夺刀后捅刺、砍中刘海龙的5刀；与追赶时甩击、砍击的两刀（未击中），尽管时间上有间隔、空间上有距离，但这是一个连续行为，之后"停止追击，返回宝马轿车搜寻刘海龙手机的目的是防止对方纠集人员报复、保护自己的人身安全，符合正当防卫的意图"。

就像原最高人民法院副院长沈德咏所说的：要求防卫人在孤立无援、高度紧张的情形之下实施刚好制止不法侵害的行为，不仅明显违背常理常情，而且违背基本法理。默认每一个防卫者都是黄飞鸿，对于穷凶极恶的伤害能"点到为止"，那是法律强人所难。

昆山"反杀案"的公正处理，恢复了"正当防卫"的本来面目，弘扬了社会正气，鼓励了更多公民与犯罪分子作斗争的勇气。从去年的"辱母杀人案"的改判，到这一次"反杀案"的及时撤案，公众希望借此全面激活正当防卫制度，让防卫条款摆脱"僵尸条款"的尴尬，特别是要在司法实践中全面恢复《刑法》规定的"无限防卫权"，把正当防卫权还给公民。在"昆山案"之后，不少地方的"谁伤重，谁有理""能跑不跑，就是错"等土政策也应该及时得到纠正。

也还是要补充一句，"反杀案"的正当防卫的定性，基于案件细节以及当事人主客观因素的认定，属严肃的司法处理，并不是鼓励一味的争强斗狠，法律只保护你应得的权利。

总之，面对穷凶极恶的歹徒，公众期待法律能够站在自己这边，这个朴素的正义观应该被纳入执法标准中，自卫权要从法条照进现实。[①]

（澎湃新闻网，2018年9月1日）

对此，澎湃首席评论员发文《尊重案件真相，把正当防卫权还给公民》，文章认为，这一次"无限防卫权"终于回归了司法实践！正义没有迟到！此案应成为正当防卫的参考标杆。评论指出，公安机关认定"反杀者"于海明属正当防卫，并不是对于口水的屈从，也不是"舆论审判"，而是尊重案件真

---

① 参见澎湃新闻网，https://www.thepaper.cn/newsDetail_forward_2402156。

相。在过去不少个案中，正当防卫的边界受到了不正当的挤压，由法定的"没有明显超过必要的限度"，变成"不得已的应急措施""必须穷尽一切手段之后，才能实施正当防卫"。结果，公民面对凶残暴徒时，畏畏缩缩，投鼠忌器，似乎逃跑成了公民面对犯罪时唯一的正确选择。本案的正确处理，重申了《刑法》关于"正当防卫"和"无限防卫权的"规定：对正在进行行凶、杀人、抢劫、强奸、绑架以及其他严重危及人身安全的暴力犯罪，采取防卫行为，造成不法侵害人伤亡的，不属于防卫过当。昆山"反杀案"的公正处理，恢复了"正当防卫"的本来面目。公众希望借此次"反杀案"的及时撤案，全面激活正当防卫制度，让防卫条款摆脱"僵尸条款"的尴尬，特别是要在司法实践中全面恢复《刑法》规定的"无限防卫权"，把正当防卫权还给公民①。

六、《南方周末》评论员评论

《南方周末》有一个专业化程度甚高的评论员团队。《南方周末》作为周报，对于热点新闻事件的快速反应不及日报或网络媒体，因此，他们以牺牲部分时效为代价，在深度上获得补偿，选择"中程"或"远程"选题，在深度、高度和角度上显示优势。

比如，针对2018年"两会"议程中拟设立国家监察委一事，发表评论员文章《监察委高压反腐机制化》②。该评论认为：

设立监察委是重大的政治制度变革，将由全国人大产生的"一府两院"国家权力架构，变成了"一府一委两院"。监察委与纪委合署办公，将分散在检察、行政系统的反腐职权，集中萃取在一起，具有对所有公职人员、党员、事业单位成员甚至民众自治组织的管理人员的监察权力。据统计，从中央到省、市、县，四级监察委的权力所及，高达1.9亿人。反腐败实现了"全覆盖"，这就是近些年从"打老虎"到"老虎苍蝇一起打"之后重大的反腐制度设计。

中国历史上，国家所受到的基本挑战可以大致划分为两种类型，一是地

---

① 沈彬：《尊重案件真相，把正当防卫权还给公民》，2018年9月1日，澎湃新闻网，https://www.thepaper.cn/newsDetail_forward_2402156.，最后浏览日期：2020年5月15日。

② 《监察委高压反腐机制化》，《南方周末》2018年3月1日。

方权力坐大使中央无力管控而导致瓦解,一种是权力失控导致腐败深入骨髓而土崩。设立监察委,主要是为了应对第二种挑战。

与传统中国不同的是,自晚清变法开始,朝向现代中国的制度转型,即要求有一部成文的良宪。落定在制度上,意味着监察委既要有足够的权力反腐,其权力又必须受到严格的限制。这种限制,包括两个方面,一个是以权力制约权力,监察委与人大、政府、检察、法院之间的权力关系要厘清,这是本次两会审议要解决的。监察委是否必须向人大作报告?对人大代表和司法系统行政人员乃至法官的监察如何实现?非法证据的排除具体如何操作?与检察机关如何更顺畅衔接?权限和程序理清后,还涉及不少的法律修改。另一个方面是被监察人的权利保障问题,如自我辩护与正当程序的权利,这尤其是后续的立法修法要解决的。

监察委所能采取的谈话、讯问、询问、查询、冻结、调取、查封、扣押、搜查、勘验检查、鉴定、留置十二项措施,往往直接关涉个体人身权利与生命财产权利,需要置于法律的规范下。尤其是针对留置措施,学术界和实务界都曾提出了大量的具体建议,很多建议已经吸收在具体的法律条文里,还将经受全国性的实践检验和完善。

监察委的设立,是高压反腐的机制化、常态化,既要防止权力腐败土崩的坏结局,又要积极维护每个人的基本权利。从两个维度来推动反腐制度建设,改进现代中国的立国之道。

设立国家监察委意义何在?如何解读?该评论作了明确、精到的解读,意味着中国政治制度的重大改革,意味着由全国人大产生的"一府两院"国家权力架构变成了"一府一委两院"。这一重大制度突破远远超越了此前纪委权力框架,这是重大的反腐制度突破,将制度网眼变得更小,反腐实现了"全覆盖",大大小小的腐败可以一网打尽,从"打老虎"到"老虎苍蝇一起打",监察委的权力范围达 1.9 亿人之众。监察委与纪委合署办公,将分散在检察、行政系统的反腐职权集中到一起,具有对所有公职人员、党员、事业单位成员甚至民众自治组织的管理人员的监察权力。但是,该文没有停留于此,而是进一步追问:监察委的权力如何接受监督和约束?监察委是否必须向人大作报告?对人大代表和司法系统行政人员乃至法官的监察如何实现?非法证据的排除具体如何操作?与检察机关如何更顺畅衔接?权限和程序理清后,还涉及不少法律的修改问题。另一个方面是被监察人的权利保障问题,如自我辩护与正当程序的权利,这尤其是后续立法修法要解决的。对这一系列问题的追问,显然不是很多人都能意识到的,但《南方周末》评论员于无疑处存疑,发人深省。该文提出,既要防止权力腐败土崩的坏结局,又要积极维护每个人的基本权利。如此立论,高屋建瓴,一针见血。

第三节　评论员评论写作

评论员评论如何操作,在写作实践中如何落实?这涉及实操方面的策略和技巧。

一、选题的捕捉和把握

评论员文章涉及的主题应有一定的分量。虽然说不同的媒体评论员文章,其关注点和旨趣会有不同,但也有一些共性,即挑选一些重要的话题展开评论。

比如,《人民日报》评论员往往是"站在中南海"看问题、看社会、看世界的,扮演的是中央机关报喉舌角色,评论员文章对"喉舌"性的要求更高,要求评论员文章的选题不能是短视的选题,而是中远程的选题。很多时候,《人民日报》评论员文章的选题是命题作文,这就要求评论员具备很强的解题能力。比如,针对中美贸易战,《人民日报》连发6篇评论员文章,以罕见的力度,从不同角度为主流舆论导航。

相对而言,地方党报站位自然与中央机关报《人民日报》有所不同。比如,《解放日报》《南方日报》《新华日报》《北京日报》多是站在地方政治场域下,针对当地的重要政治、经济、社会、文化议题发声。《解放日报》针对"四大品牌"的系列评论,主题落点还是在上海,且把地方战略与国家战略的深刻关联说得很到位。

对于《南方周末》来说,其评论选题多数是自选。《南方周末》的不少选题取自近焦距的时事热点和新闻事件。比如,西安2018年年初推出落户新政：全国在校大学生，凭学生证和身份证，即可在线落户西安。2018 年 3 月 22—24 日，西安组织 40 多家重点单位组团进京引进人才。有意落户西安的学子，当场即给办理手续。对此，《南方周末》发表评论员文章《西安已抢得先机》。文章对西安此举给予积极评价：西安落户条件之低、手续之简、办结时间之短及成本之低（学子无需亲赴西安），让人感受到其诚意之高。西安此举功不唐捐，仅仅 3 天就落户了 1.5 万多人。从 2018 年 1—3 月，仅仅 3 个月，西安迁入人口已达到 21 万，接近 2017 年全年迁入人口的总量，足以证明西安极简入户政策的效果。评论认为，在新一轮地方政府抢人大战中，西安敢于对户籍制度动真格，敢于大刀阔斧地简政放权，为城市发展抢得了先机，为城市的未来积聚了新动能。不过，该评论的不足是，未能发现西安以吸引人才之名行"房地产"经济之实的障眼法。

评论员文章对选题的处理可分为两种方式：小题大做、大题大做。小题大做，是指从小的选题切入，向纵深处延展，别有洞天。甚至从一些司空见惯的小事情、小问题出发，"于无声处听惊雷"，发掘大问题、大主题。请看以下这篇文章。

守住底线文明之基

《南方周末》评论员

最近有人在广州和重庆做了个小小的社会测试，在地铁口放置容器装满几百个一元硬币，写上有需要的人可以自取，但最多不得超过五个。测试结果表明，先是有人好奇，拍照发朋友圈，然后真的有老人、年轻女性、清洁工人等去取，从一到五元不等，基本没人取超过五元。

一个很温和的社会测试，的确测出了人心的温度。那么多取硬币的人恪守了道德的底线。谁都有一个硬币难倒英雄汉的时候，不一定缺少这几块钱，有时真是没硬币、没零钱。没取的围观者同样自觉呈现出了底线道德，因为除了自己，谁知道他们到底需不需要那五个硬币呢？

也许有人说，这个测试存在漏洞，公共场合，众目睽睽，难道还有谁好意思一抓一大把吗？是的，哪怕是陌生人的目光，也会激起一个人的羞耻心。耻感，这正是文明区别于野蛮的根基之一。不要小看这种道德情感，人若无耻，什么事情干不出来？正是这小小的羞恶之心，让"不食嗟来之食"成为中国两千年的古训，提醒着尊严有比物质生命更重要的那一面。存着这一点点的羞恶之心,在升职、商业、升学等诸多人生场景中,这个社会就会少很多不择手段的无底线竞争。人就会可爱很多,我们身边的人情味就会浓很多。

当然,更严重的测试是"盲测",倘若将这几百块硬币放在无人注视之处,会发生什么?几乎可以肯定,结果比放在众目睽睽之下要糟糕。慎独难得。我们大多数人毕竟还是普通人,一个社会的文明,不是靠一两个道德圣人撑起来的,而是靠千千万万只取自己所需要的公益硬币的人所撑起来的。文明不是要人做圣人,是要人守底线。

守底线并不容易。且不说看多了"一哄而上抢翻倒的车上掉落的物品"的新闻,CCTV有一期《今日说法》的内容让人大跌眼镜:某地部分村民借着怀孕或哺乳期的机会,外出盗窃,甚至教唆儿童一起盗窃,即使被抓住了,也可以根据刑事诉讼法规定取保候审,逃脱羁押。法律的本意,是存有保护孕妇与婴儿的仁慈之心,却被这些丧失底线的孕妇狠狠地钻了空子。那么,取消这个法条吗?那付出代价的是无辜婴儿。法治是非常重要,但徒法不足以为政,民免而无耻,守不住德性的底线,文明也会落空。

好在,人本来都是有向善的潜能的。前些天,成都地铁的小暖男就是一个例子。这个社会的精英们要做的,就是不断改良这个社会机制,让向善的潜能得到正向激励,减少劣币驱逐良币的情况。守底线的人越来越多,这个社会,就会越来越文明,我们就会生活得越自在。

(《南方周末》,2017年8月3日)

这篇评论从一个测试入手,延伸出底线文明这个大论题。小切口进入,发掘大乾坤。

至于大题大做,就是用大场面、大格局支撑大主题。《人民日报》评论员文章多取这种策略。比如,2018年7月25日,金砖国家领导人在南非约翰内斯堡举行第十次会晤,习近平主席在金砖国家工商论坛上发表重要讲话。对此,2018年7月27日至8月1日《人民日报》连发6篇评论员文章,接力式评论习近平主席金砖国家工商论坛重要讲话:《顺应时代潮流,再创"金色十年"》《坚持合作共赢,建设开放经济》《坚持创新引领,把握发展机遇》《坚持包容普惠,造福各国人民》《坚持多边主义,完善全球治理》《为人类和平发展作出中国贡献》。这组评论员文章站位高远,具备大视野和大格局。

二、立场与看点

选题确立之后,须对选题进行发掘,进而框定主题内涵,精确定位。面对黑龙江庆安枪击案,新华社评论员的角度落点在对真相的追问上[①],而《光明日报》评论员的落点则在警察开枪的合法性和正当性上。

有枪更不能任性

何人可

近日,黑龙江庆安警方在车站击毙中年男子徐纯合的事件,引发社会广泛关注。尽管5月6日有媒体"据现场监控录像"还原了事发经过,但即使站在旁观者的角度,仅凭对录像的描述,庆安警方开枪击毙徐纯合的行为与徐纯合对警方的反抗厮打行为之间,也很难建立起合理的因果联系。

根据警方的描述,"中年男子曾用矿泉水瓶攻击民警","徐纯合却反手一拳并追打起民警",以及在与执法警察"厮打过程中就给民警一拳,徐纯合抢走了齐眉棍,一棍打在民警后背上,另一棍打在持枪的手背上"。所有这些,其暴力程度是否足以"匹配"对其一枪毙命呢?

最近两年,暴力恐怖事件时有发生。这种暴力恐怖行为,以不特定的公众为对象,行为的随意性和随机性强,给防范和处置带来了困难。正是在这一背景下,警方在处理公共场合出现的暴力行为时,需要更加快速地判断情况,更果断地使用可以即时制止暴力行为的警械。毫无疑问,这些警械中,以枪械为最有效的器械,但枪械的使用条件也有最严格的限制。

为什么警方最有效的器械反倒被限以最严格的使用条件?这是因为警方掌握的武装器械,不同于散在的棍棒刀枪,而是国家强制力的象征,是有组织的国家暴力的物质根据。对于其他社会组织、团体和个人而言,国家暴力具有压倒性的优势,是国家强制力有效性的基础。不过,古往今来,古今中外,在非战和平国家中,国家暴力的使用原则大都为不使用和有限使用。国家暴力的最大值在于其威慑性,而不在其使用,尤其不在其普遍使用上。几乎在所有非战和平国家中,国家法律严格限制执行国家强制力的组织使

---

① 丁永勋:《真相别总靠"倒逼"》,《新华每日电讯》2015年5月10日。

用强制器械,也正是为了防止使用暴力的普遍化。

从一般国家政治原理来看,不论基于什么理由,暴力使用的普遍化都将改变基于国家暴力威慑性而形成的社会心理预期,并由此改变有权使用暴力的机构与普通社会组织以及民众的行为互动预期,也必将改变与此相关的社会关系。这些结果,也正是所有国家暴力的掌行者在使用暴力时谨思慎行、不敢任性的原因所在。

最近几年,警察涉枪案件屡屡出现。除去个别警察蓄意谋杀、醉酒用枪等案例外,大多数警察涉枪案件的发生都与判断有误、处置失当有关。有钱不能任性,有权不能任性,有枪更不能任性。甚至,有理也不能任性,这才叫法治。

(《光明日报》,2015 年 5 月 8 日)

立论的角度不同,反映出作者对新闻评论主题设定的差异。《有枪更不能任性》的主题定位在:警方虽然拥有使用暴力的权力,但使用暴力不能任性。评论认为,"警方掌握的武装器械,非同于散在的棍棒刀枪,而是国家强制力的象征,是有组织的国家暴力的物质根据。对于其他社会组织、团体和个人而言,国家暴力具有压倒性的优势,是国家强制力有效性的基础"。但是,从国家暴力的使用原则大都以不使用和有限使用为原则,国家暴力的最大值在于其威慑性,而不在其使用,尤其不在其普遍使用上。文章还从人类社会通则的角度进行分析:几乎在所有非战和平国家中,国家法律严格限制执行国家强制力的组织使用强制器械,也正是为了防止使用暴力的普遍化。《光明日报》的评论员文章着眼于国家组织使用暴力的合法性以及任性使用暴力带来的严重后果。这个主题定位是甚为精当的。其实,警方"擦枪走火"事件,庆安枪击事件不是孤例,这篇评论员文章较早地从法理上给警方"普法",及时,到位。

三、逻辑与论证

评论是要摆事实、讲道理的。评论员文章对事实、道理的要求更高。无论是高深的道理,还是朴素的道理,无论是大道理,还是小道理,皆要通过"讲"的过程予以呈现。讲道理是有套路、有规律的。评论员文章对逻辑和章法的要求甚高。再好的主题、观点，不按说服的逻辑去表述，也难以达到说服的效果。

2018 年 7 月 25 日，金砖国家领导人在南非约翰内斯堡举行第十次会晤，习近平主席在金砖国家工商论坛上发表重要讲话。金砖五国领导人会晤走进第十个年头，在这个节点，金砖五国合作成就值得总结，习近平主席在这个场合下的讲话深意值得阐发。下面这篇评论员文章，作为《人民日报》系列评论员文章的首发，是从宏观层面阐发习近平主席讲话的深远含义的。

顺应时代潮流，再创"金色十年"

"志合者，不以山海为远。"在美丽的"彩虹之国"南非约翰内斯堡，金砖国家领导人第十次会晤拉开帷幕。去年厦门会晤的成功，宣告了金砖合作第二个"金色十年"的开启。世界期待金砖合作从约翰内斯堡再出发，在"金色十年"里实现新的飞跃。

7 月 25 日，习近平主席在金砖国家工商论坛上发表重要讲话，深入把握世界大势，明确提出顺应时代潮流、实现共同发展的"中国主张"，郑重宣示为人类和平与发展作出新的更大贡献的"中国行动"。这一重要讲话，彰显了中国积极推动构建新型国际关系、构建人类命运共同体的坚定信念和务实行动，展现了中国为人类进步事业而奋斗的崇高使命与责任担当，为金砖合作在"金色十年"里实现新的飞跃指明了方向。

走过 10 年的金砖合作，不仅增进了五国人民福祉，也为世界经济企稳复苏并重回增长之路作出了突出贡献。金砖合作的实践充分证明，这一创造性的合作机制，超越了政治和军事结盟的老套路，建立了结伴不结盟的新关系；超越了以意识形态划线的老思维，走出了相互尊重、共同进步的新道路；超越了你输我赢、赢者通吃的老观念，实践了互惠互利、合作共赢的新理念。面对当今世界百年未有之大变局，只有在国际格局演变的历史进程中运筹金砖合作，在世界发展和金砖国家共同发展的历史进程中谋求自身发展，金砖合作才能在又一个"金色十年"里实现新的飞跃。

未来 10 年将面临什么样的重大变化？习近平主席明确指出：未来 10 年，将是世界经济新旧动能转换的关键 10 年，将是国际格局和力量对比加速演变的 10 年，将是全球治理体系深刻重塑的 10 年。这一科学判断，揭示了未来世界发展大势。一方面,大量新产业、新业态、新模式将给人类生活带来翻天覆地的变化;保持现在的发展速度,10年后新兴市场国家和发展中国家的经济总量将接近世界总量一半。另一方面,要开放还是要封闭,要互利共赢还是要以邻为壑,国际社会再次来到何去何从的十字路口。顺应历史大势,把握发展机遇,合力克服挑战,为构建新型国际关系、构建人类命运共同体发挥建设性作用,这是时代赋予金砖国家的共同责任。

如何在第二个"金色十年"里实现新的飞跃?习近平主席提出四点主张:坚持合作共赢,建设开放经济;坚持创新引领,把握发展机遇;坚持包容普惠,造福各国人民;坚持多边主义,完善全球治理。这四点主张,顺应时代潮流,面向共同发展。当今世界,只有开放才能使不同国家相互受益、共同繁荣、持久发展,我们应当坚定建设开放型世界经济,让经济全球化的正面效应更多释放出来;在新科技带来的新机遇面前,我们应当着力培育新的经济增长点,全力推进结构性改革,深化国际创新交流合作;发展不平衡、不充分问题是各国面临的共同挑战,我们应当坚持以人民为中心,坚持人与自然和谐共生,不断增强人民群众的获得感、幸福感;良好稳定的外部环境是所有国家发展的重要前提,我们应当坚定奉行多边主义,反对霸权主义和强权政治,倡导共同、综合、合作、可持续的安全观。

金砖国家就像5根手指,伸开来各有所长,攥起来就是一只拳头。在金砖合作第二个"金色十年"里,只要金砖国家携手同心,就能不断攀越险峰峭壁,登顶新的高峰,实现新的飞跃,为人类和平与发展的崇高事业作出新的更大的贡献。

(《人民日报》,2018年7月27日)

文章第一段是评论的导语部分,直奔主题导入评论正题;第二段阐发习近平主席讲话的意义;第三段总结十年金砖合作对于金砖五国乃至世界经济和政治的重要贡献;第四段分析未来十年的重要性及其变化,判断第二个十年面临怎样的世界格局以及金砖五国的站位和使命;第五段阐释未来十年的合作战略,依据是习近平讲话中提出的四点主张;第六段是"豹尾"收总。整篇文章六段,次第推进,环环相扣,理路分明,论证有力。

第八章

专 栏 评 论

专栏评论可分为两类。一类是媒体设立的评论专栏。比如,《人民日报》的《人民论坛》《评论员观察》《今日谈》《钟声》,《新京报》的《观察家》《来论》,《解放日报》的《解放论坛》,《文汇报》的《文汇时评》,澎湃新闻网的《马上评》《深观察》,《南方都市报》的《中国观察》,腾讯网的《大家》。另一类型则是为评论员或专栏作家度身打造的专栏。以《新京报》为例,它设立的评论专栏有:《贤明改革》(作者是匡贤明,中国改革发展研究院经济所所长)、《犀赵牛渚》(作者是赵柯,国际问题学者)、《法政观察》(作者是吴元中,法律工作者)、《长安论道》(作者是李长安)、《科普之家》(作者是张田勘,科普学者)、《平常心》(作者是党国英,中国社科院农村发展研究所研究员)、《南亚观察》(作者是刘小雪,就职于中国社科院亚太与全球战略研究院)、《全心全意》(作者是鲁全,中国社会保障学会秘书长、中国人民大学副教授)、《隽永篇章》(作者是陈永伟,《比较》研究部主管)等。再如,光明网时评频道的《评论员专栏》,有刘雪松、熊丙奇、熊志、刘昌松、敬一山、王石川、王钟的、韩浩月、胡印斌、朱昌俊、佘宗明、邓海建、马想斌、舒圣祥、王聃、汤嘉深等评论员加盟,组建了实力强劲的专栏评论员团队。

第一节　评 论 专 栏

评论专栏是指媒体专设的评论空间,即媒体将评论按选题、主题、功能或风格分类,设置特定的评论专区,具有稳定的评论标识和品牌。比如,《人民日报》的《人民论坛》评论栏目,主要选取社会生活中有全局性、代表性、倾向性的问题和较普遍的社会现象、社会思潮为评论对象,注重思想性、指导性,针对广大党员特别是领导干部的思想认识误区,解疑释惑。它在某种程度上是对党和国家重要理论方针和政策的一种思想解读,说理周密,文风大气、严谨。再如,《人民日报》的《人民时评》栏目,针对的是社会关注度大的新闻事件,对关乎国计民生的社会热点事件作及时、准确、深刻的评论,一事一议,事件的新闻性、观点的鲜明性是它的基本要求。《人民时评》专栏强调在新闻事件发生过程中发言,积极抢占舆论制高点,从而发挥党中央机关报引导舆论的重要作用,持论尖锐,文风清新流畅①。《解放日报》的《解放论坛》是上海市委机关报的重要言论阵地,该专栏针对社会共同关心的社会问题,进行正确的舆论引导,宣传党的路线、方针、政策,批评各种错误思想和不良作风,反映人民群众的意志、意见和呼声。《街谈巷议》是《羊城晚报》的名专栏,居头版,以刊载微评论知名,多为微音先生所撰,每篇评论只有短短数百言,但文笔辛辣,直面热点和痛点,嬉笑怒骂,酣畅淋漓,深受读者喜爱。

作为媒体言论专区的专栏评论,一般来说,其位置和风格相对稳定,天长日久,形成一种意见品牌。打造一个评论名专栏绝非易事,需要长期的经营和努力,上述几家名专栏,都是多年苦心经营的结果。每一类的评论专栏写作,对作者的要求都会不同,同样是党报的评论专栏,《人民日报》的《人民论坛》与《解放日报》的《解放论坛》就有差异。它们一个是中央机关报的喉舌,一个是地方机关报的喉舌,二者虽话风都是字正腔圆的,但定位、表达各异。即便同一家媒体的不同评论栏目也各有千秋,比如,《人民日报》的《人民论坛》《人民时评》《今日谈》,定位、风格、行文也有差异。

在新媒体语境下,观点、意见的竞争更为激烈,无论在那些头部的新闻媒体,还是处于影响力长尾的轻量级媒体上,观点的竞争都甚是激烈。许多媒体把时评作为媒体竞争力的重要选项,比如,以思想评论为主场的《人民日报》已经打造出一系列评论品牌,形成评论矩阵。诸如任仲平、《人民时评》、《人民论坛》、《钟声》、《评论员观察》、《评论员文章》、《今日谈》,以及《侠客岛》、《人民网评》、《人民日报》官方微博等新媒体评论产品,多路出击,各

---

① 卢新宁:《追求比一天更长的生命》,《新闻战线》2006 年第 3 期。

显神通,形成多声部的"人民"之声。

新媒体评论纷纷介入评论竞争,姑且不论门户网站,诸如新浪、搜狐、腾讯、网易、凤凰,还是主流媒体转型发声的新媒体,纷纷打造专栏评论。腾讯《大家》打造的专栏专区,开设了《战争史札记》《马原专栏》《朝贡的背后》《纸上烟云》《美学散步》《第三者NOWHERE》《话题队》《焦虑症候群》《冰川思想库》等专栏。其中,"冰川思想库"是由陈季冰、连清川、任大刚、张明扬等组成的评论团队精心打造的评论品牌。凤凰网评论推出了一系列评论专栏,诸如《高见》《政能量》《第一解读》《政对面》等。澎湃新闻网的澎湃评论专区,设有《马上评》《深观察》《夜读》栏目,追求评论的第一落点,同时强调评论的深度。再如,光明网专设了时评频道,打造评论专区,这个评论专区包括《光明观察·原创》《光明谈》《学习时刻》《地评线》《大家谈》《评论员专栏》《漫话天下》等栏目,打造出了一个多层次、立体化的评论空间。

办好评论专栏,需要几个条件:一是专栏的定位;二是评论编辑的编辑力;三是评论员的水平。

一、评论专栏的定位

定位正确、精准,是评论专栏成功的关键。有的评论专栏定位偏重对热点事件的关注和解析,追求第一落点,比如,澎湃评论的《马上评》,强调及时反应。互联网全时性带来的便利,为评论的即时反应创造了有利条件,同时也制造了评论的时差。有的评论注重评论的深度,比如,澎湃评论的《深观察》,不求第一落点,注重评论的深耕。举例说明,当红演员吴秀波与女演员陈某某婚外情引发的纠葛,激起广泛的舆论围观,在互联网上口水汹涌,很多媒体,包括自媒体也纷纷介入"蹭热点",澎湃评论没有跟风沸水扬汤,而是在口水波峰过后,在《深观察》栏目由法学教授发文评论《索要"分手费"被刑拘,经得起法与情的拷问吗?》,从专业的角度为公众补充法律知识。

再看《光明观察·原创》的定位,着眼于对热点事件的及时发声。以下系列评论是时评对新闻热点的"追光",是《光明观察·原创》先声夺人的体现。

舒圣祥:《需关注网络黑灰产受害者》,2019年1月22日

　然　　玉：《个税 App 不再收集房东信息稳定普惠减税预期》,2019 年 1 月 22 日

　张田勘：《蓝天拼图拼的不只是颜值,更是健康》,2019 年 1 月 21 日

　张　　焱：《北海艺术设计学院的魔幻试卷,难堪了谁?》,2019 年 1 月 21 日

　邓海建：《从权健到无限极,还有多少靴子待落地》,2019 年 1 月 21 日

　马涤明：《巨资"造景",优化招商环境还是形象工程?》,2019 年 1 月 21 日

　封寿炎：《啥是〈啥是佩奇〉?》,2019 年 1 月 18 日

　张　　丰：《"小罐茶"的"创新"只是"创新性表达"》,2019 年 1 月 18 日

　堂吉伟德：《支持非遗进社区有助激活源头》,2019 年 1 月 18 日

　李一陵：《治理有害 App,不能高估无良企业的底线》,2019 年 1 月 18 日

　然　　玉：《酒盒印失踪儿童,用商业拓展公益事业边界》,2019 年 1 月 18 日

　敬一山：《一建一拆几千万,违建的灰色地带需查清》,2019 年 1 月 17 日

　熊　　志：《女童心肌损害,直销产品难辞其咎》,2019 年 1 月 17 日

　任　　然：《循着大众对个税 App 的意见,细致化专项扣除工作》,2019 年 1 月 17 日

二、评论编辑的编辑力

评论专栏是评论编辑的"责任田"。一个评论栏目做得好不好,评论编辑的作用十分关键。经营一个评论栏目,编辑从议题设置到作者的选择,再到与作者之间的沟通,激发作者的才思,进而到修辞、文法的修改润色,都要有编辑的积极介入和专业努力。

《环球时报》评论的影响力,得益于评论编辑的有力"助攻"。从笔者与《环球时报》评论编辑的互动经验来看,《环球时报》评论的编辑力是很强的,他们从来不会等米下锅,坐等来稿,其评论编辑靠前站位,精心做好评论议题设计,与作者深度互动,激发作者能动性。评论成稿后,将稿子打磨完善,以成作者之美。优秀的评论编辑还擅长发现评论作者。优秀的评论员不是一夜成名的,需要一个成长的过程,其中,评论编辑的作用不可小觑,优秀的评论编辑有眼光发现评论作者,也有能力培养评论作者。

三、评论员的水平

"巧妇难为无米之炊。"哪怕再好的评论编辑，也需有评论员的加持，即便是那些编辑和评论"双栖"的评论编辑，也不能独立把一个评论栏目撑下来。当年《南方都市报》《新京报》《东方早报》处于评论"高光"时期，评论栏目办得风生水起，各类评论高手风云际会，灿若星河，成就了中国评论的"热言"时代。

专栏写作，作者是关键。如何选择评论作者？需要考量以下三点。

其一，政治把关是第一位的。评论依靠思想去影响他人，若评论员思想立场和政治方向存在问题，其带来的社会影响就值得担忧。因此，作为把关人的编辑和评论主编，需要对评论作者的思想倾向和写作历史有正确的把握，若政治立场和思想倾向存在偏差，第一关就不能轻易放行。

其二，评论作者选择也需要考虑专栏的定位和风格。比如，《人民日报》的专栏评论《人民时评》《人民论坛》《钟声》《评论员观察》《评论员文章》《今日谈》，这些栏目对作者以及评论风格的要求是不同的。

其三，需要考虑评论员的评论能力和水准。

下面是笔者本人的一篇评论文稿，后经澎湃评论部编辑的精心修改，成为一篇文字更加精练、结构更加合理、表达更为准确的评论作品。

彻查"造谣"问题，告慰李文亮在天之灵

张涛甫

李文亮医生还是没有抢救过来，于7日凌晨去世。武汉官方在其官网发布公告，对李文亮的去世表示哀悼，对其坚守一线抗击疫情表达敬意。国家卫健委也对其不幸离世表示深切哀悼。

假如不是这次突如其来、险象环生的"新冠"疫情，李文亮这位武汉市中心医院的普通医生，可能并不起眼，也不可能成为如此高光的"英雄"。舆论聚焦李文亮医生，不仅因其医生的身份，更因他无心插柳地成为这场特殊疫情的"吹哨者"。

作为最早触碰"新冠"疫情雷区的医生，李文亮以其专业敏感在他同学朋友圈内预报疫情，他并非恶意发表不真实的言论，而是用其专业知识和判

断向自己同学圈提醒和预警，没想到这些先知先觉的专业预告，被传播进入公共空间，遭以发表不真实的言论而被训诫。与李文亮同样遭际者，还有另外7人，他们被称为这场疫情灾难的"吹哨者"。这批早起打鸣的公鸡，事实证明，真相和正义都是站在他们这一边。

近半月以来，上下一心，心无旁骛，我们与死神赛跑，与疫情搏斗，抗疫成为压倒一切的任务。但人们在心里牵挂着李文亮们。这次，李文亮不幸离世，舆论鼎沸，反映民意牵挂和困惑，也是对真相和正义的测评。李文亮是不是"谣言"制造者？时间已给出了初步答案。但是，有关方面当初作出的判定和处置行为又无法"清零"。如何处理被外界认定的草率、任性？公共舆论期待给李文亮们一个明白的交代。

中央在这场疫情行动和舆论互动中，表现及时高效，充分发挥制度优势和组织优势。就以回应今天的李文亮医生去世引发的舆论关切来说，态度明确，出手果决。国家监察委员会决定派出调查组赴湖北省武汉市，就群众反映的涉及李文亮医生的有关问题作全面调查。

在战疫进入关键时期，对李文亮医生问题进行全面调查，这是李文亮在天之灵的告慰；同时说明，中央在面对重大公共事件包括公共安全事件上，公共、透明、负责任的态度是明朗的。对相关问题的严肃调查、及时处理，与争分夺秒、治病救人也是不矛盾的。

李文亮们这一事件，虽然只是个案，但其影响和意义却非同寻常，甚至还会被有些人故意放大。我们希望不要给这些人口实，更重要的是，为不辜负人民对党和政府的殷殷期待，也为了践行党和政府对人民的庄严承诺，当以明确、果断的行动回应民意关切。

以下是该评论的最终正式发表的文章。

公众的期待与果决的监察调查

澎湃特约评论员　张涛甫

李文亮医生还是没有抢救过来，于7日凌晨去世。今天，武汉市政府在其官网发布公告，对李文亮的去世表示哀悼，对其坚守一线抗击疫情表达敬意。国家卫健委也对其不幸离世表示深切哀悼。

假如不是这次突如其来、险象环生的新冠肺炎疫情，李文亮这位武汉市中心医院的眼科医生，可能并不起眼，也不可能成为如此高光的英雄。舆论聚焦李文亮医生,不仅因其医生的身份,更因他成为这场特殊疫情的"吹哨者"。

作为最早触碰新冠肺炎疫情雷区的医生,李文亮以其专业敏感在他同学朋友圈内预报疫情,他并非恶意发表不真实的言论,而是用其专业知识和判断向自己同学圈提醒和预警。他没有想到,这些先知先觉的专业预告,被传播进入公共空间,遭以发表不真实的言论而被训诫,与李文亮同样遭际者,还有另外 7 人,他们被称为这场疫情灾难的"吹哨者"。这批早起打鸣的公鸡,事实证明,真相和正义最后站在了他们这一边。

近半月以来,上下一心,心无旁骛,我们与死神赛跑,与疫情搏斗,抗疫成为压倒一切的任务。但人们在心里牵挂着李文亮们。这一次,李文亮不幸离世,舆论鼎沸,反映民意牵挂和困惑,也是对真相和正义的测评。李文亮是不是"不实言论"制造者?时间已给出了初步答案。但是,有关方面当初作出的判定和处置行为又无法"清零"。如何理解当初的执法出发点,又如何处理被外界认定的草率与任性?公共舆论期待给李文亮们一个明白的交代。

中央在这场疫情行动和舆论互动中,表现及时高效,充分发挥制度优势和组织优势。就以回应今天的李文亮医生去世引发的舆论关切来说,态度明确,出手果决:国家监察委员会决定派出调查组赴湖北省武汉市,就群众反映的涉及李文亮医生的有关问题作全面调查。

在战疫进入关键期,对李文亮医生相关问题进行全面调查,这是对李文亮在天之灵的告慰;同时说明,中央在面对重大公共事件包括公共安全事件上,公共、透明、负责任的态度是明朗的。对相关问题的严肃调查、及时处理,与争分夺秒、治病救人也是不矛盾的。

李文亮们这一事件,虽然只是个案,但其影响和意义却非同寻常,甚至还会被有些人故意放大。我们希望不要给这些人口实,更重要的是,为不辜负人民对党和政府的殷殷期待,也为了践行党和政府对人民的庄严承诺,当以明确、果断的行动回应民意关切。[1]

(澎湃新闻网,2020 年 2 月 7 日)

---

[1] 参见澎湃新闻网,https://www.thepaper.cn/newsDetail_forward_5838759。

第二节　专栏评论写作

专栏评论是指评论作者以专栏作者的名义为媒体定期或不定期地专门供稿。一些媒体为评论作者量身定做评论专栏，比如，《南方周末》的评论版曾为刘瑜、鄢烈山、熊培云、连岳、梁文道、龙应台、秋风、长平等作者量身打造专栏。再如，《南方都市报》的《个论》，曾云集一批优秀的专栏评论员，比如熊丙奇、沈彬、阮子文、刘昌松、南桥、马光远、张田勘、周俊生、陶短房、刘远举、傅蔚冈、邹至庄、唐钧、金泽刚、马红漫等。这些作者不一定被框定在一个固定的栏目中，而是根据评论作者所写的题材，分布于不同的评论栏目里。

笔者曾作为《南方都市报》的专栏评论作者，为其评论版的不同栏目供稿。以下这篇评论刊发于《南方都市报》评论版《天下论坛》栏目。

制度缺陷给了特朗普可乘之机

张涛甫

眼下，美国又进入新一轮的政治赛季。2008 年，奥巴马作为民主党候选人，成了 8 年前那个政治赛季中的"黑马"，是互联网成就了奥巴马，将这位"黑马"送进了白宫。

2016 年，公众和媒体也在期待"黑马"的出现，但突然间跑出来一个政治"恐龙"，这个人就是共和党候选人特朗普。脱口秀主持人乔恩·斯图尔特(Jon Stewart)甚至说，特朗普是"一个富有、疯狂同时极度自高自大的怪兽"。这个完全不按牌路出牌的另类候选人，在政治赛场上运气出奇地好，他一路顺风顺水，超级星期二之后，特朗普已拿下了亚拉巴马、阿肯色、佐治亚、马萨诸塞、田纳西、佛蒙特、弗吉尼亚七个州。看这架势，恐怕连他的民主党对手希拉里也难以扛得住。希拉里竞选顾问布洛克说，特朗普是个非传统的对手。如果民主党一味等待，可能会坐失良机，等到大势已去，再出手救火，为时已晚。

但面对这位一路撒野人气爆棚的"疯子"选手，美国选举政治制度似乎又没什么驯服他的招。如果把美国交给这样的一个"疯子"来打理，美国将会成为什么样的国家？德国《明镜》周刊曾以"丑陋的美国人"为题发表评论：欧洲人从来没有像现在这样害怕一个美国人：那个煽动者特朗普，他掀起对外国人的对抗情绪，甚至嘲笑残疾人。虽然特朗普的歇斯底里目前已经淹没了一切，但特朗普最好不要代表美国，因为他代表美国的丑陋一面。美国这个常将自己视为民主标配的国家如何向世界推销美式民主？

这位房地产大亨有一句名言是："我有钱，有钱，我真的很有钱。"在他宣布参选总统的 45 分钟讲话中，不停地强调他"富有""有钱"。他始终任性地认为，他真的很有钱。他向联邦选举委员会递交资产报告时说，他拥有超过 100 亿美元的净资产，而美国《福布斯》商业期刊当天报道说，他的身家不到 40 亿美元，当别人低估了他的身家财产时，他会跟别人急，甚至要对簿公堂。为了证明他富有，他在世界各地造特朗普摩天大楼。有钱就任性，他认为，有钱就可以做一切事情，包括做总统。这个满嘴跑火车的另类候选人，根本看不出有什么治国理政的能力，也没有什么拿得出手的政治主张。但特朗普的逻辑是：他在财富上的成功证明了他的领导能力。是什么给了特朗普如此任性傲慢的底气？

特朗普的行情大涨似乎是民意泡沫制造出来的，而这民意泡沫无疑与媒体的推波助澜有关。没有媒体的鼓噪追捧，特朗普不可能这么风光。而特朗普这个"人来疯"越是关注的人多，就越起劲，像是出门忘了带钥匙似的，拼命地表现。其实，以收视率和点击量为导向的媒体，就是需要这种不断给人们带来刺激和喜剧效果的"明星"。哪怕是野路子的小丑式明星，也是难得的。特朗普极具喜感的发型、表情以及表达方式，皆是此前政治赛季表演中稀缺的剧情。在政治冷淡和审美疲劳的公众眼前，突然间冒出这样一个另类选手，媒体和公众立即像打了鸡血似的，他们的眼球迅疾被其吸卷过去了。

特朗普是制造争议话题的高手，他故意以极端的方式制造舆论话题。比如，关于移民问题，他危言耸听，由于美国边境管理太松，致使墨西哥的强奸犯、毒贩和杀人犯这些"人渣"大量涌入美国。他还说支持在必要时候关闭联邦政府，甚至要切断给那些旨在帮助妇女完成堕胎与避孕权利的机构的资金支持，等等。真的难以置信，这些极端言论是从一个思维正常的候选人口里说出来的。奇怪的是，特朗普抛掷这些奇谈怪论，催升了他的支持率：支持他的选民人数由 38％ 上升至 49％，而反对他的人数则由 47％ 降至 43％。只能说明，被媒体深度套牢的民意是不正常的，而依靠这种民意作为选举政治合法性的制度也是不正常的。

（《南方都市报》，2016 年 3 月 7 日）

专栏评论写作要求作者具有专业级的评论把握能力，"三观"正确，感应敏锐，表达出众。尤其在民智大开的当下社会语境下，庸常的见解和表达不会有什么市场，专栏评论作者要有出色的见识和表达，有创新的思想，独到的见解，新颖的视角，见微知著，出言不凡，且有良好的表达技巧。以下诸篇评论是笔者在改革开放 40 周年之际，连续发表的三篇评论。

四十不惑：方向更明确，步伐更坚定

张涛甫

1978—2018 年，这四十年，极具张力和魅力，极具历史标杆意义。这四十年，无论放在以千年为单位的远程历史中，还是以百年为单位的近程历史中，都是当之无愧的高光时段。这是中国人民意志、激情和智慧集中爆发的历史时段。

遥想四十年前，中国又一次遭遇最峻急的关头：民生凋敝，内外交困，中国这艘巨轮，深陷于迷雾重重的历史三峡。中国如何走出困境？唯有改革。改革共识即是在如此峻急、毫无退路的背景下浮出历史地表，改革的冲动，激荡在每一个国人的心间，人们无不有切肤的共识：只有改革，才有出路和活路。

这是历史上从未有过的改革实践，这是一场没有退路的自救突围，在当时，无论是庙堂，还是民间，没有现成的突围路线，没有明晰的改革设计图，我们只知道一路往前、往前，凭着某种信念，一个劲地向前走，哪怕前方有千难万险，关隘重重，也只能豁出去。正是出于这种信念，聚合人心，燃烧智慧，才将改革之窗一点点地打开，把开放之门一步步地推开。在试错中前行，一个个险滩闯过去，道路越来越宽，风景越来越好。中国的热度和亮度步步走高，进而成为整个世界追光的焦点，中国重新进入世界，继而成为影响世界格局的关键力量。

这四十年浓缩了太多的内容，我们用短短的四十年，风雨兼程、义无反顾地走了别人上百年方能抵达的行程。这其中，有机运，有必然；有自

— 161 —

觉，有懵懂；有迷茫，有选择；有风雨，有彩虹；有改革精英的引领，也有群体智慧的合力……也正因有了这些丰满的改革体验和经验，改革者才能逢山开路、遇水搭桥，涉过险滩激流，蹚过泥泞坎坷，一点点走向成熟和坚定，慢慢告别懵懂和粗糙，思想更趋成熟，理想之旗高高擎起，信念之路越走越宽。

四十年改革不易，其中艰辛和甘苦，只有身临其境者才能体味，只有中流击水者方可深解。"四十不惑"，这句关于人生周期律的哲言，也可妥帖地运用于中国近四十年的历史时段上。经历了四十年的千锤百炼，我们渐渐告别青涩和毛糙，我们的内心不再患得患失，忽冷忽热；面对外来风暴雨雪，对于各种风吹草动，不忧不惧，任凭风吹雨打，胜似闲庭信步。内心变得更强大，方向更明确，步伐更坚定，举止更从容。

如今，改革进入深水区，面对的挑战和不确定因素前所未有，我们所面对的未知风险、各种不确定性交织汇集所形成系统性的风险，对改革形成考验也是天量级的。何以解忧？唯有改革。开弓没有回头箭，我们既然选择了远方，只有选择一路前行。为中国谋发展，为人民谋幸福，改革既是发展观，也是方法论。我们有信心，应对一切艰难险阻，经由四十年的历练，我们练就了强大的心肺，我们相信自己的能力和智慧，相信我们有足够的抗压能力和创造力，化解一切风险，熨平所有的大波大浪，让改革这艘巨轮平稳驶往彼岸。

四十年的历练，成就了我们对制度的自觉，道路的自觉，理论的自觉，文化的自觉，也成就了我们的理论自信、道路自信、制度自信、文化自信。有了这些自觉和自信，我们心中就有定力，不惧四海翻腾，五洲震荡。

中国四十年的改革开放经验，绝不是小我的，而是大我的：改革不仅泽被中国，同时惠及世界。四十年间，中国从世界的边缘走进中心地带，进而成为世界经济的新引擎，扮演新世界秩序的议程设置者，担当"人类命运共同体"理念的倡导者和实践者。中国进入世界中心，势必会冲击既有板结的霸权主义世界利益格局。为此，中国遭受的阻力前所未有，但我们不忧不惧，不会因某种逆行的力量而改变中国的立场和方向。

当有的国家选择自我优先、把开放之门越收越窄的时候，中国则向世界释放明确而坚定的信号：中国只会把开放之门越开越大。这种选择，不只是为中国,更是为世界。四十年改革开放经验告诉我们,中国的发展离不开世界,世界的和平和发展更离不开中国。[①]

(澎湃新闻网,2018 年 12 月 16 日)

改革"一论"立论的角度偏于宏观,从 40 年的长线角度对改革开放进行总体评论,驾驭难度较大,尺度把握不易,在方向上不能有丝毫偏差,须有历史穿透力,思想力道要足,表达也要压得住。这篇评论主题是整体评价 40 年改革。总判断是,经过 40 年渐进式改革之路,中国对道路更自信、更清晰了,经验更丰富,步子更稳健。

主题的展开由九段文字构成:

第一段以凝练的概括揭示中国改革 40 年之意义,用长焦把握这 40 年在中国历史中的"高光"意义。

第二段先把视角回溯到改革之初的困境,从起点处揭示改革的背景,说明当时改革是无奈之举,乃绝处求生。

第三、四段对这 40 年改革过程的描述。这场波澜壮阔的改革只有方向,但具体怎么走? 没有明晰的路线图和时间表,摸着石头过河,逢山开路,遇水搭桥,试错前行,终于蹚出了一条渐宽、渐明的道路。

第五段对 40 年改革的启示进行提炼,中国改革渐行渐远,也越走越高,视野在拓展,经验更丰富,心态也更成熟,对道路和方向也更明晰、更自信了。

第六、七段视角转入当下,改革进入现在时,任务更加艰巨,挑战更严峻,但因有此前 40 年的历练和经验,对制度、道路、理论的信心也更大了。

第八、九段把视野拓展开去,从世界角度分析中国在全球化语境中的处境和困难,改革开放把中国推向世界,也成就了中国在世界舞台中不可替代的角色。虽然有的国家的逆行给中国乃至世界惹来很多麻烦,成为中国深化改革开放的绊脚石和拦路虎。中国必须正面应对,成为带领世界继续前行的轴心力量。

以上九段在逻辑上层层递进,时间和空间切换,线索分明,任由东西南北风,中国都必须临风前行,继续把改革推向深水区。

---

① 参见澎湃新闻网,https://www.thepaper.cn/newsDetail_forward_2744543。

向改革者致敬

张涛甫

人是历史的尺度。在四十年改革历史中,人是改革的尺度。离开人,改革也就失去了意义和方向。

在改革的合力中,改革者是动力的提供者,引领改革进程,化解各类阻力,一路向前,成就四十年改革辉煌伟业,创造了中国发展奇迹。在此,我们要向四十年来亲历中国改革实践的所有改革者致敬!没有他们的接力推动和合力托举,改革大业就无法持续,辉煌的成就便无法告成。

在此,我们首先要向总设计师邓小平致敬。正因有邓小平非凡的政治胆魄和智慧,才能把积弊丛生的中国,平稳导入改革的航道,确立了以经济建设为中心的发展战略,把中国引向快速发展的轨道。也正因邓小平的南方谈话,廓清了改革的迷雾。我们感谢邓小平为改革举旗定向,为开放擘画宏伟蓝图,没有他的高瞻远瞩、运筹帷幄,在关键节点上的掌舵把关,四十年的改革传奇也就难以成就。

这四十年,是需要改革者,同时也成就改革者的伟大时代。时代风云际会,改革者应改革而生。四十年,造就了无数的改革者,他们就像满天星,汇聚成璀璨星河:年广久、步鑫生、张瑞敏、柳传志、马云……这些闪亮的名字,皆是改革所造就的。正因有这些站在不同时间节点和改革路段的改革者,有他们接力传递,各显神通,才把改革的星星之火,燃成燎原之势。

每一个改革者的背后,都有意味深长的故事,都有各自的创业甘苦,也有各自的人生轨迹。虽然他们背景各异,秉性分殊,但他们有诸多"同类项":

他们有敏锐的嗅觉,对社会环境变化有精确的感知,有鹰隼般的洞察力和捕捉能力,善于把握稍纵即逝的机会;他们有强大的内心、超常的意志,具有超强的抗压能力,能逆水行舟,滚石上山,负重前行;他们有非凡的智慧,善于急中生智,化险为夷,长于临场发挥,披荆斩棘;他们视野开阔,思想不僵化,脑子不呆板,他们不拘泥于陈规旧窠,始终保持思想的活性和锐利,保持对未知的好奇。

改革潮涨潮落,在不同领域的弄潮人也不可能永在潮头。有的改革者如彗星划过天际,有的改革者也曾遭遇挫折非议。各自的亮度不同,光照时间有别,但每一位改革者都不可或缺,他们在各自的位置上点亮自己,照亮他人,泽及社会,众星拱月,成就了中国改革的辉煌与璀璨。

今天,我们向改革者致敬! 为的是,他们为中国的改革大业奉献了光热和力量,为推动改革进程贡献了智慧和动力;我们向改革者致敬! 为的是,我们的改革事业尚未完成。今天和明天,仍然需要更多改革者的智慧,改革进入下半场,实现"两个一百年"的目标,需要改革再出发。

改革进入下半场,改革的海域更加辽远,改革的任务更加艰巨。深水作业,难度更大,对改革者的胆识、意志以及智慧构成极限挑战。改革尚未功成,改革者尚需努力。[1]

(澎湃新闻网,2018 年 12 月 17 日)

"二论"的角度定位于"人",向改革者致敬。四十年间,火热的改革实践涌现出一波又一波的改革者,他们有的如恒星般光照恒远,如改革总设计师邓小平;有的如彗星般划天而过;还有很多泯然于众的改革者,他们有共同的品质,也有各自的个性和才智,各自的亮度不同,光照时间有别。但每一位改革者都不可或缺,他们在各自的位置上点亮自己,照亮他人,泽及社会,成就了中国改革的辉煌与璀璨。

改革再出发

张涛甫

改革开放四十年,从艰难破局,一步一步打开棋局,活棋渐多,死棋变少,由点及面,成就中国改革一盘大棋。如今,我们离目标越来越近,我们比历史上任何时期更接近民族复兴的伟大梦想。

但此时,处在再出发的关键节点,身处系统更新、结构调整的"娄山关"与"腊子口",面临的挑战和机遇都是过去所不及的。如何再出发,考验每一位改革者的胆识和智慧。过去的经验和策略能不能直接沿用到未来? 由点及面、试错式的改革能不能持续? 搁置"存量"、追求"增量"的改革能否畅行? 效率先于公平、先易后难的改革可否为继? 这些问题都得细加思量。

中国改革这艘巨轮,驶入深水区,面临的风险是超限的,所以,稳健是第一位的。改革行程至此,容不得丝毫差错。在改革的前半场,试错成本不会

---

[1] 参见澎湃新闻网,https://www.thepaper.cn/newsDetail_forward_2747069。

特别大,遭遇错失或陷阱,退回去,或绕过去,难度不太大,制度的惯性也不会特别大。但当雪球越滚越大,体量变得巨大时,对风险的敏感性要求就越高。由于改革面对的是超限的系统性风险,而我们现有的经验和智慧,很难即兴把控未知的风险,所以改革就不能一味求快,稳中求进是明智的选择。

改革作业面大了,我们不能指望得寸进尺,只能得寸进寸。每进一寸,都要有大局关照,有系统考量。因为不知道哪片云彩会下雨,哪个潮头后面有暗礁,需要随时应对半路杀出的风险。只有把系统性风险化解掉,把激流险滩闯过去,才能确保改革的稳步前行。

改革再出发,更加强调整体配合、精准发力。如果以球赛喻之,在上半场,由于没有什么赛场经验,凭借满身的青春荷尔蒙,满场跑动,可以不断试错,甚至以越位和犯规为代价,为的是多进几粒球。进入下半场,就不能只用脚踢球,而是要用脑踢球,强调定点爆破,精准打击。这对经验和智慧要求更高,对问题的诊断、机遇的判断、风险的评估,都要有精准度。

眼下推动的是一场超体量的系统改革,关联变量太多,各种关系错综复杂,干扰项不少,要把各种要素考虑周全,的确很难。但又别无选择,必须看准了,精准爆破。只有精准,副作用和成本才会少,付出的代价才会低。尤其要提高系统推进的精准度,难度更大。只有让系统的每个环节都能不掉链子,方可实现系统解决。

改革从浅水区一步一步逼近深水区。改革前半场,难度系数相对较小,改革可以先挑容易的事情做,过不去的坎,搬不动的巨石,就绕过去。未来,作业难度更大,容易做的事情越来越少,难啃的硬骨头越来越多。为此,需要强大的心脏和锐利的锋芒,需要有凌厉的攻势,敢于在精准的节点发力,不给自己留后路。当然,这种斗狠不是蛮勇,而是胆魄,这背后要有智慧为盾。须准,须狠,更须稳。[①]

（澎湃新闻网,2018 年 12 月 18 日）

"三论"的立论视角放在今后的改革策略和路径,改革尚未成功,开放还需持续。在改革前半场,难度系数相对较小,改革先易后难,梯度推进,把难啃的骨头放下。随着改革深入推进,容易做的事情越来越少,难啃的硬骨头

---

① 参见澎湃新闻网,https://www.thepaper.cn/newsDetail_forward_2751160。

越来越多,行至半山腰,坡度更陡了,捷径稀少,为此,需要强大的心脏和锐利的锋芒,要有凌厉的攻势,敢于在精准的节点上发力,定点爆破,做到准、狠、稳。

专栏评论写作的难点在于要长时间保持良好的评论状态。对于专栏评论作者来说,写几篇好评论并不难,难的是能保持长久的良好水准和写作状态。时评写作,写一段时间,就有被掏空之感。要保持不俗的写作状态,首先,激情不能缺席。一时兴起,短时间燃烧,写作不可持续。对于当下的时评写作者来说,经常会遇到新闻的"轮回",即同一类型的新闻间隔一段时间,又似曾相识地回来了,这让评论写作者感到很沮丧。比如说,环保、拆迁、医患关系、留守儿童等话题,评论员经常遭遇新闻的循环和轮回。第一次遇见会产生写作冲动,第二次、第三次……写作的激情会不断打折。其次是专栏作者应不断充电,方不会有被掏空之感。读书、思考、写作,一个都不能少,始终保持良好的写作状态,这就要求专栏评论员绷紧神经,保持警觉,常抓不懈。

第三节　评论的专业化

评论靠观点行世,但常面临两难:观点过于普通、低位,营养很低,评论也就没有什么价值和意义,受众从评论中得不到什么收益,于脑无补,于行无助;评论的意见过于高冷、精尖,受众的理解力够不上,曲高和寡,效果也欠佳。因此,评论写作,既要大众化,也需专业化,思想、观念、智慧的水准要在社会的中位线以上。

随着互联网的普及,民智大开,一般性的常识意见和口水观点,已激不起民众的兴致。这对专栏评论写作者提出了很高的要求。一是要有较高的专业化知识和专业能力。比如,写经济主题的评论,需要评论作者在经济理论知识上具备一定的专业水准;写作国际时评,需要在国际政治和国际关系方面具备一定的专业基础;写文艺评论,需要在文艺上有不俗的积淀和素养。二是要有专业化的表达才艺。专栏评论的专业化是公共写作的专业化。一个专业造诣颇高的专家不一定胜任专栏评论写作,就像一个科学家不一定擅长科普写作一样。只有把专业知识和理论与公共话题无缝接榫，将专业的"盐"溶化在水里，才能做到专业知识与公共表达的有机呈现。

以下几篇例文，笔者就是从专业角度展开的。

特朗普会成为下届美国总统吗？

张涛甫

今年又到了美国大选年。每到这个年份，无论是身临其境的政客或选民，还是远在这场政治游戏之外的看客，都会不同程度地兴奋起来，介入这场政治"嘉年华"。虽然现在只是初选阶段，还没进入双雄对决的大选剧情，但初选也是充满悬念，并不缺少惊险或精彩的剧情。在初选中，希拉里赢得不轻松，但她出线应不算太大的意外；相比之下，特朗普这匹"黑马"的出线，应算是一个大大的意外。原先，大家都以为特朗普是来"打酱油"的。很多人都是怀着看笑话的心态围观特朗普的，难道共和党实在没人了？整出这么个极具喜剧性的角色来忽悠美国选民。但大家万万没料到：这家伙玩着玩着，竟玩成真的了，甚至把自己玩成了共和党的"党代表"，而且，人模人样地代表共和党去跟民主党的那一位 PK 未来的美国总统。特朗普若真的笑到了最后，成为白宫主人，他将是美国总统史上的又一匹"黑马"。

众所周知，美国大选的游戏规则就是"数人头"。"数人头"似乎就是简单的政治算术题。殊不知，要把这道算术题做好，颇费候选人脑细胞。选民们的政治倾向、投票心理甚为复杂，在很多时候，选民的心理是很微妙的，甚至是情绪化、非理性的。特别是那些中间选民，他们在临近票箱那一刻，投谁不投谁，可能就是一念之差。他们脑子中的投票意念，也许就是被候选人的某一句话或某个煽情的细节决定的。在很多时候或对很多人来说，理性选民只是一个神话。李普曼曾说过：公众永远是坐在剧院最后一排看戏的观众，不能指望普罗大众对政治有专业的理解，他们没有打理政治的专业能力。因此，政治应该交给职业政治家去打理。公众的任务就是几年投一次票完事。李普曼这种精英主义的傲慢观点，说得不无偏激，但不无道理。不少选民，只是参与性的"看客"，他们投票不是出于深思熟虑和稳定的政治态度，而是容易受那些外在的因素或花絮干扰。这次，特朗普初选胜出，很大程度上得益于外围因素的吸引力。

接下来，围观者的兴趣将聚焦于特朗普与希拉里的高峰对决。据最新的民意调查,全美和关键州的数据均显示,若特朗普和希拉里在大选中对决,希拉里将会领先特朗普大约 10 个百分点。于是,有不少人推断,希拉里有望问鼎。不过在我看来,不能低估特朗普的能量,我的理由基于以下诸点:

其一,初选战绩有力地证明,特朗普的非主流路线是有效的。特朗普当初也是不被看好的,但凭借他不按常规出牌的路数,一路领跑。这位超级富豪,出语惊人,表现另类,凭借大尺度的表达,制造热点,吸引公众眼球。在共和党内部,特朗普如此夸张的表演为不少党内大佬所不齿,民主党支持者和许多中立人士对特朗普也很反感,但"卑鄙是卑鄙者的通行证"。这位"无耻"的富豪内心超级强大,你们越是反对,我越是恶心你们,越是冲着你们逆行,反正有人在乎我。特别是那些"不明真相"的围观者,很容易被这种另类的演员所吸引。

其二,美国大选历史上,从来都不缺"黑马"的横空出世。当年格兰特、艾森豪威尔、肯尼迪、奥巴马登场,也是不被人们看好的。与那些深谙政治堂奥的政治对手比起来,这几位没有什么"临床"经验可言。但后来,他们将对手一个个挑下马来。特朗普也是这种类型的选手。与特朗普相比,希拉里这张人们太熟悉不过的老脸,会让选民们感觉希拉里过于老派、保守。希拉里当年与奥巴马争夺民主党内出线权的时候,很多选民就是因觉得希拉里太过于精明、工于心计,才弃她而去的,从而选择政治"小鲜肉"奥巴马。这次,希拉里会不会重蹈覆辙,真的很难说。

其三,特朗普深谙媒体喜好,用他极富戏剧化的表达,制造眼球效应,迎合选民的民粹趣味。在美式民主越来越被媒体绑架的美国政治语境下,特朗普善于迎合媒体,迎合受众趣味。虽说,作为职业政客的希拉里深谙媒体之道,但特朗普不按常规出牌,他按照选民喜闻乐见的方式表达和表演,甚至不惜以"小丑"的角色示人,拼命讨好选民趣味。

当然,上述预判并不意味着特朗普就一定赢得大选。双雄对决的命运,不仅取决于有多少选民支持特朗普,同时取决于希拉里有多少反对者。根据路透社和益普索集团 5 日发布的调查结果,特朗普的支持者中,大约 47% 的受访者表示,选择这名地产大亨的主要原因是不希望希拉里当总统。在希拉里的支持者中,46% 的受访者因为反感特朗普而选择她;40% 支持她的政治立场;11%喜欢她本人。也就是说,近一半受访者因为讨厌希拉里才选择特朗普,同样,也有近一半的受访者因为讨厌特朗普才选择希拉里。这就出现了一个有趣、反常的景观:为了反对一个人,才去选择另一个。将来谁要赢得大选,首先"感谢"的应该是对方。也就是说,选民选择他或她,不是因为认同她或他的主张,而是因为特别反感其中一人,希望另一人阻止对方成为总统。这种微妙的选民心态,还会在后续的剧情中发酵,也会给大选带来变数。

(《南方都市报》,2016 年 5 月 9 日)

这篇评论写于特朗普与希拉里选战处于胶着状态之时。当时中外舆论对特朗普的选情普遍不怎么看好,尤其是精英阶层和主流媒体。但笔者认为,特朗普有可能胜选。作此判断,并非出于对赌冲动,理据有三:第一,初选战绩有力地证明了特朗普的非主流路线是有效的;第二,美国大选历史上,从来都不缺"黑马"的横空出世;第三,特朗普深谙媒体喜好,用他极富戏剧化的表达,制造眼球效应,迎合选民的民粹趣味。后来美国大选的结果证明,笔者先前的判断是正确的。

以下两篇有关金庸的评论,属于文化评论,也是角度有所不同。第一篇从时代与读者之间的关系的角度,评价金庸在一个特殊的时代成就了一个文化传奇,同时也是时代成就了金庸现象。金庸现象是如何产生的?解剖这个问题,须知人论世,从人与时代的交光互影中解读金庸现象。

第二篇则从另外一个角度分析两个"金庸":作家金庸与时评家金庸。作为作家的金庸,其成就有目共睹;但作为时评大家的金庸,世人不知。评论《金庸"双绝":入世社评,出世小说》向人们揭示被常识遮蔽的金庸的另一面,而这一面同样重要。此文从入世和出世的角度解析了金庸的"双绝":金庸的社评与小说不是彼此绝缘的独立世界,而是彼此贯通的。金庸小说的格局和情怀都是顶配的。"侠之大者,为国为民。"没有这等追求,金庸小说不可能呈其大,影响力也不可能如此大。金庸写小说,是有入世情怀的,他以入世之心出世,从而成就了金庸的"侠之大"和"江湖之远"。

如今的我们,在金庸的世界里相遇过

张涛甫

听说金庸先生去世,第一反应是"是不是又是假新闻?"因为金庸先生不

止一次"被去世"了。后来求证是真的,才敢整理出心情,来悼念这位大师级的武侠作家。

如今,金庸已淡出公众视野,不再是流行阅读的头部作家。但在很多人的记忆中,金庸创造了一代国人的阅读奇迹。很多人的青春记忆中,都闪耀着金庸的名字。记忆就是这么神奇,它会选择性遗忘、选择性记忆,并把所记忆的东西排列组合,分布在人们的大脑沟回中,随时等候调遣。在某些情境下,有什么刺激发生时,休眠的记忆就会被激活。金庸逝世,唤醒了一代人的阅读记忆。

这里所指的"一代人",与年龄无关,与金庸有关。这"一代人"泛指在金庸高光时代受其影响的一代读者。这一代人中,有少年,有青年,还有老年,他们的身份、社会背景参差有别,但这些差异和多样,并不能影响他们喜爱金庸的共识。金庸小说具有一种神奇的魔力,拥有极强的代入感,能将千差万别的读者龙卷风般地掳进小说所创造的奇幻世界。在金庸世界里,读者只有一种身份;在金庸面前,所有的读者,不论长幼贵贱,一律平等。他们似乎只有一个名字:金粉。

当年,为了读金庸,我们不惜与父母斗智斗勇,胆敢与老师"打游击",为金庸付出了不少青春代价。我们不禁好奇,金庸拥有什么魔法,可以让读者为其如此着迷?

金庸的武侠小说是一个时代的童话。机缘巧合,时代给金庸一个高光的机会,金庸也赋予时代一个生动的传奇。金庸的武侠小说在中国的风靡,离不开一个快进键驱动下的社会转型所形成的文化和精神空窗期。身处其间的芸芸众生,面对匆促的世间风景和无常的人生节奏,内心的烦恼和精神焦虑,需要驱遣和寄托;加之,文化市场的供给不足和品种稀缺,造成受众的饥饿状态。金庸小说在这种背景下进入中国文化市场,迅速走红,创造出"凡有华人处,即有金庸"的阅读盛况。

金庸创造的武侠江湖,释放出惊人的"万有引力",补给了现实的无奈和缺憾。现实人生,峥嵘粗粝,蹉跎了很多人生理想,小说却可以给苟且于世俗人间的人们以慰藉和光亮。在金庸编织的江湖故事中,寄托了很多现实的理想和情怀。金庸写小说,是一种释放;读者读小说,也是一种解放。沉浸在小说世界中,世俗的烦恼得以暂时缓释,现实生活中得不到的,可以在小说世界得到替代性补偿。这恐怕是金庸小说的一大魅力所在。

如今的我们,当年的"金粉",曾在金庸小说世界相遇过。穿行于金庸编织的江湖世界,我们曾有过共同的阅读体验,有欢愉,也有悲戚,同情心和同理心同频共振,彼此交感,成就了金庸武侠小说的阅读奇观。当年的这一代金粉,如今有的步入中年,有的已领退休金,一代传奇已成追忆。

在高度娱乐化的今天,金庸不再是人们追捧的明星作家。时代的斗转星移,曾经门庭若市的读者也星散而去。互联网带来的碎片化阅读,在线上和线下世界,形成了星罗棋布式的区隔。现今,虽然有畅销书作家这一物种,但也难以再现当年金庸小说的收阅盛况了。如今的我们被形形色色的网格圈在各自的信息孤岛里,可以彼此相望,但很难在阅读上同理共情,也难以形成当年的阅读共鸣。公众阅读,更多被外在的热点和炒作牵着鼻子走,短平快的内容走强,低级趣味的东西更受市场青睐,公众偏好整体下沉,内容供给的成色和品质有下行趋势。这是宏观行情,若持续走低,前景堪忧。

金庸当年遭遇"雅文学"的歧视,如今遭遇流行阅读的冷落。前后几十年间,金庸小说的命运炎凉遭际,值得我们深思。因乎此,金庸先生更值得我们追思。①

(澎湃新闻网,2018 年 10 月 31 日)

金庸"双绝":入世社评,出世小说

张涛甫

在很多人的印象中,金庸是一个作家,一位武侠小说大师。殊不知,他还是一位卓越的报人,一位社评高手。

在金庸以小说家出道之前,他的身份是报人。即便靠小说声名大振之后,他还在办报。他与报纸结缘,最早是从 1946 年成为杭州《东南日报》外勤记者开始的,主要任务是收听英文的国际新闻广播,翻译、编写国际新闻稿。之后《大公报》在全中国范围内招考记者,只有两个名额,应征者却逾三千人。金庸因表现卓异,被录取,进入上海《大公报》担任电讯翻译,不久被派往香港。后来,他与他中学同学沈宝新合办《明报》。也是从这时候起,金

---

① 参见澎湃新闻网,https://www.thepaper.cn/newsDetail_forward_2584778。

庸开始在《明报》上刊发自己撰写的小说《神雕侠侣》，后来他的大部分小说，也是在《明报》上发表的，一直到《鹿鼎记》。初期的《明报》，只是一份小型报，销数最差时不过五六千份，工作人员不超过十人。金庸以其独特的办报理念和精准的市场定位，在激烈的报业市场中立足，《明报》很快成为知识分子心目中的大报。

在《鹿鼎记》之后，金庸专注《明报》的社评写作，不再写小说了。据倪匡所言，明报社评，绝大多数（百分之九十九）由金庸亲自执笔。凭着见解之精辟，文字之生动，深入浅出，坚守原则，人人称颂。即便那些意见完全和他相反的人，也不能不佩服他的社评写得好。这是金庸在写小说才能之外另一种才华的表现。

在报人中，评论写得好的，比较少见，尤其是社评写得好的，更为罕见，比如，张季鸾、王芸生、储安平等，均是罕见之才；在小说家中，也鲜见有评论写得好的。当然，更为罕见者，是社评和小说的"双栖选手"。金庸能在社评和小说中自如切换，双向开关，从心所欲，且均成上品。这种才能极为罕见。

社评写作强调理性，文学写作强调感性。理性和感性之间，在很多人那里，是水星与火星的距离，但在金庸那里，则水乳交融，切换自如。如此才禀，让人惊叹。达到这种境界，关乎才禀，更关乎情怀。没有才情，即便想在评论和小说中出入，也难得门径。没有情怀追求，评论和小说都难成高格。

社评是入世之作，强调作者积极入世，干预现实，即兴发声。作为社评写手的金庸，要用评论影响读者，用思想引领舆论。这就要求作者须有很高的站位、敏锐的感知、开阔的视野、过人的胆识、深刻的洞察、杰出的表达。这些条件和禀赋，金庸均属上才。《明报》的目标受众定位在知识分子，要用评论影响知识分子，社评作者必须是"知识分子中的知识分子"，其才、德、识，皆须有极高的水准。

金庸的武侠江湖，是一个迥异于庙堂和俗世的"出世"之境。在小说里，金庸凭借卓越的想象力和故事演绎才能，创造了一个虚拟世界。在这里，作者摆脱了入世羁绊，放空世俗包袱，忘情地投身于想象的江湖，爱恨情仇、善恶美丑以及人物命运的沉浮起落，都由作家意志和想象力驱遣。相比之下，社评写作就不会有这么大的自由度。社评更注重影响世界，但无法创造世界。金庸的小说却做到了这一点，借此安顿他的情思和忧患。

金庸的社评与小说,不是彼此绝缘的独立王国,而是气脉贯通的。金庸小说的格局和情怀,都是顶配的。"侠之大者,为国为民",没有这等追求,金庸小说不可能呈其大,影响力也不可能如此之大。换句话说,金庸写小说,也是有入世情怀的,以入世之心出世,成就了金庸的"侠之大"和"江湖之远"。①

(澎湃新闻网,2018 年 10 月 31 日)

---

① 参见澎湃新闻网,https://www.thepaper.cn/newsDetail_forward_25850660。

第九章

广播电视评论

广播电视评论是对应于广播、电视这种媒体介质的评论形态：一个彰显声音的言说魅力，另一个彰显视觉说服的优势。与文字评论的"咬文嚼字"不同的是，广播评论、电视评论要彰显视听媒介的魅力和优势。广播靠声音说理，电视仰赖图像加持言说。针对同样的道理，不同的媒介有不同的操作规程和要求。

第一节　广　播　评　论

广播评论虽然不是评论的主流，但写得好可不容易，说得好也并不容易。因为广播评论要"入耳"，声音媒介是时间性的，不像文字媒介耐久性和可逆性好，不能反复阅读，因此不能艰涩难解，不能云山雾罩、花里胡哨，须直白平实和简洁明快，但又不能像白开水，淡而无味，没什么营养。

请看以下这篇，出自央广评论员手笔。

中国男足何时"东山再起"？

郭长江

今晨，亿万中国球迷盼望的 2019 年亚洲杯 1/4 决赛，最终以中国队的惨败成为了一个无言的结局。更为惨痛的是中国队主帅、世界足坛名教头里皮先生在新闻发布会上表示："单就这场比赛对球员没有任何感谢，他们出现了如此多的失误，我赛前没有预料到会以如此的方式结束比赛。我真的希望场面更好一些，这场失败不是我预想中的。"哀莫大于心死。令人锤骨痛心的这番话，令人汗颜。中国男足，还有"东山再起"的空间吗？

今晨的对手实力，已经没有太多必要去分析。但是，单单从国足队员的场上表现，对手已经彻底将中国队的整体形象打回了"原形"。至于，国足在世界足坛的排名也已是一块毫无价值的"遮羞布"。仅此而已！本场比赛中，国足后卫们三个极为低级的错误，不仅让中国队连中"三弹"，连最后的一点颜面也已扫地。这对一个技术水平不扎实、临场心理素质明显有问题，又企图盼望奇迹、逆转出现的球队而言，足足一个"痴人说梦"。

速度是一个优秀足球队员的重要评判标准；技术是一个足球队员立身行事的关键；临场发挥是判断一个足球队员是否成熟的重要标志；战术是一个成熟足球队富集力量充分释放和展示的动力。如此，评判中国队在本场的表现，除了里皮的战术安排还尚有期待，中国男足基本已经没有任何优势可言。显而易见，这就是赤裸裸的差距！但是，没有人会预料曾经"向死而生""信誓旦旦"奇迹出现的中国男足本场比赛居然输得这么"惨不忍睹"！

木已成舟。无疑，中国男足已经彻底跌到了谷底。中国男足，不但和伊朗有差距，要赶上韩国、日本、澳大利亚，以及西亚、中亚的强队，中间都还有很长的路要走。中国足球，是否还有"东山再起"的空间？

一是国家要从足球发展的战略高度，虚心学习、借鉴先进国家的经验，制订切实可行的规划、方案，增加投入，并切实保障投入的效果。二是要在完善中超机制中做文章。不但要抓好比赛，还要以培养新人为主要目的。机制是为保障国家足球持续、健康发展的。如果仅仅从利益的层面考虑，中国足球发展的"指挥棒"难免会偏离轴心。三是将"足球要从娃娃抓起"落到实处。现在，我们培养足球苗子，除了送到国外一些技术先进的国家，就是本土培养。而本土的努力总也不顺，导致优秀的足球苗子甚至出现"后继乏人"的局面。其中，以我们的少年、青年球队在亚洲、国际上的重要赛事成绩不佳为例证。四是要注重对足球运动员的思想品德、文化知识、心理素质、运动损伤等方面的综合专业教育，避免让我们的新生代除了踢球，什么也不会的尴尬现象产生。

大鹏一日同风起，扶摇直上九万里。但是，不积跬步无以至千里！中国足球已经再也经不起好高骛远、自我膨胀、夜郎自大了。只有认认真真、脚踏实地做好每一步，时刻注意认清自己、反省失误、及时总结经验，中国足球才有可能"东山再起"。否则,中国球迷只有眼睁睁地看着亚洲、世界强队在足坛上叱咤风云、纵横捭阖的份儿,却无缘听见中国男足胜利的高歌![1]

(央广网,2019年1月25日)

国足似乎成了国人挥之不去的心结。里皮执掌中国男足之后,给国足带来了一线希望,但2019年亚洲杯1/4决赛,中国队的惨败结局又一次将国人吊起来的胃口打回了冰点。央广评论条分缕析地诊断了中国男足的症状和病理,认为中国男足要"东山再起",还有很长的路要走,并开出"治疗"的方案。以上这个案例带有一定的专业性,评论写得很精彩,经得起专业挑剔,该评论面向的受众也要有一定的专业素养,评论话语兼具专业语言和公共语言的特点。

再看一篇同主题的文字评论。

亚洲杯止步八强,中国男足的成长少不了喜忧参半

吕京笏

0∶3,冰冷的比分如一把巨铲,在进军四强的路上挖出一道深沟,无情地将中国男足拒之门外。

五战三胜两负,小胜吉尔吉斯斯坦、大胜菲律宾,惊险逆转泰国挺进8强一役,更是中国男足15年来在世界大赛的赛场上取得的第一场淘汰赛胜利。然而,面对韩国与伊朗的两场败仗,无论是比分还是局面,都把国足与亚洲一流强队之间的差距暴露无余。

自2016年上任以来,里皮为中国男足带来的进步显而易见,日积月累的进步也在他执掌国足帅印的最后一站中,凝结成多次振奋人心的惊喜。

本届亚洲杯,国足将士们战术素养的提升,让人眼前一亮。首战面对吉尔吉斯斯坦,由于对手实力较弱,里皮在上半场实验了意式足球经典的三中卫战术,虽然有些"水土不服",但无疑是最能提升国足实力档次的模式,也为未来的战术升级提供了弹性。中菲之战,郑智和吴曦不断变化位置,演绎了一场三十六计;郜林玩命地反抢与堵截,更是为武磊拉开了空间,提供了无限开火权;井井有条的中前场进攻,是这场大胜的重要法宝。1/8决赛,

---

[1]　参见央广网, http://news. cnr. cn/native/comment/20190125/t20190125_524493973. shtml。

"高侠"肖智临危受命,充分发挥空中优势,成了这场逆转好戏的分水岭。

很多国足球迷说,这一年多来,中国男足心气更高了,精气神更足了。这方面,有一个数据特别能说明问题:在佩兰和高洪波时代,国足已经两年没有体会到逆转取胜的滋味,里皮上任后,国足三次在落后条件下实现逆转,本届亚洲杯面对吉尔吉斯斯坦和泰国的两次逆袭,更是队员在逆境下,饱满的自信心与昂扬斗志的重要表现。

国足在进步,只是前进之旅荆棘密布。

理想很圆润,现实很尖锐,甚至有点扎心。这么多年过去了,国足还是摘不掉"糙哥"的帽子。以里皮想要嫁接的三中卫体系为例,意识不对、执行不对、传球不准、控球不稳……拖拉机哪怕上了轻轨,还是拖拉机,逼得老爷子不得不在下半场换回"四四如意"的传统后防。

面对泰国,中国队在整个上半场失去了节奏,也打不出像样的配合,失误连连,三线脱节,多亏了下半场的两粒进球,才幸运地全身而退。面对韩国和伊朗的两场败仗,更是将中国男足技术不够细腻的最后一块遮羞布狠狠撕下,一球未进,净负五球的比分成为了国足边路和禁区内把握机会能力差、中场习惯性脱节、后防孱弱的直观体现。

说这届国足是留级生,实在不为过。平均年龄 29.3 岁,高居 24 支球队之首,14 名 30 岁以上的球员占了队伍的半壁江山,队长郑智更是 38 岁还在苦苦支撑着国足的中后场,尽管刘洋、金敬道等新人的表现可圈可点,在这个亚洲传统弱队普遍以青训结出的果实冲击传统诸强的时代,还在吃"85 爆款一代"老本的中国男足,显然急需实现新老交替,才能避免"蜀中无大将,廖化作先锋"的悲剧。

中国男足还有很长的路要走。

当被问到中国足球的症结时,里皮坚定地回答,"最重要的问题来自青训的投入"。今年年初,足协已经出台了在众多一线城市推广青少年足球训练中心等一系列举措,但想要搞好青训,绝非这么简单。如何改革青训的内容和形式从而扩大其在青少年群体中的影响力,如何实现青训与职业联赛的有效衔接,如何建立可靠的选拔机制,如何在青训与职业队之间分配资金……一系列现实的问题还需要在摸索中寻找答案。

"四大帽"投入限制让中超的金元时代落下帷幕,跳下资本的浮云,脚踏实地地提升联赛质量与国际影响力,营造并传承浓郁的足球文化,实现比赛孕育文化,文化滋养比赛的"双向拥抱",无疑是新时期中国足球改革与进步的重要方向与正确轨道。

本届亚洲杯,中国男足实现了进步、带来了希望,也暴露了问题、留下了进步的空间。逆水行舟,不进则退。亚洲乃至世界足球的整体水平正稳步提升,里皮即将卸任,郑智、冯潇霆、蒿俊闵等主力也进入了生涯末期,国足需要思考的命题还有很多,那个喜忧参半的过程,叫作成长。[①]

(澎湃新闻网,2019年1月25日)

这篇文字评论出自复旦大学新闻学院一位大二学生之手。他以特约评论员身份,为澎湃评论奉献了这篇专业水准较高的评论作品。与以上央广评论员的评论比较起来,彰显了文字评论的优势,分析精到,点面接应,耐读,劲道。

在互联网时代,广播的互联网化成为大势所趋,与纸媒和电视的转型难度相比,广播的转型难度相对较小。广播因是轻资产、轻量级的媒体,转型跨度不是特别大。广播瞄准垂直细分市场,走精准传播路线。这方面有成功的案例,比如喜马拉雅、阿基米德等。

著名财经作家吴晓波推出的"吴晓波频道",是互联网广播的典型案例。"吴晓波频道"坚定地走精准营销路线,其专业化的财经评论是互联网音频评论的样本。

<h3 align="center">2019年楼市:上头不急,下头很急</h3>

巴九灵

2019年伊始,楼市正在悄然变化。

过去一年,楼市调控政策密集。据中原地产研究中心统计数据显示,2018全年房地产调控合计450次,刷新历史纪录,同比2017年上涨75%。

最近一段时间,楼市调整也很密集,不过方向截然相反,或许可以用"松绑"二字来形容。

1. 多地房贷利率下调

融360大数据研究院数据显示:2018年12月,全国首套房贷款平均利

---

① 参见澎湃新闻网,https://www.thepaper.cn/newsDetail_forward_2903364。

率为 5.68%,环比下降 0.53%,为全国首套平均利率 23 个月以来首次出现下降。

北京、上海、广州、深圳、杭州、武汉等城市的首套房贷利率均出现回落。

2. 多地放松公积金政策

北京、银川对公积金提取手续进行了简化,福州调高提取额度,广州允许购房者在异地提取公积金。

3. 天津"自持租赁住宅"调整为"可售住宅"

1 月 10 日,天津取消津滨开(挂)2012 - 13、14、15、16 号四宗地块出让合同中约定的"该地块租赁型住宅建成后不允许出售,仅允许出租"条款,将自持租赁住宅调整为可售住宅。

这是全国首个获准租赁改销售的案例。

4. 广州放松户籍政策,加入"抢人大战"

广州新一轮入户政策:应届生可直接落户,本科生未满 40 岁即可落户。这意味着,广州放下一线城市的身段,加入"抢人大战"。

5. 北京两宗宅地未设房价限制

1 月 9 日,北京市公布两宗住宅混合公建用地的预申请公告,两宗地块并未限定住宅销售限价。

自 2016 年起,北京采取"限房价、竞地价"土地出让方式,此后出让的大部分地块都采用这种方式。

再加上 2018 年年底,山东菏泽取消限售、衡阳上演了"取消限价"乌龙等事件,难免让人疑惑:坚持了很久的调控政策,这回真的要放开了?

各地各有心思,但中央的态度又是如何呢?

① 1 月 14 日,在亚洲金融论坛上,银保监会副主席王兆星说到"在 2019 年房地产市场应该注意哪些问题"时表示:既不要过热也不要过冷,最好是保持相对稳定。

② 1 月 21 日,最高领导人在一期研讨班上表态:要稳妥实施房地产市场平稳健康发展长效机制方案。

③ 1 月 23 日,证监会副主席方星海在 2019 年冬季达沃斯论坛上表示:房价太高导致大量家庭的开销被压缩,消费被拉低,亟须解决房地产问题。

总体来看,中央依旧在坚持,而地方却悄悄打开了调控的小口子。这就让人疑惑了,2019年楼市究竟会怎么走? 调控是否会全面放开? 房价有可能回归理性吗? 我们来看看大头的观点。

丁建刚

浙报传媒地产研究院院长

针对最近楼市的一系列新变化,我的观点如下:

① 降低房贷利率,对购房者来说最为实惠,但可能幅度还远远不够。

② 北京没有设置销售限价,释放出强烈的"限价松动"信号。

③ 天津将"自持租赁住宅用地"调整为"可售住宅",尺度最大,最有争议。

但仔细看2012年这四宗地块出让公告中规定"严格按照相关程序办理",地方政府当时就给自己留下了巨大的权力操作空间。

能转不能转,能调不能调,全由政府说了算。"严格按照相关程序办理",请问是什么程序? 以后再出这样的地块,谁敢拿? 谁不敢拿?

④ 广州大幅放宽户籍政策,放下一线城市的身段,加入到二线城市的"抢人大战"中。

这是一个重要信号。重演2018年春天的"抢人大战",甚至落户门槛更低,这很可能是2019年二线城市解除限购政策的一个重要渠道。

这也证实了,地方政府是"真着急",不是"假着急"。

⑤ 银保监会官员的表态"既不要过热也不要过冷,最好是保持相对稳定","既不,也不"的句式看似一分为二,辩证法。但凡是熟悉中国政治语境的人都能听出弦外之音。

与这些政策变化相比,半个月前还在躲躲闪闪的菏泽、衡阳等三线城市,根本不算什么事儿。

可以预见,三四线城市限价和限购政策将基本解除;二线城市的限价政策也将解除,限购政策会有某些松动;一线城市相对谨慎,但也会有一些松动。

这些政策的松绑,将快速由点及面展开。一场中国经济保卫战即将打响。

但千万不必为"这些松动可能导致房价上涨"而焦虑。恰恰相反,面对形势的急剧变化,购房者和那些囤地不多、杠杆不高的房企,倒是可以更从容一些了。

总体而言,预期和趋势一旦形成,很难在短时间内改变,即市场降温的趋势,很难在短时间内改变。

从长期来说,2019 年楼市走势主要受宏观经济和预期的影响,主要看宏观经济指标的修复和全社会信心恢复的程度。①

······

（吴晓波频道,2019 年 1 月 24 日）

运营多年的房地产经济,关乎民生,同时亦关乎国运。2012 年之后,中央定下"房住不炒"总基调,抑制房地产过热。加之世界经济不确定性走高,中美贸易摩擦加剧了中国宏观经济的外部不确定性。在 2018 年中国宏观经济大势走低的情势之下,房地产经济牵动着各方的神经。

"吴晓波频道"敏锐地把握房产变数这个公共痛点,推出了一组评论。在做这组评论之前,作者做足了功课,首先,文章一开始便把一个值得公众关注的趋势总结出来,并画了重点;其次,阐明中央态度和地方政策上的若干表现;最后,关于如何看待上述现象,"吴晓波频道"接着把问题抛出来,并请行业专家予以解读。

专家丁建刚（浙报传媒地产研究院院长）进行了逐条分析,得出的预判是:"三四线城市限价和限购政策将基本解除;二线城市的限价政策也将解除,限购政策会有某些松动;一线城市相对谨慎,但也会有一些松动。""这些政策的松绑,将快速由点及面展开。一场中国经济保卫战即将打响。"

专家张大伟（中原地产首席分析师）的观点是:"2019 年,全国可能出现一轮起码 30 城以上房地产调控政策的微调潮,这标志着,本轮楼市调控全面见底。未来多个城市的很多微调宽松政策将密集出现。特别是对于二三线城市来说,除了信贷政策,最近其他政策都有可能调整。而部分城市的银行也有可能会变相调整执行中的信贷政策。整体看,2019 年目前的房地产政策依然是除信贷以外政策微调越来越多,但整体政策基本面依然保持比较紧的状态。"

两位专家的判断共识大于分歧,只不过前者判断更大胆,后者偏谨慎。

---

① 参见腾讯网,https://xw.qq.com/amphtml/20190124A058FH00。

由上述案例可见,网络时代的广播评论的趋势是垂直、细分、精准、专业化。大众化、泛传播的评论市场需求度会走低。

另外,互联网评论的优势体现在多媒介融合的方面,"吴晓波频道"既能以声音的方式传播,也能以文字的形式传播,声音媒介随身性好,受众可以边听边做自己手上的事情,不耽误眼睛干活;文字媒介耐久性好,受众可细细消化、品味。

第二节 电 视 评 论

电视是一个"能见度"高的媒体。与文字媒介相比,电视评论可以直观地展示评论员的言说场景:受众不仅能知道评论员说了什么,且能目睹评论员怎么说,还可以再现新闻场景,把评论中的故事元素和新闻论据以图像的形式再现出来。

不同的电视媒体,对电视评论的定位、风格以及所展示的优势是不同的。央视的《新闻1+1》、上海电视台的《新闻夜线》《夜线约见》、深圳电视台的《今日视点》、凤凰卫视的《时事开讲》等,各自定位和风格存在差异。其中,央视和凤凰卫视是电视评论的代表。

央视作为国家电视台,在电视评论上的站位和水准是内地最高的,聚集了最优秀的新闻评论人才,比如,白岩松、董倩、水均益、敬一丹、杨锐等。《焦点访谈》《新闻1+1》等节目是国内电视新闻评论中的王牌。其中,白岩松主持的《新闻1+1》是电视评论中的翘楚。该节目从时事政策、公共话题、突发事件等大型选题中选取当天最新、最热、最快的新闻话题,还原新闻全貌、解读事件真相,力求以精度、纯度、锐度为新闻导向,呈现最质朴的新闻,用精准的点评点亮新闻,为观众进行新闻解读和时事导航。

例如,2019年2月1日,央视《新闻1+1》节目推出了一档评论节目:《春运"慢火车",温暖回家路》。这期电视新闻评论节目关注的主题是一趟在春运期间往返于北京和山西的"慢火车"的温情故事。临近春节,中国人返乡进入高峰期,在高铁、动车迅速发展的时代,返乡变得更加快捷。当人们在感受"快"时代带来的便捷的同时,还有绿皮"慢火车"同样行驶在中国大地上。这趟往返于北京西—山西大涧的绿皮火车,自 1972 年至今,历经数十年,它烧的仍是煤锅炉,行程一共 200 多公里,时长达 7 个小时,票价最高也才 16.5 元。这趟"慢火车"一路停靠 30 个站点,途经地大多是农村,停靠站点时间间距最短不及 10 分钟。这是怎样的慢火车? 在春运期间扮演怎样的角色? 平时又承担怎样的任务? 在这辆慢火车上又会有怎样的故事? 这列以"公益"之名连接京城与欠发达地区的慢火车上,不仅有卖菜的村民、返乡的学生、观光的游客,还有浓浓的乡土气、人情味、家乡情。

在近半个小时的节目时间里,内容演绎的主题是温暖回家路。在这个节目中,央视记者带着大家"亲临现场",体味发生在这趟绿皮火车上的一个个温暖故事。车上乘客大多数是打工者,电视用镜头展示细节,传递温暖。比如,打工者甄伟,16 岁离家到北京打工,北漂多年,如今年届五旬,孙子已 4 岁了。当年,他打工每天只能挣 1.8 元;现今,每天工资 200 元。从这个打工者的经历,可见中国社会变化之大。

还有一位在京务工者,回乡时把一张折叠床带了回去。节目还关注了一群进京领取薪水的农民工等。一个个镜头拼接起来,展示了这列"慢火车""浮世绘"式的众生景观。画面呈现和镜头的剪辑细雨无声地传播了电视评论的观点和立场,恰到好处的引导和点评彰显出评论员的洞见和睿智。在这期节目里,新闻的色彩很浓,评论色彩淡化,主持人的串场和点睛评论将新闻点醒,让主题显山露水。

再如,《新闻 1+1》推出的一期节目《华为的"困"境,任正非如何"解"?》。一向低调的华为创始人兼 CEO 任正非在其女儿孟晚舟在加拿大遭非法拘留之后,一反常态,高调接受媒体采访。央视《新闻 1+1》记者董倩专程采访了任正非。在访谈中,针对女儿孟晚舟被加拿大扣押、华为遭一些国家"打压"等问题,任正非一一回应。这个节目没有做成一个专访式的节目,而是聚焦"华为的'困'境,任正非如何'解'"这一公共之问,寻求权威解答。围绕这个问题,主持人抛出了一系列的问题,任正非从容应答,信息量满格,立场和观点通过一系列"硬核"数据和证据慢慢道来。针对女儿在加拿大被非法拘留的反应,作为父亲的任正非表现得十分冷静。一方面,任正非感谢国家为此付出的努力;另一方面,他相信法律的力量。任正非认为,华为作为具有国际竞争力的公司,10 多年来不断面对着各种风险。这次孟晚舟事件,只不过以极端的方式把公司长期应对的风险表现了出来而已。10多年来,华为遭遇美国等国家的围追堵截,但始终咬紧关键技术不放松,在研发上不惜血本,研发经费高达年产值的15％,聚集了全球最优秀的技术人才,打造核心竞争力。对于华为的技术,任正非有底气:全世界把5G做得最好的是华为,全世界把微波做得最好的是华为。关于知识产权问题,任正非回应:知识产权是有利于西方国家长远发展的,但不能成为卡我们的借口。华为87 805项专利中,其中有11 150项专利是在美国授权的。华为的信息专利对美国是有价值的,已经与许多西方公司达成专利交叉许可。华为为170多个国家提供产品,有良好的安全记录。针对节目主持人兼记者董倩抛出的问题,此前一贯低调的任正非,为何这次一反常态,高调发声?任正非这样解释:见媒体是公司公关部门逼的。他们说,这段时间我们要给18万员工和广大客户传递信心,让他们多了解华为,多信任华为。但董倩则认为,任正非如此密集地接受媒体采访,原因有两个:一是短期的应急,面对外面铺天盖地的舆论,需要有权威的声音来回应;二是华为需要一个应变时间,公司成立33年,长期低调做事,经历了这次风口浪尖的事件之后,要开门办华为,今后华为会改变这种避开媒体低调做事的风格,事要做,但该说的话也要说。任正非还表示,他最关心的问题是基础科学研究和教育问题。在人人都替华为揪心、担心华为生死的危机当口,任正非心心念念牵挂的却是基础教育和基础研究,尤其是农村的基础教育,可见任正非的胸襟和眼光。华为作为走在世界前端的科技公司,深刻体会到核心技术的难、深、险,痛感人才的极端重要性。华为之"困"如何解?靠人才。人才培养在教育,尤其是基础教育。任正非呼吁,要提高教师的待遇,要让优秀的人才去做老师,用优秀的人去培养更优秀的人。该节目把问题的"解"落在教育和人才上。这结论不是出自评论员白岩松、董倩之口,而是出自中国最优秀的信息企业掌门人任正非之口。

　　由上述两个案例可见,央视的电视评论节目并没有把重点放在"评论"上,而是带有述评的性质,且以"述"为主,彰显电视媒介的直观性、场景感,把关联材料用镜头展示出来,卒章显志。

　　提及电视评论,凤凰卫视的电视评论是不得不提的。当年,电视评论一南一北,南腔北调:南方电视评论以香港凤凰卫视为代表;北方电视评论以央视为代表。在电视评论成为内地电视内容生产的短板时,凤凰卫视以直播和评论这两大利器,打开了中国电视新闻的另一片天地。凤凰卫视推出一系列电视评论节目,涌现了一批耀目的电视评论明星,诸如阮次山、曹景行、何亮亮、石齐平、邱震海、窦文涛等。这批评论员"扎堆"在一起,不会发生语言的"追尾"现象,而是各显神通,各具风格。这固然与评论员极高的素质和禀赋有关,也与凤凰卫视的节目定位和节目设计有关。凤凰卫视为王牌评论员度身打造个性化的电视节目,如《震海听风录》《时事亮亮点》《景行长安街》等。

《时事开讲》是凤凰卫视的一档时事评论节目。《时事开讲》眼观六路,看透时局背后;开启智慧,以理性观点作精准预测;耳听八方,贯通世界脉络,为公众权威解读时事。阮次山、曹景行、何亮亮等针对当前最热门的新闻话题,以精辟见解及不凡口才,对国际和两岸的重大事件、突发新闻,从华人的角度与视野作出分析评论,展望事态发展状况,邀请相关专家,深入讨论事件的真相及内幕,为观众提供更多的最新信息和背景资料,让观众立体、全面地了解和判断国际与两岸形势。《时事开讲》的成功之处在于以"深"求"独",以评论员独家的解读赢得很高的新闻站位和观点的水位。

《震海听风录》是凤凰卫视品牌系列节目《凤凰观天下》的一档王牌栏目,主持人是凤凰卫视评论员邱震海。节目每周从新闻热点中挑选重大的国际新闻事件,邀请资深外交官或权威专家,共同围绕事件展开深层次的讨论交锋。该节目曾在凤凰卫视资讯台创下台最高收视纪录,后转入凤凰卫视中文台播出。该节目有两个版块构成:一是"八面来风"(不固定部分),整理出一周重大的国际新闻报道,然后由邱震海作出简评;二是"全球连线",这是节目的主体部分,主持人通过与1—3人连线的方式,针对国际热门事件,邀请新闻事件的相关者、资深外交官或权威专家进行讨论。

2017年6月21日的《特朗普对华战略:白邦瑞对话中国军方人士》这期节目中,评论员兼主持人邱震海邀请两位嘉宾进入演播厅。一位是当时美国国防部长拉姆斯菲尔德最倚重的中国事务顾问白邦瑞,在长达30多年的中国问题研究过程中,他对中国的态度由喜爱转为猜忌。由他主笔的2005年的《中国军力报告》极力鼓吹"中国威胁论"。白邦瑞的公开身份是美国国防大学和大西洋理事会高级研究员,其曾担任国防部长办公室政策研究室高级顾问,将他请进凤凰卫视演播室,极具看点。另一位嘉宾是曾多次参加中美高层会谈的中国军事科学院中美防务研究室主任赵小卓大校。这档电视评论节目讨论的焦点是特朗普的对华战略。三者之间唇枪舌剑,刀光剑影,波澜起伏,极具戏剧性。

特朗普这位美国历史罕见的另类总统,入主白宫后,不按照常规出牌,怪招迭出,口无遮拦,特别是对外政策,出手诡异。在对华政策上,其表现让很多人看不懂。在这档电视评论节目中,"三个男人一台戏"。主角是白邦瑞,这位个性鲜明且美国立场突出的前五角大楼幕僚,由他解读美国特朗普的对华政策,其权威性是毋庸置疑的,发言颇具信息量。比如,针对外界误解:特朗普控制不了五角大楼。他认为这是极其愚蠢的观点。他认为,白宫与五角大楼的关系密切,美国国防部长马蒂斯与特朗普的关系密切。特朗普在北约开会期间,五角大楼派"杜威"号驱逐舰前往南海,靠近菲律宾海域。这是得到总统授命呢,还是背着总统干的?难道特朗普不知情?白邦瑞说,特朗普作为总统,一切尽在掌握之中。有很多人认为,特朗普未能完全掌握政府,这是完全错误的。根据白邦瑞的经验判断,政府的每一个重要决定,特朗普都是要参与的。

特朗普在公开场合强调,与中国在朝鲜问题上有很多合作,但为什么会出现南海问题呢?为什么特朗普说一套,做一套?对此,白邦瑞的解释是:在中国关系上,关于朝鲜问题和南海问题,是完全分开的两个问题,但彼此有关联,因为美国认为,中国在朝鲜问题上做得不够。白邦瑞援引美国防长马蒂斯的话说,对于美国最危险、最严重的问题是朝鲜,而不是南海。这种解释道出了幕后的一些因由,冰释了人们心中的一些谜团。不过,白邦瑞的话,既不能不信,也不能全信。这位老谋深算的美国资深幕僚身上的美国色彩很重,他的发言中心机颇多,有陷阱和埋伏,若不加鉴别,很容易被他绕进去。好在有赵小卓和邱震海及时提点、针锋相对的辩驳和有礼有节的反击。比如,赵小卓旗帜鲜明地揭露了美国的阳奉阴违,他指出,特朗普在推特上说一套,而实际上另做一套。邱震海也指出,奥巴马政府和特朗普政府在对华政策上是相近的,只不过特朗普更激进。白邦瑞也认可这一说法。

节目中,关于台湾问题,邱震海、赵小卓与白邦瑞之间辩论极为激烈,也将白邦瑞的老谋深算和美国立场暴露得淋漓尽致。白邦瑞竭力为美国辩护。在他看来,中国对于"一个中国"的原则与美国所理解的"一个中国"不一样。对此,邱震海、赵小卓毫不留情地予以澄清、反驳。

与常规的电视评论相比,这种辩论模式对主持人的控场能力要求甚高。在节目中,邱震海表现出极高的控场能力和政治素质,他像驯兽师一样控制白邦瑞的话锋,既要让他说出大家期待的东西,又不能被他带偏方向,邱震海对分寸的把握十分精到。一场激烈的头脑风暴下来,观众对特朗普的对华政策有了比较清楚的理解,达到了节目的预期。

再看《时事亮亮点》。《时事亮亮点》是凤凰卫视品牌系列节目《凤凰观天下》的又一档栏目,主持人是凤凰卫视评论员何亮亮。何亮亮将在节目中盘点上一周值得关注的新闻热点,展开深入分析,夹播夹议,点出事件的症结及延续的影响;对于国内外政治、经济、文化,乃至社会等具争议性的人物或话题,何亮亮以其特有的解读方式,抽丝剥茧,从容稳健。

电视评论因要凸显电视媒介的形象性和现场感方面的优势,牺牲了相当比重的评论性。无论央视的《焦点访谈》《新闻1+1》,还是凤凰卫视的品牌电视评论,都有这种偏好。在互联网语境下,为民间评论员的出场以及传统评论员的跨界降低了门槛。下面我们以知名的纸媒评论员胡锡进的视频评论《胡侃》为例,解析这一跨界评论样本。

在《胡侃》节目中,胡锡进把他文字评论的风格平移到视频中,只不过前者展示的是"言",后者展示的是"说"。无论是标题,还是评论的内容,都体现了胡式"侃大山"的风格。比如《特朗普火上浇油,太不像候任总统了》这期,胡锡进这么说:中国捞走无人潜航器的事,中美军方迅速达成谅解,舆论热度一下降了下来。但候任总统特朗普却连续发推文火上浇油,一副不嫌事大的样子,风度可比美方发言人差多了。胡锡进说,如果上任以后这么玩,中国可能会治他。

在《华为,挺住!》这期评论,胡锡进的话风俨然是《环球时报》社评的翻版。他直言,美国对华为公司的打压,充满意识形态的刀光剑影。而华为作为专注于技术和市场的高科技企业,美国强行给华为、中兴贴政治标签,这是"科技麦卡锡主义"。华为没有表现出惊慌,而是冷静、理性地回应美方的质疑和打压。可见,中国和平崛起之艰难,正转化为中国企业做大、做强之不易。企业是国家核心竞争力的重要部分,华为、中兴不断印证了这一点。

第三节　视听评论制作

与文字评论相比,视听评论的复合性特征比较明显,不便于单兵作战,即便广播评论,也需要集体作业,从写作到播出,环节较多。电视新闻评论复合性更强,制作成本也比较大。视听评论写作,需要分类施策,"一把钥匙开一把锁"。视听评论制作需要把握以下诸环节。

一、立足定位

视听评论怎么写,首先要看媒体的定位和栏目定位。央视的《焦点访谈》《新闻 1＋1》和《新闻周刊》,虽然都属于新闻评论类节目,但各自表现形式和定位是不同的。其中,《新闻 1＋1》带有鲜明的白岩松风格,对热点问题的介入性强,在表现形式上采用"1＋1"连线方式。这种独特的形式既发挥了评论员坐镇演播室指点江山的优势,同时也用连线方式,以演播室为中心编织了一个对外连接的新闻网路。2020 年 1 月 20 日的《新闻 1＋1》节目,连线了著名医学专家钟南山院士,披露了重大疫情信息,武汉疫情严重,知白天下,武汉能不去尽量不去,撕开了武汉"可防可控"的迷障。上海电视台《新闻夜线》中的《夜线约谈》也是采取这种"1＋1"或"1＋N"的访谈模式,同样也是针对新闻热点,特邀一些嘉宾,对热点话题进行分析。

《央视快评》是近年央视评论发力的又一举措,时政性较强,政治宣导色彩较浓,相对于电视社论,以央视评论员的名义发声。其实,是文字版的电视评论,与《新闻联播》呼应。还有凤凰卫视,靠评论立台,他们打造了系列电视评论节目,定位各有差异,错峰发声,有的评论是为知名评论员度身定制的,比如,《震海听风录》《一虎一席谈》《景行长安街》节目分别为邱震海、胡一虎、曹景行量身定制。《锵锵三人行》是一档偏软性社会话题的评论节目,由窦文涛主持,他与另外两位嘉宾围绕某一公共话题神侃海聊,吸引了大批粉丝。

二、采撷选题

与其他类型的评论一样,电视评论的第一步是找选题。找对了选题,就成功了一半。选题当具有新闻性、公共性,公众的关切面越大,与公共利益关联度越高,选题价值就越大。正如发生在 2020 年初的新冠肺炎疫情,普天关注,各类评论井喷。央视《新闻 1+1》时刻关注,在疫情高热时期,每个工作日都有《新闻 1+1》的声音。以下是其针对疫情的接力跟进,每天都会有新关注、新分析,把新闻评论做成"流水"评论(表 9-1)。这对评论员的专业能力而言是极大的考验。

表 9-1 央视《新闻 1+1》自 2020 年 1 月 15 日—2 月 25 日的评论选题一览

节 目 名	时　　间	内　　容
《新闻 1+1》	2020 年 2 月 25 日	今日疫情分析:重症救治
《新闻 1+1》	2020 年 2 月 24 日	今日疫情应对:高度警惕侥幸心理
《新闻 1+1》	2020 年 2 月 21 日	今日疫情应对:流行病学调查
《新闻 1+1》	2020 年 2 月 20 日	今日疫情应对:复工复产
《新闻 1+1》	2020 年 2 月 19 日	今日疫情应对
《新闻 1+1》	2020 年 2 月 18 日	今日疫情应对:大排查
《新闻 1+1》	2020 年 2 月 17 日	今日疫情应对:重症救治
《新闻 1+1》	2020 年 2 月 14 日	今日疫情应对:血浆治疗
《新闻 1+1》	2020 年 2 月 13 日	今日疫情应对:集中收治和重症治疗
《新闻 1+1》	2020 年 2 月 12 日	今日疫情应对:如何消毒
《新闻 1+1》	2020 年 2 月 11 日	今日疫情应对:护理一线
《新闻 1+1》	2020 年 2 月 10 日	今日疫情应对
《新闻 1+1》	2020 年 2 月 7 日	今日疫情分析
《新闻 1+1》	2020 年 2 月 6 日	今日疫情应对
《新闻 1+1》	2020 年 2 月 5 日	今日疫情分析

续表

节目名	时　　间	内　　容
《新闻1+1》	2020年2月4日	今日疫情分析
《新闻1+1》	2020年2月3日	今日疫情分析
《新闻1+1》	2020年2月2日	今日疫情分析
《新闻1+1》	2020年2月1日	今日疫情应对
《新闻1+1》	2020年1月31日	今日疫情分析
《新闻1+1》	2020年1月30日	今日疫情分析
《新闻1+1》	2020年1月29日	今日疫情分析
《新闻1+1》	2020年1月28日	今日疫情分析
《新闻1+1》	2020年1月27日	今日疫情分析
《新闻1+1》	2020年1月23日	离汉通道暂时关闭,第一日!
《新闻1+1》	2020年1月22日	冷极慢火车,温暖回家路!
《新闻1+1》	2020年1月21日	新型冠状病毒肺炎,防控如何?
《新闻1+1》	2020年1月20日	新型冠状病毒肺炎,情况如何?
《新闻1+1》	2020年1月15日	新型冠状病毒肺炎疫情,防控进行时!

从以上央视《新闻1+1》一个多月的评论选题来看,央视几乎每天都盯着疫情。聚焦疫情这个大主题每天跟进,随着疫情的推进,舆情分析和评论的侧重点、角度也会不一样。

三、撰写文本

广播评论、电视评论即便不以文字形式面世,但文字脚本是必要的课业。即便做直播评论,也要有充分的准备。对于初学者来说,写好评论的文字脚本也是一门必修课。

请看以下这篇广播评论:

老年人缘何成为假保健品的"易坑"群体?

李健飞

近日,经工商、公安部门调查,多家媒体报道,又一批夸大保健品药用价值,甚至涉及售卖假冒伪劣保健品,并有传销嫌疑的不良商家和企业被查处。撇开其"恶性生长"的手段不说,我们还能发现一个总是受害的群体——老年人。这也不禁让人发问——难道老年人真的那么好骗?难道老年人的钱就那么好挣?单从这些被骗老年人本身来分析,就可以找到一个令人无法回避的问题。

在某城市繁华地段的一写字楼里曾有一个专门售卖假冒蜂胶、松花粉、阿胶等保健品的公司。每天这座大楼的电梯都被前往参加活动的老人挤满。这也让大楼里其他的工作人员十分苦恼。但有人后来发现,从养生讲座到健康操,从唱歌到跳舞,从送两斤鸡蛋到特价橄榄油,这个公司每天针对老年人开展的活动十分丰富。该公司的一位"老主顾"就反映:"这些公司的孩子非常热情,每天都把我亲妈一样照顾,还陪我聊天,陪我参加活动,花这些钱买点东西给人家增加点业绩也是应该的。"试问,旁观者一看就知道是"套路",为何在一些老年人眼中就不是呢?我们是否可以理解为这位老人极度需要热心和关爱呢?(尽管这只是骗取好感的方式而已。)

对此事,也有子女对父母一再告诫和提醒,甚至对他们参加此类活动"明令禁止",然而却并没有什么作用。因为在这些老人看来,很多时候再语重心长的话都抵不过陪伴,都抵不过那些销售人员的甜言蜜语和"百依百顺"。

问题可以从两个方面来看:一来是子女对父母的有效陪伴太少,让老人觉得日子冷清了,关爱太少了;二来就是包括精神文化供给、健康管理、心理关爱等在内的全社会养老环境有待完善,养老资源有待丰富,养老服务有待补足。两方面原因让老人成了假保健品的受害者,成为所谓"干女儿""干儿子"等销售人员眼中的"易坑"群体。

总的来说,如何让父母不再上此类的当,如何让父母不再被"坑",需在监管和查处上下功夫,解决执法和整治的问题。但从长远看,仍需以老人为出发点,让子女们"常回家看看"和让社会养老体系更完善,彻底解决"安度晚年"这一社会难题。毕竟,人口老龄化的趋势不容忽视,谁都想慢慢变老后还能够"愉快地玩耍"。①

(央广网,2019年1月17日)

这篇不足千言的广播评论,聚焦"老年人缘何成为假保健品的'易坑'群体"这个令人伤感的问题,评论直接、明快。该文第一段引出问题,把问题从新闻事件中剥离出来:为什么老人们容易被各类保健品营销忽悠?评论第二、三段并没急于诊断、下结论,而是用情境化的描述继续推动问题,把问题推高,蓄积文势,即把问题的背景交代充分。接下来第四段的归因就显得水到渠成,没有突兀之感。老人们为什么被骗子忽悠?问题的症结似乎与老人的经验和智商无关,而是与他们的孤独和情感"落单"有关。骗子的高明之处,正在于洞察到老人们的精神短板,乘虚而入,才屡试不爽,让老人们大面积"中枪"。与文字评论相比,广播评论的文字脚本不能过于抽象,要尽可能口语化,通俗易懂。写完之后,可以大声读一两遍,拗口、逆耳的地方要改过来,一定要顺耳。

电视评论也当如此。对于初学者来说,文字脚本写作是一个基本功。写电视评论脚本,不能"宅"在文字的牢笼中出不来。写作时,脑子里要有画面感和场景意识,需要兼顾与视频素材、证据的呼应。

四、合成播出

视听评论写出的文字脚本只是评论的毛坯,还需要精加工合成起来。广播评论相对简单,把文字脚本交给播音或主持人播出即可,由声音媒介最终实现评论的输出。如果评论节目是直播形式呈现,评论的实现要交给电视主持人或评论员,这对主持人现场评论的要求会很高,但一般而言,直播评论前期的文字脚本和"腹稿"需要准备得很充分,要做到胸有成竹,烂熟于心才行。对于初学者而言,把文字与视频材料有血有肉地合成起来,需要技术、技巧和思维的合力促成。

---

① 参见央广网,http://m.cnr.cn/news/20190117/t20190117_524485437.html。

第十章

网 络 评 论

第一节　网络评论：概念与特征

　　评论是附着于媒介而存在的,有什么样的媒体,就会有什么样的评论形态和表达方式。在纸媒时代,有报纸评论、杂志评论,这类评论以文字为主,立论、论证、论据等,与纸媒特质密切关联。比如,"五四"时代的随感、言论,与那个时代报刊的生产方式与传播方式不无关系。与广播、电视相对应的是广播评论、电视评论。广播评论凸显的是声音媒介的说服力量;电视评论展示的是电视媒介的音像优势。

　　网络评论是指刊载于网络媒介上的评论。网络评论的自由度和表现力更大一些,这与网络媒介的多介质属性不无关系,它覆盖了纸媒和广播、电视媒介的功能,富有更多延展功能,其技术表现力更大,特别是互联网进入移动社交时代之后,互联网表现空间空前之大,释放了"草根"阶层的言论表达潜力,改变了此前由精英主宰的言论表达局面。网络评论具有以下三个特征。

　　其一,网络评论表达方式相对灵活,文无定法。网络评论不像传统传媒评论,形态和表达方式相对确定。比如,社论、评论员文章、短评等,体裁和表达形式是相对明确的,文有定法。网络评论的表现形式可以更加丰富,不仅可以评论,还可以把评论和新闻嵌套在一起。比如,2019 年清明节前夕,《人民日报》推出的纪念中国航天英烈的视频新闻,《人民日报》微博配上微博推文:

【761 位航天英烈,长眠茫茫戈壁】东风革命烈士陵园,位于酒泉卫星发射中心,在这里,长眠着 761 位航天英烈。他们生前在大漠奋斗,用生命托举新中国的航天梦;身后埋骨青山,护佑着一个又一个航天奇迹。他们是默默无闻的英雄,也是中国航天永远的开路者。

戳视频↓#缅怀先烈#！http://peopleurl.cn/CY2w6Y

其二,网络评论的写作主体多元。在传统媒体时代,评论作者多是精英群体,受到专门的教育和训练,多是精英对大众的言说。网络空间是一个民主化的空间,"草根"不再是"沉默的大多数",其发声的机会激增,众声喧哗,打破了精英们对话语权的垄断。网络评论的主体比较多元,有精英,也有草根。比如,网易新闻 2019 年 4 月 4 日推出新闻话题:《凉山火灾牺牲消防员中有 26 名 90 后 中队长结婚不久》。针对这一话题,网友们纷纷打开话匣子。以下节选了部分网友的评论:

网易陕西省西安市网友	还有 00 后的孩子,太可怜了。安息,英雄们,一路走好!
旺你一脸	年龄大了,受不了这些煽情的～愿天堂里你们还是那么乐观
有态度网友 0g3Ju	希望国家给这些英雄的家人多些抚慰金
众泰汽车门芯部经……	已经改了,正在职业化了,现在招聘的消防员都是退伍老兵
我是一坨可爱的牛粪	英雄走好!
美国 FBII	烈士走好! 🙏
BXS	为什么不用飞机灭火?
网易云南省昆明市网友	飞机能喷多少水?美国加州年年山火,用什么灭火?还不是主要靠人肉,大山火直升机根本没用,而且也都控制不住,美国山火烧了多少去百度下。
倾情静听	为勇敢的人点赞,愿你们下辈子好运

| 网易浙江省网友 | 都9012年了,怎么还是人冲上去,真的是心痛,这么多年轻人的命啊,他们的家庭该有多痛苦。 |

上述评论都出自草根评论员,只言片语、直抒胸臆,有态度、有观点,但没有复杂的表达技巧和套路。这一类评论在网上成为"喧嚣的大多数",激活了评论的"群众基础",丰富了评论表达的主体。

其三,网络评论的互动性更强,评论员与受者的互动更加直接。评论员过去写评论,写完后发表,即大功告成。网络评论发表后,评论员还可以在跟帖中看到受众的反应。这是网络评论的一大优势。评论员通过观注、追踪网民跟帖,不仅能即时了解受众的态度,还可以看到网民的不同意见,评论员和"小编"甚至可以跟网民解释、争论。

第二节 选 题 发 现

网络评论写作须有的放矢,有感而发。网络评论的话题形形色色,有大众的,有小众的,也有分众的。掂量话题的意义和价值是网络评论写作的前提。判断话题意义和价值的主要依据有:首先,该话题在多大程度上回应了公共关切,是不是与公共利益密切相关;其次,话题是否有新意。评论员要能先知先觉,见微知著,明察秋毫,发现他人没有发现的问题,及时发声,精准发声。

发现选题最容易的办法就是跟着新闻热点和舆论热点走。在互联网语境下,舆论热点的能见度高,追着热点找选题,成功率高。比如,咪蒙团队炮制的《一个出身寒门的状元之死》,在网上激起波澜壮阔的舆论风暴。《南方周末》刊发的调查报道《刺死辱母者》,同样成为舆论话题。公众的目光聚焦之处,也是评论选题的采集区域,跟着热点跑,成了评论写作的惯性所在。但是,这种惯性存在认知误区:把评论话题简单地等同于舆论热点,评论员容易满足于跟跑,而不是领跑。

优秀的评论员应超越公众的认知半径和思想视野,甚至能发现流俗的集体偏向和认知误区。例如,《人民日报》的网络评论《文风是小事吗?》就是这样一个范例。该评论以小见大，见微知著，发现了一个被人们忽视的大问题：文风。为此，人民网观点频道推出"三评浮夸自大文风"系列评论，对"中毒"颇深的文风问题进行了有力的批评。

文风是小事吗？

艾 梧

文风不端照见心态不正，语言浮夸助长风气浮夸。靠贬低别人、吹嘘自己来耍威风、逞能耐，已成一些自媒体账号招徕关注的惯用手法。无论出于什么动机，浮夸文风都可谓有百害而无一利，其结果只会是误国害民。

不可否认，每个人、每个网络账号都有各自的写作、创作风格，正因为这种差异性和多元性，才形成了汉语世界的洋洋大观，才有了舆论场里的百花齐放。但也要看到，为文有为文的格调，言论有言论的底线。"哭晕体""跪求体"这些浮夸骄横的文体笔法，通过抬高自己、贬低别人来迎合一些读者傲娇自大的心态，不仅超出了平实自然的为文格调，也僭越了言论客观公允的价值底线。浮夸自大文风的确可以激起许多麻木赞许和廉价笑声，也极容易被更多人模仿，但这样以逞口舌之快的形式谋求"精神胜利"，只会制造浮夸风气、混淆是非黑白、颠覆公众认知、极化国民心态，毫无裨益可言。

文风不是小事，因为文风还连着党风、民风。语言漂浮、文风浮夸，素来是为文者的大忌。从纸上谈兵的赵括到刚愎自用的马谡，历史里从不乏夸夸其谈而引致败局的案例。有人回忆新中国成立前听国民党官员和共产党人讲话的差别：前者官声官气、空洞苍白，后者为民立言、充满希望，让人感慨"一看语言文字，就知道谁战胜谁了"。一些自媒体散布"哭晕体""跪求体"文章，必然会助长骄娇之气，激增民粹情绪，导致民众看不清事实真相，看不到真实差距，平添浮躁傲慢风气。浮躁和浮夸，于文于人、于国于民都可说是"瘟疫"，不可不慎，不可不防。

什么样的文风才是好文风，习近平总书记给出了足够多的答案。他曾援引郑板桥的对联"删繁就简三秋树，领异标新二月花"，强调写文章应当"开门见山，直截了当，讲完即止，用尽可能少的篇幅，把问题说清、说深、说透，表达出丰富而深刻的思想内容"。文风提倡短实新，反对假大空，习近平总书记是这样要求的，也是躬身垂范的。比如"之江新语"专栏文章，每篇不过寥寥三五百字，引经据典，论述有力，讲道理浅显易懂，谈问题直击痛点，文章中的许多思想和提法，现在看来依然值得咀嚼回味。

今天的中国，已经逐渐跨越经济崛起的门槛，行进在文化崛起、文明再造的关键阶段。社会价值如何建构？国民心态如何涵养？文化自信如何建立？文风的价值形塑、导向引领作用，可以说愈发凸显。无论是增强"四个自信"还是讲好中国故事，无论是引领社会舆论还是凝聚社会共识，都呼唤自信平和、谦逊朴实的好文风，都需要通过"文以载道"来成风化人、凝心聚力。"文章经国之大业，不朽之盛事"，不论是主流媒体还是各类自媒体，锤炼好文风都可以说是不可懈怠的责任。

"凡作传世之文者，必先有可以传世之心。"文风是态度，文风是作风。要让健康向上、激励人心的文风充满网络空间。①

（人民网，2018 年 7 月 4 日）

言为心声。文风不端，则透示社会心态和社会风气出现了问题。发现选题从来都不止于"眼力""笔力"，还取决于"脑力"和"脚力"。"文风无小事"这一选题的发现体现了评论作者选题的视野和思想站位非同寻常。

网络评论选题须谨防网来网去，"脱实向虚"，脚下悬空，不接地气。网络评论仍是时评的网络表达，是对某些新闻现象、热点事件以及社会问题的即兴表达，若评论员只是流于网上作业，脚不踮地，评论就缺乏力道和现实指向性。《人民日报》评论部的《现场评论》栏目推出了一系列冒着热气的新闻评论。评论员们奔赴一个个重大新闻现场，走出去、走下去，"眼力""脑力""脚力""笔力"四力并行，与新闻现场零距离，浸入式体验，生动表达，鲜活出货。比如，"我在长江""我在进博会"等系列现场评论，形成了良好的思想引流效果。

第三节　立意：正、准、新

评论要有思想，以思想去影响读者，前提是这思想须是正向的、有营养

---

① 参见人民网，http://opinion. people. com. cn/n1/2018/0704/c1003-30125559. html? from＝singlemessage。

的。评论立意的"坐姿"要正,否则再好看的评论,也只属于文字假花。网络评论不是评论的另类,立意同样要正。网络评论在表现形式上可以多样、灵活,但在评论立意、论证等方面,与传统评论没有什么本质区别。

下面这篇评论是浙江报业集团举办的 2018 年"首届全国大学生评论大赛"特等奖作品。其立意落点在家国情怀上,文章认为,心系家国,奉献国家和社会,是最浪漫的主流价值观。

无问西东,最浪漫的主流价值观

陈禹潜

不久前,复旦大学 113 周年校庆时 19 位古稀之年的同窗校友的合照引爆了网络,得到网友一片赞扬声,在网络上带来一阵清风。

他们是复旦大学 1962 级物理二系 041 班的校友,半个多世纪前的 1962 年,35 位来自各地的学生组成了班级。6 年的大学生涯之后,这个班的其中 33 人分配前往外地,包括西南深山、西北戈壁荒漠、东北小海岛等地方,从事几十年无人知晓的研发工作。

有人觉得很眼熟,这不就是电影《无问西东》当中的情节吗,电影的主人公正是为了国家的科研,只身一人去了戈壁研究原子弹。许多科学家当初都是为了自己心中的理想,为了那样青春年少的浪漫,到了祖国的各大地方,潜心几十年。这些老科学家们代表的就是中国几十年来一直倡导的主流价值观——奉献。这样的价值观的内核,就是为国、为集体奉献,是一种把自己的利益弃之不顾,把自己的生命投入到国家建设的浩荡潮流中的澎湃激情。

为什么说这样的价值观浪漫呢? 浪漫一词的词源来自英文"romantic",也就是富有诗意的,充满幻想的。无论词义怎么样流变,无论是在哪一国语言中,这个词当中饱含着的在人类血液中奔腾的激情和感动却是恒久不变的。

浪漫这一词,从诞生伊始,就充满了理想主义的色彩。那些当年风华正茂的青年们,他们的内心澎湃着理想主义,满溢着家国情怀。

在他们开学的第一天,就有采访的记者忍不住对这些学生说:"看到你们,我好像看到了未来的物理学家!"正是这群勃发着理想主义的少年们,给了记者这样非常直观的印象。没错,他们确实证明了记者的预言,他们在祖国的各地实现自己了使命。无问西东，在荒岛、在戈壁、在深山，一群年轻人完成了国家交付的任务，现在，他们都成为了老人了。这些老科学家们或许老朽不堪，但在我眼中却有着比西装革履更加令人激动的浪漫。

而这些老人的浪漫还不仅仅停留在理想主义的这一层面，还拥抱着那种"无问西东，为国为民"的知识分子的情怀。这种情怀是身怀才能却甘于寂寞的品格，是那种重义轻利的抉择。这种抉择可不是每个人都能做到的。

对于一般人来说，窝在海岛、戈壁这样的地方几十年如一日地做研究是多么枯燥的事情，面对着相同的地点、无趣的景物，日复一日地重复劳动，得到如山一般的稿纸和研究资料，一直到老了，却始终默默无闻，有何浪漫可言？

有这样的本事，加入某个科技公司，轻轻松松就能踏入中产阶级的台阶，甚至人生的步伐再往上迈只是时间的积累而已。这样积累资产、旅行、消费，坐在爱琴海边欣赏克里特古风余韵下的音乐诗篇，岂不更加浪漫？

于是类似于咪蒙这样的所谓"励志"写手发声了："我喜欢这个功利的世界，当你足够优秀，所有你想要的一切都会主动找上你。当你发光发亮，自然万众瞩目。"攫取名利，然后过着花钱享乐的幸福生活，这在当代就是成功的真谛，这样的价值观一直都在民间盛行。

苏格拉底曾经说："一种不经过思考的人生是不值得过的。"我不认为这群科学家没有对自己人生进行过深思熟虑的思考，在思考后，决心决意把国家、人民的利益放在个人的名利之前，隐姓埋名，为科研献出终生。从走进校园的那一刻起，他们就选择了人生最为艰苦的一条道路，这条道路像普希金说的那样"更加充满荆棘，需要开拓"。正是那种科研人特有的浪漫，让他们选择了以一种最无名、最辛苦的方式实现自己。

无论是年少时充斥着的理想主义还是落到实地的人生抉择，老科学家们代表着的这种所谓主流价值观，归根到底就是奉献。为什么这样的价值观能让你感动？这和你感动于父母的爱、感动于老师的传授、感动于陌生人的帮助的情绪，都是一样的。就是这种不求回报的奉献，才能激起你的情绪，才能让你感受到这个社会的脊梁究竟在哪里，才能让你透过层层的迷雾，看见扛着这个国家负重前行的人究竟是谁。

当初被分配到辽宁的荒岛上，研究中国第一艘核潜艇的张国夫曾经说：

"我们都是微不足道的人,不过是在那个时代去了祖国需要我们的地方,做了我们应该做的事……我们这样的年轻人,为了实现梦想,四海为家。"张老的话就是对这样的价值观的最好的注解。

我不想辩驳所谓的自由选择和奉献自我之间的争论,我只是想为主流价值观正名,希望它能够重新成为社会精神的有力的注脚,能真正成为主流。如果说总有一种力量能让你热泪盈眶,我希望是主流价值观这样的力量:无问西东,我们在浪漫地奉献,在浪漫地实现理想。[①]

(浙江在线网,2018 年 6 月 12 日)

以上这篇评论作品立意中正,落点精准,切中要害,击中靶心。评论员是做舆论引导和价值引流工作的,只有自己正能量,才能用正能量去影响他人,用正能量去对冲负能量。

世间万物,是非善恶,并非尽收眼底,一目了然。这就需要评论员有一双慧眼,洞察是非,明辨善恶,扮演社会认知和价值导航员的角色。对于一些新生事物,多数人难以立即作出判断,这就需要评论员慧眼慧识,先知先觉。比如,像 P2P、比特币、算法、人工智能、克隆羊、基因编辑等,这些新生现象进入公共视野,公众如何对其进行价值判断和技术判断? 颇费思量。对此,请看《人民日报》评论的敏锐眼光:

<h3 align="center">新闻莫被算法、流量和点击量绑架</h3>

最近一段时间,一些痴迷于技术和算法的新闻客户端越来越"简单粗暴"了。点开一篇文章,它会迅速用大量相似的内容刷屏,受众连拒绝的权利都没有。有些人则将这些新闻分发的算法上升到人工智能的高度上,认为这是发展的大势,代表了文字的未来,代表了内容的未来,甚至代表了媒体的未来。

人工智能是什么? 人工智能是对人类思维的信息过程的模拟。这种基于社交和点击量的算法技术,充其量只算得上机器筛选的雕虫小技,生拉硬扯的内容推荐让人烦不胜烦。

算法对新闻生产的确产生过积极的影响。一方面,它让内容生产者更加关注受众感兴趣的内容,更从读者角度思考内容创作,不再是自说自话、

---

① 参见浙江在线网,http://opinion. zjol. com. cn/bwgd/201806/t20180612_7525437. shtml。

闭门造车；另一方面，它节省了消费者的时间成本，提高了阅读效率，有利于人们获得更丰富的资讯和知识。

但当一些热衷于搬运新闻、沉溺于算法的客户端在商业上取得成功之后，却给新闻的未来带来了很大的负面影响。搭上所谓算法的"便车"，一些原本信息量丰富的新闻客户端推荐的内容越来越单一，一些原本客观公正的内容生产者变得越来越偏激，一些新闻媒体原本宏大的格局变得越来越狭小。

近年来，人工智能在各个领域都取得了很大的进展，但似乎始终与普通人隔着一层纱。为什么呢？因为人工智能至今还无法突破非线性思维这个人类所独有的模式。我们点击一条惊悚的社会新闻，大多出于人类好奇的本能，但本能不是智能。不同的观点交锋甚至对峙之后，或许更能获取思想和知识。对本能的自省和超越，是人性的一种进步。一些新闻客户端仅靠揣摩人们的点击量，反复推荐低质量内容，只能让人生厌。

今天，致力于做人工智能的公司很多，热衷于各种算法的新闻客户端更是不少。技术本质上都是单纯的，高下立现的是操作者的理念、情怀和洞察力，媒体也是一样。是被算法、流量和点击量绑架，只说受众想听的话，只写平台可能会推送的话题，只展示读者想看的那部分世界，还是坚持真实、全面、客观、独立，用态度和价值赢得尊重，用优质的内容塑造风格？这才是媒体人应该深入思考的问题。

传统媒体不能做堂·吉诃德，对算法和技术视而不见，拒绝时代进步的大潮；也不能一味依赖，反而成为算法和技术的奴隶。传统媒体要主动谋划、积极参与，加快转型、深度融合，在媒体融合的进程中，保持自己的风格和标准，守住自己的价值取向和独立精神，将传统媒体的灵魂注入网络空间，让算法和技术为真正有价值的新闻服务。

（《人民日报》，2017 年 7 月 6 日）

上述评论并没有全面否认算法的利好，该文从正反两方面辩证地分析，提出既要善于利用算法有益的一面，又要规避其负面的影响，提醒受众防止被算法绑架，成为其奴隶。

发前人之未发，道他人之未言，是评论员应有的追求。评论立意要有新意。没有新意的评论，注定没有受众市场，行之不远。在网络空间，观点和思想的竞争十分激烈,拾人牙慧,人云亦云,难免会无人问津。要在立意上有高见,需要有新发现、新思想。

众所周知,互联网空间并不都是清风明月,网络空间存在"灰度空间"和"黑暗料理",时常有雾霾,有暗流,有黄赌毒等不堪、不雅、不良之物,发现这些问题其实并不难,但难的是如何诊断并治理。笔者这篇评论《清理自媒体的灰度空间与"黑暗料理"》,其新意之处在于:从技术与人性的视角,分析了媒介技术偏向带来的负面影响。文章认为,互联网技术地毯式普及开来,弥漫到社会各个角落,引爆了一场灵魂深处的革命,直抵人性,把人性欲求大面积激活。在这种语境下,极易引发大面积的行为失范。媒介技术被社会化之后,技术就不再是中性之物,它会产生价值向度,有正向效果,也有负面效果。笔者认为,互联网把人性欲求的能见度空前放大了,甚至扭曲了人性的欲求,人性之恶失控之后,会生长出"恶之花"。互联网上的"灰度空间"和"黑暗料理",不是技术作祟的结果,而是其背后的人性作恶,将技术带偏了。面对技术"活性"带来的形形色色的漏洞,我们应及时亡羊补牢,对网络"灰度空间"进行清理,整治花样繁多的"黑暗料理",及时规范诸种网络失范行为,把那些被互联网撩拨起来的欲火掐灭,从而将人性之恶挡在社会的安全线之外。如此分析,就有一定新意了。

清理自媒体的灰度空间与"黑暗料理"

张涛甫

技术和人性的连接,既会结出智慧和德性的果实,也会开出恶之花和毒之果。互联网技术也是如此,在人类社会,似乎还没有哪一种技术能像互联网技术这样,如此深广地与人性连接:互联网技术触角八爪鱼般地抓住了人性,与人性欲求的格式塔全方位接入,正因乎此,互联网技术的善与恶、利与弊、美与丑,也在人性之上的实体空间和虚拟空间中前所未有地释放出来了。我们在畅享互联网带来的天量红利的同时,也饱尝了其反方向的伤害之苦。

遥想当年,互联网问世之初,很多人对这场人类社会的新技术革命礼赞有加,认为互联网是自由的天堂,是人性解放的乌托邦,特别是那些原教旨自由主义者认为,互联网解脱了套牢在人们身上的表达枷锁,直接拆除了长期以来限制个人尽兴表达的路障。殊不知,互联网空间并不都是清风明月,这里存在灰度空间和黑暗角落。

近期,有媒体爆料:一些地产自媒体敲诈勒索触目惊心,有自媒体公众号靠敲诈年入千万;有的自媒体靠洗稿做成大号,形成洗稿产业链,千字10元至30元找网络写手,将"爆款"原创文章移花接木、改头换面,回流到内容市场,挣流量,赚广告费。其实,网络敲诈、洗稿之类的桥段,已不是什么新闻了,只不过在不同时段上演不同花样而已。而且,网上恶之花的品种还很多,诸如谣言、水军、恶搞、色情、暴力、标题党之类,不一而足。这些品种的剧目,常常你方唱罢我登场,甚至会出现扎堆拥堵现象,释放出大量的雾霾和毒气,污染了网络空间,沙化了社会良俗,拉低了人性底线。

技术是人类社会进步和发展的杠杆,每一次技术发明,在被接入社会的时候,都存在技术与社会的博弈和相互利用,也就是说,技术的社会化过程是一个复杂而有趣的过程。每一次技术革命都会引发社会系统的大盘调整,甚至出现社会颠覆性的变革。与人类社会的历次技术革命相比,互联网技术革命的能级及其引发的震级,也是最大的,它引发了人类社会系统的最大范围和深度的基因重组。究其原因,就是此前似乎还没有哪种技术,能像互联网这样如此深广地触及人性的欲求。

互联网深度连接人性,也会把人性欲求能见度空前放大,甚至扭曲人性的欲求,人性之恶也会恣意释放出来。在互联网技术没有大面积渗透到人类空间之前,人类社会经由长期的社会规训,人性之恶被控制在相对合适的节度内,一般不会发生塌方式的礼崩乐坏和人性危机。互联网技术地毯式普及开来,弥漫到社会各个角落,引爆了一场灵魂深处的革命,直抵人性,把人性欲求大面积激活。在这种语境下,极易引发燎原式的行为失范。

好在,我们的反应机制是灵敏的,面对技术活性带来的形形色色的漏洞,我们及时亡羊补牢,对网络灰度空间进行清理,整治花样繁多的黑暗料理,多管齐下,全方位规范诸种网络失范行为,把那些被互联网撩拨起来的欲火浇灭,将人性之恶挡在社会的安全线之外。

当然,道高一尺魔高一丈,技术在进步,技术活性也不断释放出来,新的网络"飞地"也会不断出现,人性中善与恶的博弈会在新的网络空间上演,这就要求我们的网络治理永远在路上。①

（澎湃新闻网，2018年10月25日）

第四节 结构与逻辑

网络评论写法可以自由舒展，文无定法，但要有章法。评论即说理。说服读者，让读者信服，就要摆事实、讲道理，打造论证链条，编织说服材料。理和据的编排，论点与论据的穿插，须有结实的安排，周密的部署，在逻辑上要结结实实，严丝合缝，轮廓分明，筋脉清晰，不能节外生枝，缺斤短两。从选题到立意，再到立意的落地生根，都要有严谨的设计。不论是长篇大论，还是几百字的短论，皆要有理有据。

下面这篇凤凰网的评论发表于2018年记者节，论点是：不管媒体技术怎么变，但媒体恪守的价值应是守恒不变的。

记者节评论：变的是技术，不变的是价值

斯 远

又是一年记者节。这已是中国第19个记者节了。

与以往一样，很多媒体使用了很多美好的语词，有对奔波现场的赞美，也有对未来日子的期许，当然，更多的其实还是一种缅怀、回望以及略带怅惘的壮怀激烈。是的，很多、很多的日子过去了，只剩下岁月的褶皱与沧桑的内心。

如今，则是另外一番风景。媒体正在发生深刻的变化，新媒体方兴未艾，仍在持续拓展疆土；传统媒体则更热衷于转型、融合等话语及议题，至少到目前为止，还看不到、搞不清未来究竟会变成什么样子。当"会写稿的机器人"开始扣门之时，继续讨论究竟是"推"还是"敲"，实际上已经意义无多。

何况，时下舆论场的种种变局，均指向传统媒体的凋零，这实在是一件让人无奈的事情。几乎每一个记者离场，都会发表一篇临别留言，宛如通

---

① 参见澎湃新闻网，https://www.thepaper.cn/newsDetail_forward_2563878。

电，又好比宣言。这样的文字，除了可以为留言者增加若干印象分、作为新职业的敲门砖之外，某种意义上也每每成为了传统媒体沦落的佐证。

即便如此，我们依然关心传统媒体的转型，依然关注世道人心的改变，并由衷地希望，新闻，这一旨在记录、针砭、激扬的行业，能够续命久长，在坚守中实现价值，在创新中发现机遇。这不仅关系到从业者的饭碗，更关系到一个公平的抵达通道。一个社会，没有了记者、媒体，又会怎样？

这两天，全国人民都在关注重庆公交坠江案。尽管各种信息一波三折，并逐渐露出坚硬的内核，但这一案例也暴露出，恰恰是因为缺乏专业的调查记者，才使得公众在自媒体的一惊一乍中，如过山车般一再被翻转。这也令人深思，新媒体时代，仅仅是快、信息量大，就一定更容易迫近真相吗？

这样的"信息饥渴"由来已久，并非自今日始。大家都去追逐新媒体，做梦也想着做那头风口上的猪，却忽略了所谓的传统媒体与新媒体，区别并不在于先进落后、新与旧，并非必然对立，而更多是传播介质的更替而已。无论何时，内容生产都是媒体的生命力所在，有充足的内容，有独到的思想，传统媒体就不会死。

事实上，拥有强大内容生产能力的传统媒体，一旦找到了航向，必然会迸发出惊人的力量。你可以说这是传统媒体创新潜力的释放，也可以视为调适后的正常发挥。人们看到，近年来，新华社一手抓新媒体，一手抓内容生产，其专业与精准，兼以关怀与关切，每每收获公众的赞誉。

今年7月，《中国青年报》刊发一篇长文《我站立的地方是中国》，讲述了一个寻常的戍边故事，但其中的家国情怀让每一个读到它的人充满"温情和敬意"。而这只是这家"传统媒体"超强原创能力的一例而已。

文博圈的读者多会注意到一个叫作"文博山西"的微信公众号，这个以"讲好山西故事"为己任的公众号，如今已成为享誉国内省内、口碑极佳的文博类公众号。这个公众号的运营方，也是"传统媒体"《山西晚报》。

可见，能够为媒体续命的，只能是记者踏遍四方的脚板，只能是媒体公平公正的价值观，只能是多少年来一以贯之的悲悯与关怀。这与传播介质无关，也与表达方式关系不大。一个讲真话的媒体，会有人关心它的新旧吗？一篇揭露事情真相的报道、主张公平正义的评论，会有人关心它出自报纸还是网络吗？

时代变化是浩浩荡荡的潮流,也必然会大浪淘沙,但相对于人间世一些基本的价值,则并无太大的变化。这中间,媒体与记者就是这些基本价值的守护者、倡导者乃至瞭望者。越是转型时代,则越是需要媒体与记者能够恪守这些准则,并时时多一些敲敲打打,以保证阳光能够打在更多的人的脸上。

在这个记者节,我们一如既往地主张记者就该书写真相;记者就该脚踏实地、仰望星空;记者就该不计新旧、无问西东。这是使命,也是责任,更是一个文明社会的期许。

媒体本无所谓新旧,而媒体传递美好与温度的价值是永恒的。①

(凤凰网,2018 年 11 月 8 日)

这篇评论由十四段结构而成,论证链条较长。论证链条越长,对接榫和咬合的要求就越高,对逻辑衔接的要求越高。为了论证主题:不管媒体技术怎么变,但媒体恪守的价值应是守恒的,不变的,该文展开演绎和论证,前五段层层推进,拾级而上,逐步导入主题。进入第六段,从一个典型案例入手,从反面说明,仅有新媒体的众声喧哗,真相还是无法出场。缺乏"硬核"内容,仅靠新媒体的口水喷涌,难以有社会的正义守望和价值坚持。第七、八段阐明:媒体不论新旧,内容生产才是核心能力。第九、十段又援引两个典型例证说明媒体(不论新旧)原创能力的极端重要性。第十一段将前面两个例证综合在一起,进一步点睛主题:"能够为媒体续命的,只能是记者踏遍四方的脚板,只能是媒体公平公正的价值观,只能是多少年来一以贯之的悲悯与关怀。这与传播介质无关,也与表达方式关系不大。"第十二段则进一步生发开去,从更大视域进行概括:时代可以变,但人世间的一些基本价值则不会有什么变化,而媒体和记者则是这些基本价值的守护者、倡导者乃至瞭望者。最后两段,照应全文,强调记者和媒体的责任和使命。整篇评论逻辑线条分明,衔接有力,严丝合缝,彰显了论证的强度和硬度。

论证除了强调逻辑的硬度之外,证据的硬度也很重要。一个整体看上去没什么破绽的评论文章,可能毁于一个蚁穴般的细节论据。比如,著名的新媒体创业者罗振宇,其跨年演讲就毁于一个伪名言。罗振宇本想引用名

---

① 参见凤凰网,https://pl.ifeng.com/c/7hesvYTC2dg。

人巴菲特的金句为自己的观点站台,殊不知,处心积虑的跨年营销却"翻车"了。罗振宇言之凿凿地声称,巴菲特说过,"没有一个人可以靠做空自己的祖国成功"。巴菲特压根没说过这一所谓的金句,这是罗振宇杜撰的。出现这种硬伤,罗振宇受到了舆论的猛烈炮击。演讲和评论,表现形式虽然不同,但原理是相似的,就是用观点和修辞去说服受众。写评论,证据链要硬实,每一个论据都要经得起质疑和追问。

第五节　表达形式

言之无文,行之不远。评论不是观点的"裸奔"和思想的"单飞",它需要有表达上的智慧和修辞上的用心。再好的思想和观点,也需要有修辞的加持,表达之美有助于观点的出行和抵达。

悼李敖：昨日的远行是为了今天的回归

张涛甫

惊闻著名台湾文化人、作家李敖驾鹤西去,一时间缓不过神来,一生不安分的李敖,竟然以这种安静的方式远行。这位曾经常占据台湾舆论头条的政治"披头士",近年以罕见的低分贝被健忘的娱乐圈所忽视,也被喧嚣的台湾政治舆论所怠慢。这位自视甚高的文化人,从来是青眼示人者少,白眼示人者多。尤其是在他青春荷尔蒙井喷之季,其眼睛是长在天灵盖上的,他眼中只有星星和太阳,经常自带光环,把行星当恒星高挂起来。李敖虽然自信心爆棚,但不得不感佩他的才气和锐气。如今,他带着宽宥,告别他曾经的战友和敌人,似乎是:没有恩怨,只有慈悲。

李敖之远,不仅表现在他与"五四"的心心念念,也表在政治上的"出走"。李敖之于"五四",是远方的风景,也是近处的盆景:远观呈大,近观显其小。遥望"五四",可望而不可即。李敖心念"五四",不仅出于对胡适的感念,同时在于对"五四"精神的心仪。

不过,"五四"之于李敖,经过半个世纪的辗转蹉跎,及至中国东南一隅,其精神"路损"了许多,尤其是遭遇台湾海峡,李敖心中的"五四"精神也折损了很多。多了计较和戾气,少了宽容和慈悲。

在政治上,李敖曾一路"摇滚",火力甚猛,他从不吝啬其文字弹药和青春"荷尔蒙",以其不羁之才,横扫一切权威,就连对余光中也不放过。由于肝火太旺,难免杀敌一千,自损八百。当然,自负如李者,总是满足于自己的战绩,火力所及,墙橹灰飞烟灭。殊不知,其代价也是很大的。

青年以及壮年李敖,把战斗作为职业。有条件要斗,没有条件的创造条件也要斗;有敌人要斗,没有敌人制造敌人。李敖之斗,多是书生斗气,属于逞才使气的那种。书生之斗,火力很烈,但均在明处,明火执仗地交火。书生冲冠一怒,站起来吓人,但对于假想敌或真敌而言,并不可怕。因李敖站在明处开火,对手就容易绕开去,甚至从其背后偷袭。在这方面,李敖可没少吃苦头。这也是李敖的可爱之处。

更可爱的是,李敖荷枪实弹,红星照耀去战斗,一路枪林弹雨,很解气,痛快淋漓。及至后来,蓦然回首,战士迟暮,发现世界并不像他想象的那么简单,也不及想象那么狰狞,他像堂·吉诃德那样战风车,到头来,风车依旧,世界依旧。晚年的李敖,对浅浅海峡的对岸,倾注了很多的情感。万没想到的是,这位曾猛怼乡愁诗人余光中的斗士,晚年竟以乡愁作结。李敖的晚境,与其说是浪子回头,不如说是游子回归。

如此巨大的脑筋急转弯,在外人看来,简直不可思议,但从文化脉络中寻根,不算什么突兀的事情。所谓文化,就是那种渗透在血液中的基因,即便远隔千山万水、千年万年,也会魂牵梦绕。从这一点上说,是文化的力量成就了李敖的"归来"。

今天,我们纪念李敖,拂去历史的烟尘,从文化的根底处,发现千年一叹的回眸。繁华尽处,是一泓源头之水。

一湾浅浅的海峡,李敖在那头,乡愁在这头。[1]

(澎湃新闻网,2018年3月19日)

写作这篇评论的背景是李敖去世。李敖在政治上是多义、复杂的,他的人生充满传奇性,树敌甚多,争议很大,可谓"战斗"的一生。如何评价他的一生?的确很难。此文无意在政治上对李敖盖棺定论,规避政治风险,而是从文化的角度立论,对李敖进行"精神分析",阐释李敖的文化意义。文章从

---

[1] 参见澎湃新闻网,https://www.thepaper.cn/newsDetail_forward.2033098。

"五四"对李敖的影响起笔,最后以李敖的文化回归作结。文章指出,这位"五四"浪子、政治"披头士",晚年又回到了文化的怀抱。此文的表现手法多是散文笔法,没有拘泥于干涩的言说和枯燥的说教,而是尽可能把文章写得好看、精彩一些。

再来看一篇笔者为澎湃撰写的新年献词。

每个人都不是旁观者

张涛甫

又一次站在时间的门槛上,我们将自己弯曲成"思想者"的姿势,把一年的时长浓缩成节点,将年轮定格成光圈,目光向前,记忆向后。

目送呼啸远去的时间之流。此时此刻,我们对时间更为易感,思绪更加活跃,情感更为丰沛。面对行将远去的 2018 年,我们如何剪辑过往拥挤的风景? 如何打理超载的思绪? 如何迎接新年的曙光?

人是时间的尺度,为历史书写证词。时间是水,生活是流。因为有人在,时间才有意义,生活才有理由。在时间的画布上,我们写意各自的风景,赋予时间以光彩,将生活布置得斑斓。过去的每一天,都是我们生活的现场。在这里,我们分头做一件事:过好日子。每天 24 小时公平地对待每一个人。

一个个生活之流,汇集成河,成为历史的大江大海。没有小我,何来大我? 没有个人安身立命,何以有家国天下? 在时代和历史面前,我们每个人都不是旁观者。时代的花团锦簇,历史的轰轰烈烈,都有你我的色彩和声音。不论处在高亮处,还是在微光区,不论是在高声部,还是在低声部,我们没有缺席,我们就在现场。

我们在年头的启程之时,满载着希冀。日子一天天打开,有惊喜,有意外,有希望,有失落。并不是每一次出发,都会满载而归,也不是每一个春种都有秋收。有时,收成稍有打折,幸福感和获得感就不会是满格。很多时候,你的小确幸,则是别人的大愿景;你的烦恼,则是他人倚门巴望的幸福。但要知道,幸福不是绝对值,也没有标准答案,它取决于我们的站位和心态、观感和体验。我们希求的不是过山车式的巅峰体验。一个个平稳的日子过下去,就是大幸福。

2018 年是一个饱满、超重的年份。诸多剧情出其不意,不少故事堪称传奇。大国博弈,世界纷扰。中国如何与世界相处? 世界如何与中国相处? 这个百年之问,又一次被推到面前。改革开放在 2018 年,高耸成历史的路标。改革至今,已进入深水区;开放至此,遭遇新路况。改革开放四十周年,进入极点和尖峰时刻。改革如何深入? 开放如何转接? 这一年,我们对于改革开放的理解更清晰,行动也更稳健有力。

2019 年,仍是一个大年。这一年之所以"大",因它关乎你我每一个人,关乎家国,关乎天下。个人、国家、天下,皆需一个不同寻常的 2019,需要一个大年,撑起我们的生活和世界。如何与世界相处? 如何与家国前行? 新的一年,我们需要有新的作为。

时间开始了。我们又一次鼓满希望之帆,站在时间的站口,站在时代的高处。只有把自己全身心地放进去,时间才与我们相关,时代才与我们同在。

带着信心上路,我们不指望一路鲜花夹道,晴空万里,但只要信心坚挺,希望满格,行囊再满,负荷再重,我们也有望把 2019 年,踩成阳关大道。①

(澎湃新闻网,2018 年 12 月 31 日)

"新年献词"作为各媒体比拼才艺的年度项目,文质兼美是标配:既要有思想,又要有文采。本文的主旨是:"在历史和时代面前,我们每个人都不是旁观者。时代花团锦簇,历史轰轰烈烈,都有你我的色彩和声音。不论处在高亮处,还是在微光区,不论是在高声部,还是在低声部,我们没有缺席,我们就在现场。""无论过去的 2018 年,还是面朝的 2019 年,我们都是其中的主角。但每个人不是以同样的节奏和方式介入其中,而是以自己的方式进入的,尊重每一个人的活法,包容每一种生活方式。"这些观点辅以精致的表达、靓丽的修辞,显得文质兼美;思想与表达里应外合,相得益彰。

即便是寥寥几百字的短论,也要有引人入胜的表达、精致的文辞和紧实的话风。以下几篇短文是《人民日报》官方微博的博文,可谓瓷实、饱满、精致、丰盈。

【你好,明天】过去 7 天,一场暴雨让我们感到生命的无常与重量,也看到周遭的种种不足与缺陷,同样铭记于心的,是灾难中爱的赠与和传递,是

---

① 参见澎湃新闻网,https://m. thepaper. cn/mx2019. jsp。

对责任的坚守和护卫。想起最近很流行的一段话：你所站立的地方，正是你的中国。你怎么样，中国便怎么样。你是什么，中国便是什么。你有光明，中国便不黑暗。安。

此文是《人民日报》官方微博"处女秀"。短短百余字，信息量不大，但思想浓度很高。这篇博文有感于北京遭遇多年不遇的暴雨，导致京城遍地汪洋。水患击垮了首都的排水防线，城市的脆弱殃及易碎的生命，一时间，北京暴雨成了舆论头条。《人民日报》以微博形式发声，主流、温情，寥寥数言，掷地有声，传递出满满的正能量。

【你好，明天】专家最近宣布，经三级指标体系测评，民族复兴任务已完成62%。然而，当湖南永州遭强暴幼女的母亲因上访被劳教的新闻传出，这一数字显得如此苍白。一个国家的强大，不应只有GDP和奥运金牌，复杂的数理模型中，更应包含百姓的权利与尊严、社会的公平与正义。我们共同努力。

这篇《人民日报》微博的"晚安帖"，笔锋指向著名的"唐慧案"主角湖南永州遭强暴幼女的母亲唐慧因上访被劳教事件。这个事件爆出后，引发舆论的强烈反应。《人民日报》微博及时发声，批评地方执法部门的粗暴行为。该文把唐慧上访被劳教放在民族复兴的大背景下予以观照，指出，"一个国家的强大，不应只有GDP和奥运金牌，复杂的数理模型中，更应包含百姓的权利与尊严、社会的公平与正义"。短短数言，字字千钧，力透纸背。

【你好，明天】清晰的领海基线，勾勒出中国捍卫钓鱼岛主权的严正立场和坚定决心。历经百余年坎坷，中国懂得和平之珍贵，也深知改革发展局面来之不易。然而，没有道义互相，何谈礼尚往来；没有主权尊严，哪有和平发展？吾国虽大，寸土不让；犯我疆域，其远必诛！念东海碧波，故土孤悬，今夜难安！

上述《人民日报》博文有微言大义、尺幅千里之感。日本挑起钓鱼岛争端，牵动了中华民族的痛觉神经。领土主权问题，乃民族大义，不可轻忽。《人民日报》的发声有力有节，百余字的短文，起承转合，结构脉络完整，语言铿锵有力，情理并茂，彰显了汉语的力量和魅力。

再看《人民日报》微博针对咪蒙团队一篇爆款文章的微博短评：

《一个出身寒门的状元之死》刷屏后又因违规被删。文章漏洞百出，炮制造假痕迹明显,奈何风靡横行!从标题党到炮制文,卖惨卖焦虑容易,但无节操刷流量只会消耗注意力资源,稀释社会信心。百花齐放不等于信口开河,拿了麦克风不等于可以肆意妄为。公众号当有公心,自媒体应当自重!

随后,咪蒙团队迫于汹涌的舆论压力,发博文致歉。但《人民日报》微博还是紧盯不放:

咪蒙发道歉信,避实就虚,避重就轻,暴露出一贯的擦边球思维。当文字商人没错,但不能尽熬有毒鸡汤;不是打鸡血就是洒狗血,热衷精神传销,操纵大众情绪,尤为可鄙。若不锚定健康的价值坐标,道歉就是暂避风头,"承担起相应的社会责任"就变成一地鸡毛。

这些博文,有投枪、匕首之力,精准发力,一剑封喉,显示了文字的力与美。

后　记

　　我们处在盛产言论的时代,但并不是优质言论的丰产期。分化的社会和进化的技术,催生了公共言说的冲动和行动,释放了公共言说的活力,形成了众声喧哗的话语景观。但是,这喧哗的众声里涌动着太多的口水,稀释了优质言论的浓度和被关注度,甚至会撕裂社会共识,还会误导公众的正确判断和方向性的决断。

　　我们不缺好的评论,不乏让人眼界大开的惊艳之作,也不缺让人脑洞大开的惊人之语,但好的评论假若没有过得去的生长环境和分享语境,它们就会被汹涌的口水稀释。我们需要尊重每一位言说者的合法表达权利,同时期待各方力量能齐心协力,共同拓展公共言说的基本面,优化公共表达环境。只有公共言说的基本面上去了,公共理性有了不俗的表现,评论才有良好的生产与传播的生态环境;只有公共知识和公众辨识能力上去了,好的评论才会得到呵护和珍惜,其影响才能真正落地。换句话说,只有公共言说的基本面上去了,才能垫高那些上游言论的高度,实现影响力的变现。

　　如今的公共言说,从数量和规模来看已经相当可观,但言说的质量尚待提升。由于基数太大,要整体性提升言论的浓度和营养,难度不小。看来,公共启蒙的任务仍然任重道远,在网络民粹主义非理性繁荣的当下舆论界,如何做好新的舆论环境下的公共启蒙工作,已经成为言论界甚为紧迫的时代命题。

　　时事评论是一种语境化的公共言说,它依附于一个个生动的新闻现场,借力于鲜活的公共事件。我们知道,每一个新闻事件都会有短暂的生命周期,在其短暂的引爆、高潮、衰减周期中,会吸引不同流量的公众注意力,引发公共舆论的聚焦、议论与传播,其间伴生言论的开启、聚合和闭合,还会出现舆论的撕裂和反转。在一个被全面打开的舆论空间里,公共事件被从不同方位进行解读,实属正常;不同意见的竞争和论争,也无法避免,也无须躲避。问题在于:在舆论的打开、分化乃至撕裂的背后,应有理性的支撑和共识的聚合,不能留下满嘴的狗毛和遍地的鸡毛。面对四处翻涌的口水,我们需要有更多优质的评论,来拉升言论的集体水位,提升公共言论的品质。

达成公共理性和社会共识,精英的引领不能缺位。即便"民粹"情绪甚器尘上,它会拒绝任何精英的入场和引领,精英也不能袖手旁观,任由狗毛与鸡毛齐飞,放任非理性的激情恣意流泻。不过,精英们如何将启蒙议程自然地导入公众视野,以公众易于理解和接纳的方式将公众表达导入理性的轨道,的确是件颇费脑筋的事情。

舆论很精彩,但评论人有时很无奈。舆论场上经常有戏剧化的剧情,比如,"断头"新闻、新闻的"反转"和新闻的"轮回"。所谓"断头"新闻,就是有的新闻演着演着,还来不及完整展开就被"熔断"了,被另一个新闻剧情"追尾";新闻的"反转"就是新闻本来沿着某个方向夹带舆论顺流而下,却突然间调转了方向,逆流而上;新闻的"轮回"是指同样的新闻剧情隔一段时间便会重演一次。上述剧情,考验着评论人的耐心、定力乃至脑力。首次遇到这样的剧情,评论人还有评论的激情,但面对反复上演的新闻剧情,评论人的激情和脑力也可能被慢慢磨蚀甚至被掏空,产生视觉疲劳和言说倦怠感。

其实,不能因为剧情反复上演,我们就熟视无睹,钝化了敏感,麻木了痛感,视之为舆论"新常态"。盯住这些反复上演的新闻剧情,发挥鲁迅先生所说的"韧性战斗"精神,借此打开公共启蒙的关键节点,推动社会朝着我们的理想方向一步一步前行。

如今,我们回望那些渐渐远去的言论,其中大多数的身影已不再清晰,它们消失在历史的背影中。当初那些活跃的言论,不论是精彩的,还是不那么精彩的,不论是理性的,还是不那么理性的,无不进入历史的分拣流程:有的进入记忆程序,有的进入失忆程序。那些优质的言论应该进入记忆程序,不应被忘记。将来,我们在打捞过往历史的时候,这些声音有可能被唤醒,激活我们的集体记忆,为我们未来的思想和行为提供知识依据和价值参照。

在今天,新闻的边界已被新媒介技术革命冲刷得面目全非了,新闻对真相的追问和追求,难度也空前加大,新闻的职业责任和作业难度也前所未有之大。把新闻作为专业和职业的新闻学子,如何在当下转型深水区中确立泅渡的方位感?今天的新闻专业教育如何锚定方向?如何培养出国家、社会、行业所真正需要的新闻专业人才?复旦大学新闻学院90年来,遇到一次又一次的社会和行业巨变,但每一次都成功闯关,与时代同频共振。新媒体技术革命释放出来翻江倒海的力量,对于国家、社会、行业的影响是全方位的,对新闻教育的冲击也是颠覆式的。不过,不管时代和技术如何变化,我们仍坚定地认为,人类对新闻的需求、对真相的关切、对环境变化的敏感是不会变化的。这就要求我们的新闻教育须守住新闻的本真性和基本面上的一些东西,紧紧咬住新闻不放松,新闻的家底和初心是必须守住的。

复旦大学新闻学院始终重视学生新闻实务能力的训练。我们长期秉持复旦老校长、老新闻系主任陈望道先生题写的“好学力行”系铭,强调知行合一,注重学生新闻业务能力的养成。采、写、编、评是复旦大学新闻实务能力培养的硬核课程,这些课程的训练从来都不是在封闭的温室里完成的,而是在开放的课堂中操练的。这课堂并不是狭义的校园空间,而是广义的社会空间,须与传媒业界保持亲密接触。这对教师而言,是巨大的挑战。这要求传授新闻实务课程的教师不能局限在狭义空间里传道授业,释疑解惑,不能站在岸上教人学游泳,须把自己整个儿浸泡在水里,置身于业务深水区。我们只有全面向实践腹地敞开,满身披挂露水淋漓的“实践感”,用丰满的经验和骨感的理论教习实务课;同时也要保持清澈的理论自觉,入乎其内,出乎其外,才能让学生通过学习实务课做到知行合一。

我业余写评论多年,但教评论只有三年,还是个新手。从一个业余运动员,转身做一个专业的教练,实在是一种冒险。这背后,有这样的背景:在复旦大学新闻专业课程中,评论原先是与新闻编辑合二为一的,此前多年由黄芝晓教授执鞭。黄老师是资深媒体人出身,具有丰富的实战经验,他转身教编辑评论,驾轻就熟,举重若轻。三年前,黄老师荣休,评论课缺人,我作为替补救场。没想到一干就是几年,硬生生从“替补”熬成了运动员。其中有甘也有苦,渐渐品尝到评论教学的乐趣和甜头。作为大学老师的快乐,就是得天下英才而育之。我感到欣慰的是,学生很优秀,且学习很投入。教学相长,不亦乐乎?!

这本教材写了两年，是我这几年评论教学和评论写作的产物。这本教材的一大特点就是显得有点"自我"，其中多数案例出自我个人的评论习作。这么做，不是因为"自恋"，即所谓"文章是自己的好"，而是基于这样的考虑：把自己作为评论"小白鼠"做试验，收获不菲的经验之后，再用之于课堂，结合自身的体验，讲授评论写作的道与术。为师者如此现身说法，可以拉近距离，消除学生对评论写作的胆怯心理；同时也倒逼我自己，始终保持评论的在场感，让教学和写作永远在路上。把自己全身心地放进评论状态和教学中，几年的实践证明，教学效果是不俗的。

在评论教学和习作过程中，我得到很多评论界的前辈和朋友的热诚提携和帮助，学界有米博华教授、黄芝晓教授、赵振宇教授、马少华教授、周庆安教授、顾建明教授、唐远清教授、庄永志教授等师友；传媒业界有周瑞金、丁法章、陈小川、李泓冰、祝华新、陈家兴、杨健、曹林、文嘉、艾君、朱珉迕、庞勃、石述思、王石川、李天扬、范兵、陈才、沈彬、西坡、高明勇、戴志勇、李海华、周筱赟、刘雪松、李勤余、甘琼芳、朱自奋等诸贤，还有不少在此不再具名的师友，一路清风明月，智性和情谊相随，让我沐浴在人生的快意和光泽中，在此一并致谢。

最后，要感谢本书所在新媒体教材书系总主编尹明华教授、刘海贵教授，感谢复旦大学出版社章永宏先生和责编刘畅。他们的敬业和专业，让我不敢懈怠和马虎，紧赶慢赶，将本教程早日出版。此外，还要感谢王智丽博士帮我对全书的文字进行修改和编校。

图书在版编目(CIP)数据

新媒体评论教程/张涛甫著. —上海：复旦大学出版社，2020.8(2024.7 重印)
网络与新媒体传播核心教材系列
ISBN 978-7-309-15053-7

Ⅰ.①新… Ⅱ.①张… Ⅲ.①计算机网络-传播媒介-高等学校-教材 Ⅳ.①G206.2

中国版本图书馆 CIP 数据核字(2020)第 138467 号

新媒体评论教程
XINMEITI PINGLUN JIAOCHENG

张涛甫　著
责任编辑/朱安奇

复旦大学出版社有限公司出版发行
上海市国权路 579 号　邮编：200433
网址：fupnet@fudanpress.com　http://www.fudanpress.com
门市零售：86-21-65102580　团体订购：86-21-65104505
出版部电话：86-21-65642845
上海新艺印刷有限公司

开本 787 毫米×960 毫米　1/16　印张 14　字数 215 千字
2024 年 7 月第 1 版第 3 次印刷

ISBN 978-7-309-15053-7/G·2117
定价：50.00 元

网络与新媒体传播核心教材系列

丛书主编　尹明华　刘海贵

网络空间导论	李良荣　方师师　主编
互联网传播思维：方法与案例	尹明华　主编
网络传播法规与伦理教程	黄　瑚　主编
媒介融合概论	邓建国　著
网络与新媒体评论	张涛甫　著
数据新闻教程	杨　鹏　著
网络舆情原理与方法	周葆华　著
数字媒体经营与管理	朱春阳　著
网络与新媒体营销传播	张殿元　著
移动互联网新闻实务	许　燕　著
互联网与全球传播：理论与案例	沈国麟　等著
全媒体新闻生产：案例与方法	窦锋昌　著
新媒体评论教程	张涛甫　著